O CAMINHO DE JESUS

EUGENE H. PETERSON

Série Teologia Espiritual

O CAMINHO DE JESUS

E OS ATALHOS DA IGREJA

Traduzido por FABIANI MEDEIROS

mundocristão
São Paulo

Editora responsável: Silvia Justino
Supervisão editorial: Ester Tarrone
Assistente editorial: Miriam de Assis
Revisão: Polyana Lima
Coordenação de produção: Lilian Melo
Colaboração: Pâmela Moura

Os textos das referências bíblicas foram extraídos da *Nova Versão Internacional* (NVI), da Sociedade Bíblica Internacional, salvo indicação específica.

Dados Internacionais de Catalogação na Publicação (CIP)
(Câmara Brasileira do Livro, SP, Brasil)

Peterson, Eugene H., 1932 —

O caminho de Jesus e os atalhos da Igreja / Eugene H. Peterson; traduzido por Fabiani Medeiros — São Paulo: Mundo Cristão, 2009. (Série teologia espiritual)

Título original: The Jesus Way
ISBN 978-85-7325-586-7

1. Apologética 2. Bíblia – Crítica e interpretação 3. Cristianismo e cultura 4. Jesus Cristo – Exemplo 5. Vida cristã I. Título II. Série.

09-00736 CDD — 232

Índices para catálogo sistemático:
1. Cristologia: Teologia dogmática cristã 232
2. Jesus Cristo: Teologia dogmática cristã 232
Categoria: Espiritualidade

Publicado no Brasil com todos os direitos reservados por:
Editora Mundo Cristão
Rua Antônio Carlos Tacconi, 79, São Paulo, SP, Brasil, CEP 04810-020
Telefone: (11) 2127-4147
Home page: www.mundocristao.com.br

1ª edição: julho de 2009

Sumário

Aos sábios companheiros
Michael e Nancy Crowe,
integrantes daquele grupo
de homens e mulheres
que seguem no caminho de Jesus.

Agradecimentos

Os primeiros rascunhos de várias partes deste livro surgiram em razão de palestras que dei no Regent College, em Vancouver; no Wycliffe Hall, na Universidade de Oxford, na Inglaterra; e na Laity Lodge [Associação de Leigos], no Texas. "Isaías de Jerusalém", agora consideravelmente revisado, originou-se como palestra no Regent College e foi publicado em *Subversive spirituality* [Espiritualidade subversiva].[1] Fragmentos do capítulo sobre Elias foram extraídos da "Introdução aos profetas", presente na *The message* [A mensagem],[2] minha paráfrase das Escrituras. O material sobre Herodes, Caifás e Josefo foi apresentado em palestras no McCormick Theological Seminary/ Lutheran School of Theology [Seminário Teológico McCormick/ Escola Luterana de Teologia], em 2003; no George Truett Seminary, na Baylor University, em 2005 (sob a designação de "Palestras do Pergaminho"); e no Christian Century Forum [Fórum do Século Cristão], em Washington Island, Wisconsin, também em 2005.

Amigos e colegas contribuíram com estímulo e correção. Quinze anos de conversas com Jon Stine deixaram suas marcas nas entrelinhas da maioria destas páginas. O dr. Elmer Joy, especialista em Antigo Testamento, mostrou sua generosidade ao abrir mão de seu tempo e atenção. Davi Wood, Alan Reynolds, Virginia Stem Owens, Walt Wright, Luci Shaw, Paul Stevens, Marva Dawn, Arthur Paul Boers e meu pastor, Wayne Pris, ajudaram, muitas vezes sem mesmo o saber, do mesmo modo que contribuíram

[1] Mundo Cristão, no prelo.
[2] Colorado Springs: NavPress, 2002.

muitos, muitos outros, em santuários, em salas de aula e em suas casas. Jan, minha mulher, está sempre presente e em atitude de oração.

O caminho de Jesus e os atalhos da igreja é dedicado a Michael e a Nancy Crowe. A vida e a amizade deles são confirmações diárias de sábio discernimento exercido no Caminho.

Introdução

A purificação dos meios

O livro que você segura em suas mãos é uma conversa sobre a espiritualidade dos caminhos que percorremos em nossa busca por seguir a Jesus, o Caminho. Os caminhos que Jesus adota para amar e salvar o mundo são pessoais: nada desencarnados, nada abstratos, nada impessoais. Antes encarnados, de carne e osso mesmo, relacionais, específicos, pontuais.

Os caminhos empregados em nossa cultura ocidental são eminentemente impessoais: programas, organizações, técnicas, normas de procedimento, informações fora de contexto. No que tange aos métodos e meios, prefere-se o vocabulário dos números ao dos nomes; sobejam as ideologias, expulsando-se as ideias; o nevoeiro cinzento das abstrações encampa as particularidades bem marcadas do rosto que se pode reconhecer e da rua à qual estávamos bem afeitos.

O que suscita minha preocupação é observar que tantos que se entendem seguidores de Jesus, sem hesitação e indubitavelmente sem pensar, abraçam os métodos e meios da cultura à medida que se engajam na vida diária "em nome de Jesus". Mas as sendas que dominam nossa cultura se desenvolveram em oposição aos caminhos que Jesus escolheu para nos conduzir à medida que andamos pelas ruas e becos, percorremos as trilhas e rodamos as estradas deste mundo criado por Deus, salvo por Deus, abençoado por Deus, regido por Deus no qual nos encontramos. Se não em oposição a esses caminhos definidos por Jesus, ao menos por desconhecimento em relação a eles. Essas trilhas parecem presumir que "ter sucesso no mundo" significa sair-se bem no mundo seguindo as condições impostas pelo mundo, e que os caminhos de Jesus são úteis somente num compartimento específico da vida que recebe o rótulo de "religioso".

Trata-se de um modo errôneo de pensar, e de viver. Jesus é a única alternativa aos caminhos que predominam no mundo, não um complemento em relação a eles, nem mais uma opção. Não podemos usar meios impessoais para fazer ou dizer algo pessoal — e o evangelho ou é pessoal, ou não é nada.

Nessa questão de caminhos, o *como* seguir a Jesus e se associar ao mundo não pode ser rebaixado a mera receita de bolo, o que não faria outra coisa senão impessoalizá-lo. Estamos inseridos num modo de vida altamente pessoal, inter-relacional e dinâmico que se compõe de muitos elementos — emoções e ideias, condições climáticas e trabalho, amigos e inimigos, seduções e ilusões, legislações e eleições —, todos em constante reordenação, num fluxo contínuo e sempre relacionados com nosso Deus, muito pessoal e santo, e com nossos irmãos e irmãs, muito pessoais (mas nem tão santos!).

Os métodos e meios permeiam tudo o que *somos* na adoração e na comunidade. Mas nenhum dos métodos e meios pode ser compartimentado em funções, nem isolado como conceitos independentes desse mundo bíblico e trinitário de grande abrangência no qual seguimos a Jesus. Estão presentes em tudo o que somos e fazemos. Se quaisquer dos *meios* que empregamos para seguir a Jesus são alheios àquilo que somos em Jesus — "coisas" isoladas ou "exemplos" de vida —, eles acabam por aviltar o *fim*, que é seguir a Jesus. Será que nossos métodos são extraídos do "mundo, da carne e do Diabo", contra os quais há tanto tempo já somos tão bem advertidos? Ou será que contribuem para a vida no reino de Deus e para o ato de seguir a Jesus, para os quais já recebemos, tanto ao longo da história quanto por meio da liturgia, tão longo aprendizado?

Em nossa cultura,[1] os cursos mais comuns sobre métodos e meios nos quais estamos todos matriculados são projetados para nos ajudar a tomar

[1] Neste e em muitos outros casos em que o autor faz referência à realidade americana, para benefício do leitor, foi decisão dos editores usar designações mais gerais ou que incluíssem também a nossa própria realidade. Nisso temos o apoio do autor, que em nota original na abertura desta obra afirma: "Refiro-me aos 'Estados Unidos' por ser a cultura na qual vivo e opero, além de ser a que conheço melhor. No entanto, segundo informações de amigos de diferentes nações, um doutrinamento semelhante quanto aos métodos e meios já se infiltrou na quase totalidade do mundo ocidental. Os cristãos que residem em outras culturas precisarão fazer as adaptações a suas circunstâncias à medida que procederem à leitura". (N. dos E.)

a dianteira em qualquer campo de atuação em que nos encontremos: nas vendas e no *marketing*, na política, na administração de negócios, na igreja, nos ensinos fundamental e médio e na universidade, nos empreendimentos imobiliários, na fabricação de produtos, na agricultura, nos laboratórios, nos hospitais, em nossa casa, na área do lazer, nos esportes. Os cursos primeiramente nos instruem quanto a aptidões e princípios que, dizem-nos, são fundamentais, e depois nos motivam a utilizar essas aptidões de tal forma que consigamos obter o que desejamos dessa esfera, mirrada e dessecada, regida pelo "mundo, pela carne e pelo Diabo". E naturalmente isso funciona maravilhosamente, contanto que operemos nessa esfera específica, aquela na qual o "fim" é fazer as *coisas* acontecerem.

No que tange às *pessoas*, esses caminhos do mundo são terrivelmente destrutivos. São altamente eficazes em garantir-nos destaque num mundo indiferente para com Deus, mas não na comunidade de Jesus, não no reino de Deus. Quando aceitamos essas lições de modo acrítico como nossa orientação primordial sobre como ter sucesso no mundo, ingenuamente abraçamos as mesmas tentações do Diabo que Jesus vetou e rechaçou de modo tão cabal.

São nossos sábios e profetas que muitas vezes e com tamanha clareza nos advertem para sabermos que esses métodos e meios puramente pragmáticos do mundo enfraquecem e debilitam a comunidade dos batizados. Toda a cultura ocidental dos métodos e meios, desde as hipóteses até as práxis, segue na contramão da rica e intricada narrativa apresentada em nossas Escrituras, a qual trata do nosso percurso no caminho da retidão, avançando celeremente na vereda dos mandamentos, seguindo a Jesus. No que diz respeito aos métodos e meios, o mundo dispensa escassa atenção ao que significa *viver*, realmente viver, viver a vida eterna no dia-a-dia: Deus não é adorado, Jesus não é seguido, o Espírito não pode falar.

Tirar uma pessoa instruída nos métodos e meios formulados sob medida para se enquadrarem aos padrões do mundo para depois inserir essa mesma pessoa no povo de Deus, cujos atos são adorar, evangelizar, testemunhar, reconciliar, pacificar, defender a justiça, é o mesmo que pôr atrás do volante de um Porsche novinho em folha um adolescente cujas únicas qualificações consistem num fascínio pela velocidade, numa capacidade de pisar o acelerador e numa perícia para mexer nos botões do rádio.

Jacques Maritain, uma das vozes proféticas mais prescientes e incisivas do século XX, continua a convocar a todos nós que nos comprometemos a ser membros da comunidade cristã para que sejamos vigilantes e ativos naquilo que ele denomina "a purificação dos meios". Trata-se, para ele, de uma obra urgente, que não devemos protelar, a fim de que possamos seguir a Jesus na liberdade à qual ele nos conduz, e para não acabarmos como escravos de uma cultura sem alma.[2]

O CAMINHO OU "JEITO" AMERICANO

Observe aqui um texto — palavras proferidas por Jesus — que chama atenção exatamente para isso de maneira bem clara: "Eu sou o caminho, a verdade e a vida" (Jo 14:6). O caminho de Jesus, casado com a verdade de Jesus, gera a vida de Jesus. Não podemos proclamar a verdade de Jesus e depois escolher agir como antes. Nem podemos seguir o caminho de Jesus sem proclamar a verdade de Jesus.

No entanto, Jesus como *a verdade* recebe muito mais atenção do que Jesus como o *caminho*. Jesus como o caminho é a metáfora mais frequentemente evitada entre os cristãos ao lado de quem trabalhei por cinquenta anos como pastor nos Estados Unidos. No texto que Jesus apresenta diante de nós, de modo tão claro e conclusivo, caminho aparece primeiro. Não podemos pular o caminho de Jesus em nossa pressa por alcançar a verdade de Jesus enquanto ele é adorado e proclamado. O caminho de Jesus é a maneira pela qual exercemos e chegamos a compreender a verdade de Jesus, vivendo Jesus em nosso lar e locais de trabalho, com nossos amigos e família.

A congregação cristã, a igreja de seu bairro, sempre foi o local mais importante para que esse *caminho*, essa *verdade* e essa *vida* de Jesus fossem cridos e incorporados nos lugares e entre as pessoas com quem mais

[2] Jacques MARITAIN, *Freedom in the modern world*. New York: Charles Scribner and Sons, 1936, p. 133.

lidamos entra dia e sai dia. A igreja é mais do que essa congregação local. Existe a igreja sem solução de continuidade através dos séculos, nossos pais e mães que continuam a nos influenciar e ensinar. Existe a igreja espalhada por todo o mundo, comunidades com as quais mantemos contato por meio da oração, do sofrimento e da missão. Existe a igreja invisível: dimensões e fatos da obra do Espírito dos quais não temos nenhum conhecimento. Existe a igreja triunfante, essa "grande nuvem de testemunhas" que continuam a nos rodear (Hb 12:1). Mas a congregação local é o lugar onde encontramos tudo isso integrado e praticado nas circunstâncias imediatas e entre os homens, as mulheres e as crianças com os quais convivemos. É onde ela se torna *local* e *pessoal*.

A congregação local é o lugar e a comunidade para escutar as ordens de Cristo e a elas obedecer, para convidar pessoas a levar em consideração o convite de Jesus — "Sigam-me" — e a ele atender, um lugar e uma comunidade para adorar a Deus. É um lugar e uma comunidade onde somos batizados numa identidade trinitária e continuamos a amadurecer "atingindo a medida da plenitude de Cristo" (Ef 4:13), quando podemos receber o ensinamento das Escrituras e aprendemos a discernir as formas pelas quais seguimos a Jesus, o Caminho.

A congregação local é o lugar primordial para lidarmos com os pormenores da nossa existência e com as pessoas com as quais convivemos. Criada e sustentada pelo Espírito Santo, ela é forçosamente local e pessoal. Infelizmente, as estratégias mais populares da igreja americana com respeito à congregação não são favoráveis ao local e ao pessoal. O jeito americano de ser, com seu gosto por *slogans* fáceis de lembrar e imagens arrebatadoras, denigre aquilo que é local, e suas formas sistemáticas de lidar com as pessoas desintegram o pessoal, substituindo intimidades por funções. É inegável que a igreja americana atualmente substitui o caminho de Jesus pelo caminho americano, ao qual normalmente nos referimos com o "jeito" americano de ser. Para os cristãos que levam a sério seguir a Jesus, procurando compreender e adotar as formas pelas quais Jesus é o Caminho, essa desconstrução da congregação cristã é demasiado desalentadora e um preocupante transtorno do caminho de Jesus.

Uma congregação cristã é um grupo de homens e mulheres em oração, que se reúnem, normalmente no domingo, para adorar, saindo depois para o mundo como sal e luz. O Espírito Santo de Deus chama e forma esse povo. Deus quer fazer algo conosco, e deseja fazê-lo em comunidade. Estamos inseridos no que Deus está fazendo, e estamos inseridos em conjunto.

E é assim que estamos inseridos: por meio da adoração nos apresentamos diante do que Deus pretende fazer conosco e por nós, tornando-nos presentes ao Deus que está presente conosco. A metáfora bíblica mais comum a respeito da adoração é a do sacrifício — entregamo-nos a nós mesmos diante do altar e deixamos que Deus faça conosco o que deseja. Oferecemo-nos à mesa da eucaristia e adentramos aquele magnífico aspecto quádruplo da liturgia que nos confere a forma: tomar, abençoar, partir e entregar — a vida de Jesus tomada e abençoada, partida e distribuída. Essa vida eucarística agora dá forma a nossa vida, à medida que nos entregamos, Cristo em nós, para ser tomados, abençoados, partidos e distribuídos numa vida de testemunho e serviço, justiça e cura.[3]

Mas esse não é o jeito americano. A grande inovação americana no que diz respeito à congregação é transformá-la num empreendimento consumista. Nós, americanos, desenvolvemos a cultura da aquisição, uma economia que depende de querermos mais, de *exigirmos* mais. Temos uma gigantesca indústria da propaganda projetada para despertar apetites que nem sabíamos nossos. Somos insaciáveis.

Não levou muito tempo para que alguns de nossos irmãos ou irmãs em Cristo desenvolvessem congregações de consumistas. Se temos uma nação de consumidores, obviamente a maneira mais rápida e eficaz de fazer que as pessoas ingressem em nossas congregações é identificar o que elas querem e oferecer isso a elas, satisfazer suas fantasias, prometer-lhes mundos e fundos, remodelar o evangelho pelos padrões do consumismo: divertimento, satisfação, animação, aventura, solução de problemas, o que quer que seja. Essa é a linguagem que nós, americanos, crescemos, o idioma que

[3] Tratei dessa "forma" de modo bem detalhado em meu livro *A maldição do Cristo genérico*. São Paulo: Mundo Cristão, 2007, p. 221.

compreendemos. Somos os maiores consumidores do mundo, então por que não nos situar na vanguarda das igrejas consumistas?

Dadas as condições predominantes em nossa cultura, essa é a maneira melhor e mais eficaz jamais projetada para reunir congregações grandes e prósperas. Os americanos tomam a dianteira em relação ao resto do mundo, mostrando como fazê-lo. Uma coisa só está errada: não é assim que Deus nos conforma à vida de Jesus e nos põe no caminho da salvação de Jesus. Não é assim que diminuímos e Jesus cresce. Não é assim que nossa vida sacrificada se torna disponível às pessoas por meio da justiça e do serviço. O cultivo da espiritualidade consumista é a antítese de uma congregação sacrificial, que procura "negar a si mesma". Uma igreja consumista é uma igreja anticristo.

Não conseguiremos reunir uma congregação temente a Deus, que de fato o adore, cultivando uma congregação ao gosto do consumidor, de orientação mercadológica. Quando assim procedemos, os vagões começam a descarrilar. E eles *estão* descarrilando. Não podemos sufocar o caminho de Jesus para vender a verdade de Jesus. Deve haver uma correspondência entre o caminho de Jesus e a verdade de Jesus. Somente quando o caminho de Jesus está organicamente unido à verdade de Jesus é que alcançamos a vida de Jesus.

FINS E MEIOS

Os homens e as mulheres que passam um tempo pensando e escrevendo sobre essas coisas dedicam boa dose de energia examinando a questão dos fins e dos meios. Através dos séculos, é consenso que, se a natureza dos meios foi comprometida e está em contradição com a natureza dos fins, os fins são profanados, envenenados e se tornam em algo assombroso.[4]

Fins: alvos, destinos, propósitos, o "objeto" da vida, seu significado fundamental. *Meios:* o modo de atingirmos o alvo, a linguagem que utilizamos,

[4] O mais importante filósofo de nosso tempo a se engajar nessa luta é Albert BORGMANN. V. sobretudo seu *Technology and the character of contemporary life* [A tecnologia e o caráter da vida contemporânea]. Chicago: University of Chicago Press, 1984.

o trabalho que empreendemos, o caráter que desenvolvemos, as famílias que formamos e os amigos que fazemos, o "modo" da vida.

O fim, para os cristãos, é a obra de salvação realizada por Deus. Aí está uma salvação entendida como abrangente, complexa, pacientemente pessoal, socialmente ampla, insistentemente política. Salvação é a obra executada por Deus que faz que o mundo e todos nós recobremos a integralidade. Uma obra de Deus consumada. Glória. Vida eterna. E nós desempenhamos um papel importante nela, participando da redenção do mundo. Quem quer que eu seja, e sempre que me encontro inserido na história, na geografia, na "doença ou na saúde", em qualquer circunstância, estou no meio dela, da obra de salvação realizada por Deus. "Reino de Deus" é como Jesus se refere a essa obra. É o que se passa.

E o meio? Para resumir: Jesus. Jesus, pura e simplesmente. Se queremos *participar* (e não apenas nos isolar num canto e agir por conta própria), participar do fim, da salvação, do reino de Deus, devemos participar de modo condizente com esse fim. Seguimos a Jesus. "Pois foi do agrado de Deus que nele habitasse toda a plenitude, e por meio dele reconciliasse consigo todas as coisas, tanto as que estão na terra quanto as que estão nos céus, estabelecendo a paz pelo seu sangue derramado na cruz" (Cl 1:19-20). Não podemos pinçar métodos e meios que sejam mais do nosso agrado. A famosa pergunta "Que faria Jesus?", popularizada por uma obra de larga difusão, não é muito exata. A formulação correta seria "*Como* Jesus faria?". O antigo pregador puritano Joseph Hall acertou quando disse "Deus ama os advérbios; portanto, pouco lhe importa quão bons, mas, antes, quão bem".[5] Os advérbios modificam e conferem clareza ao verbo *seguir*, imprimindo um caráter cotidiano e detalhado à *maneira* que seguimos a Jesus.

Então, Jesus. Tenho interesse nos caminhos que Jesus aponta porque são necessariamente os caminhos pelos quais eu sigo. Não posso seguir a Jesus escolhendo qualquer caminho que me agrade. Meu ato de segui-lo deve con-

[5] Cit. Charles TAYLOR, *Sources of the self:* the making of modern identity. Cambridge, Mass.: Harvard University Press, 1989, p. 224. [Publicado em 1997 no Brasil pela Loyola, sob o título *As fontes do* self*: a construção da identidade moderna*, traduzido por Adail Ubirajara Sobral e Dinah de Abreu Azevedo.]

dizer com sua condução. O caminho que Jesus aponta e o caminho em que eu sigo a Jesus são simbiônticos. E essa simbiose não é tratada com seriedade e profundidade suficientes na comunidade cristã dos Estados Unidos.

É cada vez mais comum encontrar meus irmãos e irmãs abraçando sem nenhuma crítica os métodos e os meios praticados por homens e mulheres de grande notoriedade que conduzem grandes corporações, congregações, nações e causas, pessoas que nos mostram como ganhar dinheiro, vencer guerras, gerenciar pessoas, vender produtos, manipular emoções e depois escrevem livros ou dão palestras explicando como podemos fazer o mesmo. Mas esses métodos e meios mais violam os caminhos adotados por Jesus do que o contrário. Os cristãos americanos chamam a nossa atenção pelo fato de seguirem no encalço do que quer que a cultura imponha como carismático, bem-sucedido e influente — o que quer que faça as coisas acontecer, o que quer que reúna uma multidão de seguidores —, mal percebendo que esses métodos e meios estão em desarmonia com o caminho bem-traçado que Jesus percorreu e nos chamou a trilhar. Será que ninguém percebe que os métodos e os meios adotados, muitas vezes com grande entusiasmo, estão em descompasso, de forma até blasfema, com o caminho pelo qual Jesus conduz seus seguidores? Por que ninguém percebe?

Reino de Deus, a metáfora usada por Jesus, define o mundo em que vivemos. Vivemos num mundo onde Cristo é Rei. Se Cristo é Rei, tudo, literalmente *tudo* e *todos*, precisa ser reconcebido, reconfigurado, reorientado em direção a uma forma de vida que consista em seguir a Jesus de modo obediente. Não se trata de algo fácil. Não é possível mediante participação em uma ou duas reuniões de oração, nem inscrevendo-se para um curso de discipulado de sete lições num instituto ou na igreja, nem participando uma vez por ano de uma oração regada a café da manhã. É necessária uma total renovação de nossa imaginação, de nossa forma de enxergar as coisas: aquilo que Jesus ordenou em seu imperativo sem rodeios "Arrependam-se!".

Os métodos e os meios fomentados e praticados no mundo são uma tentativa sistemática de substituir o reinado de Deus pela soberania humana.

O mundo como tal não tem nenhum interesse em seguir o Rei crucificado. Não que não sobejem devoções da boca para fora, oferecidas em alguma altura de um espectro que varia de presidentes a pastores. Mas, quando se examina como a vida é de fato vivida, a maior parte da linguagem não passa de mera formalidade — sem nenhuma relação com o *caminho* no qual de fato conduzimos nossos assuntos.

Os que dentre nós se entendem como seguidores de Jesus parecem estar correndo o grande risco de abandonar os caminhos de Jesus e adotar os caminhos do mundo quando lhes dão um trabalho para realizar ou uma missão para cumprir, quando devem executar algum projeto "em nome de Jesus". Se há algo em que o mundo é muito bom, é em fazer as coisas acontecer. Mal percebemos que esses métodos e meios são traçados por homens e mulheres cujas ambições, valores e estratégias para fazer as coisas acontecer neste mundo são rotineiramente reprovados no teste do "em nome de Jesus". Uma vez que começamos a prestar atenção aos caminhos de Jesus, não demoramos muito para perceber que seguir a Jesus é radicalmente diferente de seguir a qualquer outro.

Se há algo de positivo que se possa afirmar sobre os métodos e os meios aprovados e recompensados neste mundo, é que eles funcionam, às vezes de forma magnífica, na obtenção de fins esplendidamente concebidos. As guerras são travadas e vencidas, acumulam-se riquezas, vencem-se eleições, vitórias são anunciadas. Mas os meios pelos quais aqueles fins foram alcançados deixam muito a desejar. No transcurso, muitas pessoas são mortas, muitos são empobrecidos, muitos casamentos são destruídos, muitas crianças são abandonadas, muitas congregações são defraudadas.

O que me preocupa é a responsabilidade dos cristãos, de *cada* cristão, de desenvolver uma consciência e uma naturalidade nos caminhos de Jesus à medida que nos envolvemos em nosso viver diário, seguindo a Jesus em casa e no local de trabalho, na vizinhança e na congregação, de modo que tomemos exatamente a direção que ele aponta. Quero desenvolver discernimentos que dão um "não" sem reservas nem ressalvas aos caminhos que transgridem o evangelho de Jesus Cristo.

O que espero ressaltar é a maneira indiscriminada pela qual tantos de nós abraçam e adotam os mesmos métodos e meios que Jesus rejeitou, associando-nos com o mundo nos caminhos sugeridos pelas promessas do Diabo: garantias de poder e influência, domínio e sucesso. Cada uma dessas práticas desvia a energia da comunidade de Jesus, turva o caráter inconfundível do caminho de Jesus, e (intencionalmente ou não; geralmente não) instila um elemento de desafiadora resistência às orações de milhões de cristãos que todo dia oram "Venha o teu Reino".

O MITO DO LAICATO

Qualquer pessoa próxima o bastante para ouvir a nossa conversa é mais que bem-vinda, mas me interesso sobretudo em ter a atenção dos chamados leigos: os "meros" cristãos, os não profissionais, amadores, membros da comunidade cristã que dizem: "Não passo de um leigo". Esses são os homens e as mulheres que ocuparam a maior parte da minha atenção em meus cinquenta anos como pastor.

"Não passo de um leigo" em geral é uma frase proferida com o mesmo tom de autodepreciação presente na frase "Sou apenas uma dona de casa", ou em "Nunca frequentei um seminário", ou em "Quem sou eu para apresentar-me ao faraó?" (Moisés, em Êx 3:11), ou ainda em "sou muito jovem" (Jeremias, em Jr 1:7). Trata-se de um hábito antiquíssimo, próprio da condição humana: se não temos um papel socialmente sancionado ou um cargo profissionalmente reconhecido, ou uma posição reconhecida dentro de uma hierarquia familiar ou social, sentimo-nos incapazes e constantemente lamentamos nosso fracasso. Por nós mesmos, não temos nenhuma "posição". Por nós mesmos, *não passamos de* leigos.

Passei boa parte da minha vida tentando desmascarar esse "mito do laicato", por causa da mentira que ele representa. Junto com muitos companheiros, alguns dos quais conheço pessoalmente, embora não conheça assim a maioria deles, tenho tentado raspar das palavras "laicato" e "leigo" todo e qualquer resquício de rebaixamento e assim recuperar a dignidade bíblica e restaurar o vigor presente no evangelho para cada seguidor de Jesus, quem quer que ele seja. Quero que os homens e as mulheres de Cristo carreguem com ousadia a designação de leigos para o local de trabalho e em suas relações com o mundo, para casa e para a igreja, sem se menosprezar, sem fazer ressalvas.

Quero que saibam que, no vocabulário da Escritura, eles são o *povo* de Deus (*laos* no grego do Novo Testamento significa "povo"); são o laicato, os leigos, capazes que são, tão capazes quanto Maria e Isabel, quanto Pedro e João — e todos os leigos — de ouvir, obedecer, amar e ajudar uns aos outros com o melhor deles enquanto seguem a Jesus. Dentro da comunidade cristã, há poucas palavras que sejam mais mutiladoras que "leigo" e "laicato". As palavras transmitem a impressão — que sem demora se cristaliza numa mentira — de que existe uma hierarquia de dois níveis entre os homens e as mulheres que seguem a Jesus. Há primeiro os que têm formação, às vezes aludidos como "os chamados", os profissionais que são pagos para pregar, ensinar e fornecer direção no caminho cristão, ocupando o nível mais elevado. O nível inferior é composto de todos os demais, aqueles aos quais Deus designou empregos na função de comerciantes, advogados, jornalistas, pais e programadores.

Trata-se de uma mentira descarada, sutilmente infiltrada na comunidade cristã pelo Diabo (que tem uma longa reputação de usar palavras simplesmente ótimas para contar mentiras absurdas). É uma mentira porque desencaminha um grande número de cristãos, fazendo-os supor que o ambiente de trabalho drasticamente restringe a utilidade deles na causa de Cristo, que necessariamente os limita a uma obra em tempo parcial para Jesus, uma vez que contribuem nas margens do trabalho do reino. Trata-se de algo prejudicial ainda mais nas questões relacionadas aos métodos e meios, pois estamos habituados a submeter as decisões relacionadas a isso a peritos ou profissionais qualificados.

Não é difícil explicar esse menosprezo em relação ao "laicato" que permeia nossos círculos. Afinal de contas, passamos nossos anos mais impressionáveis sendo menores, mais fracos, menos informados e mais inexperientes que a maioria das pessoas com quem crescemos. Seria então de admirar que carregássemos esses sentimentos de incompetência para nossa vida adulta? Em geral procuramos compensar isso obtendo títulos acadêmicos, certificação profissional, prêmios e troféus, como prova de realização. Senão, nos filiamos a algum clube, seguimos um guru, compramos um carro do último tipo, vestimos roupas da moda mais recente, usamos um boné que nos identifique com uma equipe atlética. Adquirimos importância assumindo um papel que define nosso lugar na sociedade ou desempenhando uma função que é recompensada pelo aplauso ou pelo dinheiro.

O que as pessoas pensam de nós e quanto nos pagam contribuem grandemente para o disfarce de nossos sentimentos de impotência diante de nossos amigos, vizinhos e colegas de trabalho. Há ao menos uma área na vida em que não somos "apenas leigos". Se sou mecânico, sei mais sobre o carro que você dirige do que você. Enquanto trabalho em seu carro, não sou um "leigo". Se sou médico, sei mais sobre o seu corpo do que você. Quando trago um estetoscópio ao redor do pescoço e um bisturi nas mãos, não sou um leigo. Se sou um professor de português, sei mais sobre a língua que você fala do que você. Enquanto estou lecionando numa sala de aula, não sou um leigo. E assim sucessivamente.

Mas, no grupo de cristãos, essa hierarquia de especialização simplesmente não funciona. Não há especialistas no agrupamento de Jesus. Somos todos iniciantes, necessariamente seguidores, porque não sabemos para onde estamos nos dirigindo. Se analisarmos a fundo, é difícil compreender como o termo "leigo" e as inferências que dele decorrem continuam a marginalizar tantos cristãos, afastando-os de uma participação sem reservas no ato de seguir a Jesus. Afinal de contas, Jesus não chamou apenas leigos para segui-lo? Não havia nenhum sacerdote ou mestre entre os doze seguidores e as inúmeras seguidoras. Sem contar Paulo, o fabricante de tendas.

Nossa identidade comum como cristãos é conferida de forma mais visível no batismo. Se houver qualquer necessidade de distinguir o termo "cristão" de seu uso secularizado, como alguém que não é comunista, não é ateu, não é budista, minha preferência é usar a expressão "grupo dos batizados", ou "identidade batismal", ou "cristão batizado". O batismo nos marca como obra do Pai, do Filho e do Espírito Santo. Não é uma identidade que alcançamos por conta própria ou uma marca de superioridade em relação aos demais. E assim, durante esta conversa, de tempos em tempos, usarei variações do termo "batismo", como lembretes de nossa identidade comum.[6]

Simplesmente, em sua maioria, as pessoas que começam e continuam a seguir a Jesus constituem-se de leigos. Então por que tantos de nós, de forma habitual e passiva, assumem uma posição de subordinados em relação a peritos diplomados em questões de fé? Eu mesmo, como pastor, nunca venci a surpresa — e o susto até — por ser tratado com mesuras e alardes por tantas pessoas. De onde todos esses cristãos, que por definição são "novas criaturas em Cristo" e, portanto, certamente ávidos por provar e ver por si mesmos (traço universal dos nascidos de novo) que o Senhor é bom, de onde todos eles tiram esse entendimento autodepreciador? Certamente não o extraem da Bíblia, nem do evangelho. E certamente não de Jesus. É da cultura que o extraem, tanto a cultura secular quanto a eclesiástica.

Extraem-no de líderes que amam as prerrogativas e o poder advindos das especializações, que intimidam as pessoas por meio de suas bravatas fascinantes, fazendo que elas abdiquem do esplendor original de uma nova vida em Cristo e assim se rebaixem à deplorável condição de consumidoras. O consumidor passa a ser um objeto de passividade: passivo nos bancos da igreja, passivo diante da tela da TV, vulnerável a todo tipo de exploração e sedução, seja religiosa, seja secular. E, o que é ainda pior, passivo no que se refere aos métodos e meios de seguir a Jesus, deixando que outros, os quais vemos como mais bem-informados que nós, ditem como devemos agir.

Mas nenhum de nós precisa viver dessa maneira. Podemos — devemos! — assumir a responsabilidade pela maneira em que vivemos e trabalhamos em nossas casas e bairros, locais de trabalho e praças públicas. Podemos recusar-nos a permitir que a cultura dite como devemos nos orientar em nossa vida. Não precisamos passivamente deixar que os profissionais decidam as formas em que vamos seguir a Jesus.

[6] Quanto a um desenvolvimento mais detalhado de "batismo" como termo que defina os cristãos, v. meu livro *A maldição do Cristo genérico*. São Paulo: Mundo Cristão, 2007.

Quando os hebreus, que tinham acabado de ser libertos da escravidão, foram reunidos no Sinai para começar sua formação como povo livre, Deus proferiu as palavras que os definiam contrariamente aos quatro séculos de escravidão no reino altamente hierarquizado do Egito. Uma das expressões que os definiram foi "reino de sacerdotes" (Êx 19:6). "Sacerdote" era uma posição privilegiada e altamente influente na cultura da qual tinham acabado de ser resgatados, algo muito diferente de qualquer coisa que jamais pudessem ter imaginado para si. E agora todos eram sacerdotes! Levaria muito tempo para assimilarem o que isso queria dizer. Muitos deles nunca chegaram a compreendê-lo. Muitos de nós ainda não sabem o que isso significa.

Mais ou menos 120 anos mais tarde, a expressão foi retomada por Pedro ao escrever para sua congregação de cristãos acossados do primeiro século, na tentativa de ajudá-los a compreender e a pôr em prática sua identidade batismal em Jesus: "sacerdócio real" (1Pe 2:9). João de Patmos, a quem cabe nas Escrituras a palavra final nessas questões, também empregou o termo "sacerdote" — termo fundamental de autocompreensão extraído da tradição hebraica — para identificar os cristãos em suas congregações: "sacerdotes para servir a seu [de Jesus] Deus e Pai" (Ap 1:6) e "sacerdotes para o nosso Deus [de Jesus]" (Ap 5:10).

Um dos equívocos mais gravemente mutiladores da defesa feita pela Reforma em torno do "sacerdócio de todos os crentes" é presumir (ou, pior ainda, insistir) que cada um de nós pode funcionar como seu próprio sacerdote — "Não preciso de sacerdotes, obrigado; eu me viro muito bem por conta própria, só eu e Jesus". Mas certamente não foi isso que Martinho Lutero tinha em mente quando incluiu o sacerdócio de todos os crentes como princípio fundamental para a reforma da igreja. Ele queria dizer que todos somos sacerdotes, não para nós mesmos, mas uns para os outros: "Preciso que você seja meu sacerdote e, ao mesmo tempo, de minha parte, estou à disposição para ser seu sacerdote".

O sacerdócio de todos os crentes não se trata de individualismo arrogante que, ao menos nas questões ligadas a Deus, dispensa todo o mundo. É uma confissão de mutualidade, uma disposição de uns para com os outros de se guiarem enquanto seguem a Jesus, de ajudar e animar, de falar e agir em nome de Jesus, e de ser guiados por outra pessoa para que possa falar e agir em nome de Jesus. Na comunidade dos batizados, não há ninguém, absolutamente ninguém, que não esteja envolvido nesses atos sacerdotais de conduzir e ser conduzido, pois até mesmo "uma criança os guiará" (Is 11:6).

O intuito em toda esta conversa é explorar os caminhos nos quais os cristãos seguem a Jesus. Os caminhos tornam-se claros no ato, e somente no ato, de seguir a Jesus segundo as condições por ele estabelecidas. Nenhum dos caminhos pode estar dissociado de Jesus, impessoalizado na forma de um princípio ou estratégia. Também quero fazer advertências contra os muitos métodos e meios, caminhos por assim dizer, tão bem apregoados que acabam nos desencaminhando a desvios complicados ou a irremediáveis becos sem saída. E, com o mesmo senso de importância, quero recrutar meus amigos em Cristo para o trabalho definido por Maritain como "a purificação dos meios".

Métodos e meios que estejam afastados ou separados de Jesus e das Escrituras que dele dão testemunho mais cedo ou mais tarde redundam em traição a Jesus. Neste mundo que é também o reino de Deus, a pessoa a quem seguimos exerce influência formadora primordial sobre a pessoa que nos tornamos. Os cristãos seguem a Jesus.

A primeira parte, "O caminho de Jesus", desenvolverá a metáfora do caminho: o caminho que Jesus exibiu de modo pleno em sua vida, morte e ressurreição. O caminho de Jesus não teve origem em Jesus mesmo, embora tenha sido ele certamente quem o articulou de forma definitiva e abalizada. Jesus não deu palestras ou seminários em público sobre como viver no reino de Deus. Simplesmente disse "Sigam-me". Jesus estava sendo aguardado com expectativa havia 180 anos por homens e mulheres que andavam no "caminho dos justos" (Sl 1:6). Conhecemos bem algumas de suas histórias, e assim podemos isolar o caminho no qual Jesus andou na Palestina do primeiro século, e não apenas isso, mas também isolar o caminho no qual muitos outros andaram num cenário histórico e teológico amplo o suficiente para nos permitir enxergar Jesus na totalidade, e dessa maneira relacionar esses caminhos, o de Jesus e o desses outros, com aqueles que vieram antes dele, os quais aguardavam com expectativa e preparavam o caminho para sua vinda.

Além de Jesus, seleciono seis personagens representativas que antecederam Jesus no "caminho do Senhor". Cada uma delas contribui com um elemento que confere riqueza de detalhe e profundidade ao modo consumado pela qual Jesus e por meio dele: Abraão e o caminho da fé, Moisés e o caminho da linguagem, Davi e o caminho da imperfeição, Elias e o caminho da marginalidade, Isaías de Jerusalém e o caminho do Santo e Isaías do Exílio e o caminho da beleza.

A segunda parte, "Os outros caminhos", reflete sobre Jesus em relação a três líderes de destaque no primeiro século que não seguiram o caminho de Jesus. Quando Jesus apareceu em cena e disse "Sigam-me", ele o fez em presença de líderes consolidados e altamente bem-sucedidos que representavam formas rivais de ter sucesso no mundo, caminhos que facilmente podiam ter dado cabo do caminho de Jesus nos três pontos fundamentais de sua vida: Herodes, no nascimento de Jesus; Caifás, em sua morte; e Josefo, nos anos que se seguiram a sua ressurreição. Jesus não os levou em conta. Cada um desses líderes, além de deixar uma marca importante no mundo, suscitou vigorosos movimentos leigos de oposição, estimulados por fortes convicções religiosas e uma preocupação com Deus, oferecendo assim ainda outros contrapontos ao caminho de Jesus. O caminho de Herodes, mestre dos métodos e meios políticos, contava com a oposição dos fariseus; o caminho de Caifás, mestre dos métodos e meios religiosos, contava com a oposição dos essênios; o caminho de Josefo, mestre dos métodos e meios relacionados à notoriedade, contava com a oposição dos zelotes. Jesus não leva nenhum deles em conta. Os mestres da época nos meandros da política, da religião e da fama, junto com movimentos leigos de protesto que cada um fomentou, continuam a ser bem representados em nossos dias; servem de contrapontos que fazem ressaltar o que é característico do caminho de Jesus, bem como realçar os discernimentos exigidos daqueles entre nós que aceitaram a ordem de Jesus "Sigam-me".

Num período de aproximadamente 180 anos, os hebreus, nossos antepassados como povo de Deus, viveram próximos a uma sucessão de grandes civilizações: nações absolutamente extraordinárias, excessivamente esplêndidas no campo da arquitetura e das artes, senhores de todas as mais recentes tecnologias, com façanhas militares que até hoje nos deixam atônitos, sistemas organizacionais e burocráticos aprimoradíssimos, capazes de gerenciar gigantescas equipes de trabalhadores, além de administrar uma economia internacional, com estabelecimentos religiosos que articulavam sistemas capazes de integrar populações inteiras numa crença e prática comuns. Nenhuma dessas culturas era brincadeira, fogo de palha. A influência delas sobreviveu centenas, em alguns casos, milhares de anos.

Os hebreus tiveram a felicidade de casualmente estarem no lugar certo e na hora certa para poderem se beneficiar dessas grandes potências, enxergando com os próprios olhos essas culturas em pleno funcionamento. O povo de Deus estava *lá*, experimentando em primeira mão o que de mais excelente o mundo tinha para oferecer. A lista dos impérios ainda hoje faz acelerar a pulsação: Suméria, Egito, Assíria, Babilônia, Pérsia, Grécia, Roma. Seus governadores, reis, imperadores se agigantam no Corredor da Fama dos líderes: Hamurábi, Ramessés, Tiglate-Pileser III, Nabucodonosor, Ciro, Alexandre, o Grande, César Augusto.

Mas há também outro aspecto: em todas essas centenas de anos, com toda essa construção de impérios executada de forma brilhante ao redor deles — procissões religiosas bem planejadas, operações magníficas de edificação, exibições de arte, façanhas militares —, o povo hebreu se ateve a seus próprios caminhos e conservou uma atitude singular de contracultura, e sobretudo uma contracultura no que se refere aos métodos e meios. É uma das maravilhas do mundo que eles não tenham sido consumidos pelo poder, pela beleza, pela riqueza e pelo saber arvorados e celebrados pelos reis e rainhas, pelos generais e sacerdotes, os deuses e deusas desses impérios. Os hebreus pareciam impermeáveis diante de toda aquela ostentação. Conservaram o que foi sempre, em comparação às potências sociopolíticas que os cercavam, uma identidade débil. Mas com certeza a conservaram. Como isso aconteceu?

Em dado momento, o povo hebreu beirou a extinção. Por volta do ano 1000 a.C., decidiram que queriam ser como "as outras nações", as nações bem-sucedidas, as nações de primeira linha. Queriam um rei. Samuel, o líder espiritual deles na época, relutantemente cedeu a suas exigências. Saul, o primeiro rei, teve uma impressionante cerimônia de posse, mas logo fracassou. Davi, nomeado para substituí-lo, alcançou grande fama em sua região, mas não tinha representatividade no exército, na política e no cenário internacional da época. Seu filho Salomão causou alguma sensação com sua construção esmerada do templo e com suas façanhas sexuais, mas, depois de anos tentando impressionar e apesar de uma reputação de sabedoria, em sua morte o reino se dividiu e toda a situação do rei praticamente desmoronou. O desmoronamento foi protelado — quinhentos anos de caos e confusão —, mas, no final de tudo, não havia mais reis nem reino.

Por todos esses séculos, porém, de Abraão a Jesus, o povo de Deus desenvolveu caminhos para conduzir sua vida no "reino de Deus" que receberam plena manifestação em Jesus, os mesmos caminhos que passaram a ser definitivos para a salvação do mundo.

Para os cristãos de países que herdaram uma tradição cristã, por mais que tenha sido diluída, é às vezes difícil discernir quão diferentes nós somos em relação ao mundo. Falamos a mesma língua, ingerimos os mesmos alimentos, conduzimos os mesmos carros, votamos nas mesmas urnas. Mas seguimos um líder muito diferente, um líder que em praticamente todos os detalhes nos conduz por uma forma de vida, um caminho contrário ao do mundo, um líder que não somente nos dirige, mas nos diz, sem ressalvas, "Sigam-me".

O caminho de Jesus e os atalhos da igreja continua a conversa em torno da teologia espiritual que iniciei em *A maldição do Cristo genérico*, conversa que também aprofundei em *Maravilhosa Bíblia: a arte de ler a Bíblia com o espírito*.[7] Minha intenção é que o termo "conversa" seja interpretado literalmente — um vaivém entre escritor e leitor. As questões da teologia

[7] Ambos publicados por esta editora respctivamente 2007 e 2008. (N. dos E.)

espiritual em geral, bem como a espiritualidade dos caminhos de nosso Senhor retomados nesta conversa, não são categoricamente precisas e não podem ser engessadas com definições ou receitas formulistas. Há ambiguidades que só podem ser resolvidas em oração e na prática, enquanto se percorre o caminho.

O caminho de Jesus não pode ser imposto nem mapeado — requer participação ativa no ato de seguir a Jesus à medida que ele nos conduz às vezes por territórios estranhos e pouco conhecidos, em circunstâncias que se tornam claras somente nas hesitações e nos questionamentos, nas pausas e nas reflexões em que travamos conversas em atitude de oração uns com os outros e com ele mesmo. Afinal de contas, não estamos apenas aprendendo a pensar corretamente sobre Deus. Para tanto, nos matricularíamos num curso, de modo que pudéssemos nos concentrar, livres das distrações. E não estamos somente praticando formas de nos comportar corretamente diante de Deus. Para isso, iríamos a um acampamento com palestras e seminários criados para efetuar mudanças de comportamento, o que nos garantiria a proteção necessária contra as interrupções.

Não podemos nos retirar do caminho para ter condições mais favoráveis para aprender o caminho. Já estamos "no caminho", obtendo introspecções e adquirindo hábitos de obediência, seguindo a Jesus em nossos lares, bairros e locais de trabalho, aos poucos e cada vez mais, amadurecendo no caminho, de modo que aquilo que somos e o que fazemos se expresse de modo coerente e pleno.

1

O caminho de Jesus

... sigam-me...

... Eu sou o caminho...

JESUS,

em Marcos 8:34 e em João 14:6

... liderança bíblica sempre implica
um processo em que se é liderado.

MARTIN BUBER,

Israel and the World [*Israel e o mundo*]

capítulo 1

Jesus: "... Eu sou o caminho..."

Jesus é o Caminho. Ele mesmo o afirmou no evangelho de João, na sexta de suas sete extraordinárias autodefinições iniciadas por "Eu sou...": "Eu sou o caminho, a verdade e a vida". Essa declaração acha-se entre as mais lembradas dentre as que Jesus proferiu e entre as mais frequentemente citadas. Está também entre as mais frequentemente desconsideradas hoje em nossa cultura. Esse nevoeiro de inatenção que circunda essa afirmativa é algo que naturalmente se esperaria daqueles que não seguem esse "caminho", mas espanta e desanima quando se encontra entre os homens e as mulheres que oferecem orientação e direção sobre os métodos e meios para viver na comunidade de Jesus e para viver como fermento no mundo.

"Sigam-me" é o terceiro imperativo proferido por Jesus na narrativa da história do evangelho apresentada por Marcos (Mc 1:17). É precedido por "Arrependam-se" e "creiam" (1:15). Os três imperativos são as primeiras ordens que Jesus emite depois de anunciar, de forma contundente e inaugural: "O Reino de Deus está próximo" (1:15). Com o desenrolar da história, percebe-se que, ao empregar o termo "reino", Jesus está definindo a realidade de modo abrangente como realidade de Deus (nada transmite tanto essa abrangência quanto a palavra "reino"). Reino é aquilo que Jesus revela, de modo paciente, mas insistente, palavra por palavra, ato por ato. A vida real, o mundo real, é um gigantesco teatro da salvação, dirigido pelo nosso Deus sábio e totalmente envolvido. Os três imperativos são convites a vivermos precisamente *essa* realidade, *esse* reino, seguindo a Jesus.

O primeiro imperativo, "Arrependam-se", requer a decisão de abandonar um estilo de vida para embarcar em outro. Exige uma mudança de mente ou de coração que resulta em mudança de direção. O segundo imperativo, "creiam", requer um envolvimento pessoal, confiante, relacional nessa reordenação abrangente da realidade. E o terceiro imperativo, "Sigam", faz que nos movamos em obediência num modo de vida que é visível e audível em Jesus, um modo de falar e de pensar, de imaginar e de orar, que condiz com as realidades imediatas ("próximo"), presentes do reino.

Seguir a Jesus implica abraçarmos um estilo de vida que recebe o caráter, a forma e a direção daquele que nos chama. Seguir a Jesus significa captar ritmos e modos de fazer as coisas que não são em geral proferidos por Jesus, mas sempre decorrem dele, formados por influência dele. Seguir a Jesus significa que não podemos separar o que Jesus diz do que ele faz e do modo em que ele o faz. Seguir a Jesus envolve nossos pés tanto quanto — ou talvez mais do que — nossos ouvidos e olhos.

Quando Jesus disse "Eu sou o caminho", ele empregou uma palavra para se definir que é rica em sua capacidade de repercussão. Dois mil anos mais tarde, Robert Frost, um de nossos poetas americanos que tiveram toda a sua obra estabelecida como autêntica, usou a mesma metáfora num poema que passou a ser o credo definidor entre alguns, mas não muitos de seus concidadãos, como depois se verificou: "Segui pela [estrada] menos percorrida...". A frase é um clássico do quilate de Jesus: numa redação concisa e incisiva que abre vastas perspectivas diante da realidade.

Caminho: um substantivo simples a designar uma estrada que conduz a um destino, mas depois se abre numa metáfora que se ramifica em muitos e variados "caminhos" — não somente o caminho que percorremos, como a rota que escolhemos seguir, mas o modo como seguimos pelo caminho, seja a pé, seja de bicicleta ou de automóvel. A maneira pela qual conversamos, usamos nossa influência, tratamos as pessoas, criamos os filhos, lemos, adoramos, votamos, o método que adotamos ao cultivarmos o jardim, o jeito de esquiarmos, o modo pelo qual sentimos, comemos... E assim por diante, interminavelmente, os vários e acumulados "métodos e meios" que caracterizam nosso modo de vida.

A metáfora do "caminho" é comum tanto em nossas Escrituras como nas tradições que se desenvolveram a partir delas. Na abertura de nosso livro de orações, os Salmos, a primeira meditação usa essa metáfora para nos apresentar dois caminhos na vida. O que você escolherá? Levar uma vida sólida de oração, ouvindo a Deus e a ele respondendo, enraizado no solo da revelação de Deus, com sua vida crescendo como a *Torá* de Deus, uma árvore com ramos carregados de frutos? Ou levará uma vida sem solidez de conversas fiadas e fofocas, usando palavras sem um contexto vinculado a Deus, onde Deus é esquecido, sua vida sendo reduzida a uma sobreposição de sílabas desconexas, com folhas sopradas para quase todo lado pelo vento? Escolha seu caminho.

Os Salmos, pelo profundo exame que fazem de uma vida vivida de modo atento e responsável diante de Deus, chamam a atenção pelo uso que fazem da metáfora, empregando-a 97 vezes (21 dessas ocorrências no salmo 110, primorosamente complexo). Mas os Salmos de maneira alguma estão sozinhos em seu uso da metáfora. O "caminho" é largamente empregado, tanto no Testamento hebraico quanto no grego, oferecendo uma complexa teia de associações que nos mantêm atentos à necessidade penetrante e inescapável de tomarmos parte de modo discernentemente participativo de toda a verdade (doutrina) e de toda a ação (obediência), sendo a verdade e a ação partes de um todo, assim como o viajante e a estrada não existem um sem o outro. Em seu Sermão do Monte, Jesus retoma e desenvolve a figura dos dois caminhos presente no salmo 1, quando contrapõe a estrada popular e fácil em direção à morte com a estrada que conduz à vida (Mt 7:13-14).

É significativo que o termo que os seguidores de Jesus na igreja primitiva foram basicamente identificados foi "o Caminho". Lucas o emprega seis vezes ao escrever sobre a história da primeira comunidade cristã (At 9:2; 19:8,23; 22:4; 24:14,22), sendo talvez a mais conhecida aquela que registra Paulo em sua defesa diante de Félix por meio de um sermão: "Confesso-te, porém, que adoro o Deus dos nossos antepassados como seguidor do Caminho, a que chamam seita" (24:14). "... cristãos", empregado em Antioquia em referência a essas pessoas, é usado uma única vez (At 11:26).

METÁFORA

"Caminho" é uma metáfora. O que implica dizer que ao mesmo tempo é e não é o que designa. Caminho é uma estrada, uma rua, uma trilha. É formado retirando-se pedregulhos e tocos, pavimentando o chão com asfalto ou concreto. Providenciam-se os sinais de "Pare", "Proibido cruzar", juntamente com indicações de sentido e distância para a próxima cidade. Mas, quando Jesus se nos apresenta como o Caminho, obviamente não informa nada disso. Ele não é algo sobre o qual somos chamados a trilhar. Ele é coberto de pele, não de asfalto. Não pode ser resumido pela junção de uma letra e um número nas linhas de um mapa. Chamar Jesus de caminho é obviamente disparate.

No entanto, mesmo sabendo que esse uso da palavra seja absurdo, nós a empregamos mesmo assim, com as mais sérias intenções. Nenhum de nós por nenhum momento supõe que Jesus seja algo sobre o que trilhamos depois de termos retirado as macegas e os emaranhados de árvores das derrubadas da floresta. Chamar Jesus de Caminho (ou qualquer de seus sinônimos — rua, passeio, avenida, rodovia, trilha e assim por diante) não causa nem um instante de confusão em nossa mente.[1]

Pois, ao mesmo tempo que sabemos que se trata de um despropósito, sabemos que *não* é um despropósito. Sem hesitação, recebemos essa palavra, "caminho", como um convite para imaginar a inter-relação do visível com o invisível. Compreendemos que há mais em Jesus, o Caminho, do que possamos ver, ouvir, tocar ou provar. Nossa imaginação começa a funcionar, tentando uma coisa, depois outra e desenvolvendo a capacidade de lidar com todos os elementos visíveis e invisíveis que são interligados entre si e são inerentes à realidade.

Vivemos numa complexa teia de relacionamentos que abrange o visível e o invisível, e assim precisamos de palavras que ao mesmo tempo designem o que nos é imediato por meio dos nossos sentidos e também imediato

[1] No entanto, com certeza deve ter confundido Tomé, talvez o mais literalista dos doze apóstolos. Quando ouviu Jesus falar a respeito disso, pensou que Jesus fosse o caminho no sentido da "estrada para Cafarnaum" ou da "estrada para Betânia". Mas logo Jesus garantiu que ele compreendesse o termo como metáfora. V. João 14.5.

por meio da fé. Nosso mundo é um mundo de areia e pedra, de estradas e casas, de lírios e leopardos, de Saturno e Santarém, de berços e caixões, *e*, simultaneamente, o mundo de pecado e perdão, paciência e persistência, santidade e maldade, fé, esperança e amor, dos quais o maior é o amor. Não são dois mundos que coexistem: os dois mundos são o mesmo mundo. Os dois aspectos são indivisíveis. A metáfora é uma forma de expressão que numa única palavra transmite a indivisibilidade que há entre o visível e o invisível, entre o que se vê e o que se não vê, entre o céu e a terra.

O fato simples é que a vida é principalmente invisível, inaudível, intangível. A vida pode no fundo ser inacessível a nossos cinco sentidos, mas sem as provas fornecidas por nossos cinco sentidos ela em geral nos escaparia à compreensão. O que se verifica é que o acesso mais rápido e mais disponível ao invisível por meio da linguagem se dá pela metáfora, palavra que dá nome ao visível (ou audível, ou tangível). A metáfora é uma palavra que nos carrega para transpormos o abismo que separa o invisível do visível. A contradição presente entre o que a palavra denota e o que ela conota cria uma tensão em nossa mente, e somos estimulados a um ato de imaginação no qual nos tornamos participantes do que está sendo dito. A metáfora é a nossa testemunha lexical da transcendência — do que é mais, do que está além, do interior — de tudo o que não pode ser explicado por nossos microscópios e telescópios, por nossa álgebra e geometria, por índices de pulsação e pressão arterial, por pesos e medidas... uma testemunha de todas as operações da Trindade.

Os escritores das Escrituras são todos mestres da metáfora, usando a linguagem como testemunha da inter-relação de todas as coisas visíveis e invisíveis. A metáfora toma uma palavra de emprego comum para se referir a uma coisa ou ação que experimentamos por meio de nossos cinco sentidos, e assim a emprega para se referir a algo que está além do alcance de nossos sentidos imediatos. *Pedra*, por exemplo, refere-se a uma composição rígida de minerais que podem ser agarrados na mão e pesados, vistos e pintados. Designa aquilo contra o que eu bato o dedão do pé, ou aquilo que eu quebro uma vidraça. Não há nenhuma ambiguidade na palavra. Permanece a mesma em qualquer situação e contexto. E então um dia

Jesus olha pra Simão e diz: "Você é Pedro, e sobre esta pedra...". O que isso quer dizer? Por meio do milagre da metáfora, a palavra, tomando o homem consigo, é arremessada a outro reino de significados completamente novos. A partir dessa declaração, Simão passou a ser Pedra (Pedro, *petros*). Ainda estamos tentando captar e compreender todas as conexões e implicações postas em movimento por meio dessa metáfora.

No nível mais simples, as palavras identificam coisas ou ações. A palavra é uma etiqueta. Mas, quando usada como metáfora, a palavra explode, ganha vida — começa a se *mover*. Fico me imaginando entrando num museu em que cada exposição é identificada por uma palavra ou palavras. As exposições de animais, pássaros e produtos feitos pela mão do homem são fascinantes — há tanto para conhecer! Observo, leio e aprendo. Então, repentinamente, sem avisar, os pterodáctilos estão voando; os leões estão correndo, rosnando e caçando para se alimentar; as mulheres nas mostras estão experimentando colares egípcios de ouro e competindo para ver quem recebe maior atenção, enquanto os homens seguram dardos de arremesso gregos e entram em combate. O lugar deixa de ser um museu no qual posso estudar ou admirar coisas inertes; é um mundo repleto de vida, movimento e ação, do qual sou participante — tentando fugir dos animais, admirando as mulheres, evitando as lanças —, quer queira, quer não.

A metáfora faz isso mesmo, faz de mim um participante no ato de criar o significado e entrar na ação da palavra. Não consigo mais entender a palavra consultando-a no dicionário, pois ela já não é ela mesma. Está viva e em movimento, convidando-me a participar do significado. Quando os escritores das Escrituras usam a metáfora, nós nos envolvemos com Deus, quer queiramos, quer não, às vezes quer saibamos, quer não.

Quando a metáfora é banida e a linguagem é tiranamente obrigada a atuar como mera informação e definição, como acontece com tanta frequência em nossa cultura computadorizada e em nossa religião cultural, a vida perde a linguagem. E também perde a nós mesmos. Quando esse rebaixamento acontece em relação a Deus e a tudo que lhe diz respeito, acabamos por sentar-nos aqui e ali, com grupos de estudo e de debate em museus religiosos. Com um pouco de sorte, um dos descendentes de Davi, Oseias, Jonas ou Habacuque aparece e, com o simples recurso de uma metáfora, dita ou cantada, nos arrasta para fora, ao ar livre, onde todo o material que estamos estudando está vivo, se mexe e se choca contra nós. Isso certamente acontece quando Jesus aparece e diz: "Eu sou o caminho...".

É por isso, naturalmente, que a metáfora recebe tamanha importância em nossas Escrituras. E é por isso que "caminho" é usado por esses escritores, decididos que estão a nos engajar na ação do Pai, do Filho e do Espírito Santo. "Caminho" reúne em si tudo o que se relaciona com os "métodos e meios", ou, poderíamos dizer, "caminhos e meios". "Caminho", em seu sentido denotativo, literal, significa estrada, senda, vereda, rodovia, rua e assim por diante. Mas ao mesmo tempo se expande com conotações que de modo amplo e abrangente se referem a nossas várias escolhas, os caminhos que optamos tomar na vida: em nossas conversas (o caminho da intrepidez ou da hesitação, da gentileza ou do sarcasmo, da amabilidade ou da ira, da docilidade ou da rispidez, da reverência ou da blasfêmia), em nosso caminhar (o caminho da vagarosidade ou da pressa, da definição ou da incerteza, da força ou da fraqueza), em nossa aparência (o caminho da elegância ou do desalinho), em nosso comportamento (o caminho da probidade ou da criminalidade, da franqueza ou da tergiversação, da transparência ou da dissimulação, da generosidade ou da sovinice, da civilidade ou da falta de educação).

DISCERNIMENTO

A relação entre os fins (o lugar para onde estamos nos dirigindo) e os meios (como chegamos lá) é uma distinção fundamental na ciência, na tecnologia, na filosofia, na moral e na espiritualidade. Encaixar os meios corretos aos fins esperados é necessário em praticamente tudo o que fazemos, desde coisas tão simples quanto atravessar uma rua e fritar um ovo até as complexidades implicadas numa missão à lua ou na composição de um romance. Mas a questão é a seguinte: os meios precisam ser não somente satisfatórios, mas também coerentes com os fins. Os meios precisam se encaixar aos fins. Caso contrário, tudo desmorona.

É muito mais fácil decidir qual fim ou alvo desejamos do que obter meios satisfatórios. "O que você quer fazer [ou ser] quando crescer?" evoca um caleidoscópio de respostas para os primeiros vinte e poucos anos de nossa vida. Estabelecer a meta exige pouco esforço, nenhum compromisso e nenhuma habilidade. Mas encontrar os meios para alcançar o alvo, conseguir aquela identidade é uma questão de concentração diligente, de perseverança responsável e discernimento aguçado.

Foi sempre um grande desafio discernir os meios satisfatórios para viver para a glória de Deus e de forma condizente com nossa identidade como cristãos batizados, e é por essa razão que os escritores bíblicos usam a metáfora do *caminho* com tamanha frequência. Mas com a proliferação jamais antes vista da tecnologia, o discernimento nos lança desafios de espécies não previstas por nossos escritores bíblicos. Para nós, a tecnologia tomou conta na questão dos meios. A tecnologia tem um monopólio, ao menos na mente da maioria, nas respostas às perguntas relacionadas aos meios. Mas a tecnologia, na maioria das vezes, restringe o termo ao que é visível: os meios para fazer carros, para chegar a Londres, para acumular fortunas, para ganhar um jogo, para matar um inimigo. Trata-se de um monopólio muito impressionante. Em nossa embevecida admiração, mal percebemos que se oferece pouca habilidade, sabedoria ou preocupação em relação ao modo em que de fato devemos viver. Um mundo tecnológico sabe fazer as coisas, sabe chegar aos lugares, mas não impressiona com nenhuma solução sobre como viver bem.

Minha preocupação é que a grande importância conferida ao *caminho* em nossas Escrituras e tradições, mostrando-nos como glorificar a Deus e pôr em prática nossa identidade batismal, foi, na vida de hoje, deslocada para as formas de obtenção de dinheiro, de trabalho e de poder. A autoridade das Escrituras e de Jesus no que tange ao discernimento e ao emprego dos meios passou para as mãos da tecnologia, o deus Tecnologia. E essa proliferação da tecnologia esconde as conexões orgânicas vitais entre os meios e os fins em tudo o que permeia o nosso mundo comum. Quando a tecnologia dá as cartas na questão dos meios, "padrão de vida" não está em nada relacionado com quão bem nós vivemos, mas apenas com quanto dinheiro gastamos todo ano.

TENTAÇÃO

A maneira pela qual Jesus é o Caminho não é uma questão de estilo ou de adequação aos fins. Nem se trata de uma generalidade, uma forma vaga de apontar em direção ao alto. Jesus, atento às Escrituras e em atitude de oração, escolheu de caso pensado o caminho que tomaria em sua vida. Se escolhemos segui-lo, precisamos estar igualmente atentos às Escrituras, com a mesma atitude de oração e com a mesma ponderação. Outros caminhos que adotemos não são caminhos.

Nossos três primeiros escritores do evangelho (em Mt 4:1-11, Mc 1:12-13 e Lc 4:1-13), antes de nos lançarem para dentro da história acerca do caminho de Jesus, oferecem-nos um esclarecimento em destaque, que nos prende a atenção, sobre as formas pelas quais Jesus é o caminho — e as formas pelas quais ele não é.

Depois de alguns assuntos introdutórios, cada escritor nos apresenta João Batista de forma bem destacada. João é o último e o maior dos profetas hebreus, profetas que desde o tempo de Abraão vêm preparando o "caminho do Senhor". João batiza Jesus. O Espírito, como uma pomba, desce e pousa em Jesus — uma validação dos céus. O batismo é assim endossado pela voz que vem do céu: "Este é o meu Filho amado, em quem me agrado". Assim se inicia a obra de Jesus como Messias à qual dedicou toda a sua vida — revelando Deus para nós, conduzindo-nos para Deus.

Um começo glorioso. Um grande início. O batismo, a descida do Espírito em forma de pomba, a voz do céu. Sim. É a hora do grande impulso. Jesus toma seu caminho. E nós, que estamos prontos a seguir a Jesus, estamos também em seu caminho.

E então nossos amigos canônicos nos impedem de prosseguir: "Espere. Não tão rápido. Não tenha tanta pressa. Preste atenção a isto aqui...". Estamos ávidos por prosseguir, mas agora nos recostamos na cadeira — relutantes, impacientes com a interrupção. Escutamos a história de Jesus tentado pelo Diabo.

"Logo após" (palavras de Marcos), o Espírito impeliu Jesus para o deserto, onde foi tentado pelo Diabo. Há um destaque sobre o fato de que era algo necessário. Isso precisa acontecer para que a história possa continuar.

A palavra *peirazô* também pode ser traduzida por "prova", como em Gênesis 22:1, quando Deus levou Abraão a um momento de prova no monte Moriá. Ao que tudo indica, há formas erradas de estarmos no "caminho do Senhor". O deserto fornece o lugar e o tempo necessários para esclarecer o que está em jogo. Necessariamente (não se trata de opção) temos de prestar a máxima atenção aos *caminhos* que adotamos quando no caminho do Senhor, ou seja, de que forma o trilhamos. Jesus teve de atentar para isso; não será diferente conosco.

A tentação deixou claro já de saída quais caminhos Jesus adotaria para realizar seu trabalho como Messias. *Quem* ele era não necessitava de nenhuma carta de recomendação: o Espírito Santo descendo como uma pomba e pousando sobre ele era autenticação suficiente. Suas qualificações não necessitavam de mais nenhum endosso: "Este é o meu Filho amado..." é conclusivo nesse departamento. Mas *como* ele se engajaria nessa obra messiânica, essa reconciliação abrangente de todas as coisas, "tanto as que estão na terra quanto as que estão nos céus" (Cl 1:20), essa salvação? *Isso* precisa ser examinado de perto, cuidadosamente ponderado, inquirido, rigorosamente testado. Os riscos são elevados, eternamente elevados.

O tempo que Paulo passou no deserto após sua conversão ao caminho de Jesus ("de imediato parti para a Arábia", Gl 1:17) leva a crer que não somente Jesus precisava passar por um tempo de provas e tentações, mas também todos nós que seguimos a Jesus. Quem somos e o que devemos fazer está mais do que claro. Mas como o faremos? Que caminhos adotaremos?

Crescemos num mundo em que os caminhos propostos pelo Diabo para "fazer o bem" são profusamente elogiados e praticados. Antes de começarmos a andar com Jesus, esses métodos pareciam funcionar bem o bastante, tão bem que durava pouco a consciência de que o Diabo sequer existia. Mas agora, no ar puro do deserto, o discernimento acontece. Discernimos a ilusão por trás da máscara de bondade. Discernimos as mentiras entretecidas nos discursos imponentes sobre a busca da felicidade. Discernimos incongruências entre falsa aparência e desempenho. Discernimos uma generosidade exagerada, que chega a nos confundir, presente nas promessas que, como a luz fulgente, nos deslumbram, temporariamente nos cegando para os detalhes da nossa vida cotidiana.

Tempo de deserto. Dias passados no ermo. Tempo de enxergar o caminho de Jesus em contraposição ao caminho do Diabo. Tempo de sentir o puxão excepcionalmente forte da tentação querendo tirar-nos do caminho de Jesus e de perceber que é uma tentação — como é toda tentação — abraçar a ilusão, crer numa mentira. Tempo de tomar consciência do abismo gigante, mas oculto que há entre o caminho de Jesus e os caminhos do Diabo.

O tempo passado no deserto protege o caminho de Jesus da presunção e dos equívocos, da ingenuidade e do ensimesmamento. Analisamos com atenção o que se passa na prova e na tentação de Jesus e percebemos que o Diabo não sugere que Jesus de forma alguma renuncie a seu chamado, retorne a algo mais simples, evite assumir responsabilidade, negue a validade de seu batismo ou duvide da voz que veio do céu. O Diabo contenta-se de deixar intacta a questão dos fins — a meta, o propósito, a grandiosa obra da salvação. Sua tentação dedica-se exclusivamente aos *caminhos*, aos meios que mais se prestam para alcançar o fim para o qual Jesus é o caminho.

A primeira tentação: tornar as pedras em pão. Jesus está com fome. O Diabo quer usar Jesus para fazer o bem. Jesus pode começar fornecendo uma boa refeição para si mesmo. Ele pode transformar os elementos da criação numa mercadoria e fazer algo útil deles — algo óbvio e bom para fazer. Isso o iniciará na carreira de fazer o bem: satisfazer as necessidades das pessoas; satisfazer suas fomes físicas, emocionais ou intelectuais; conferir-lhes um senso de realização; dar-lhes autoestima.

O Diabo quer que façamos o mesmo: seguir a Jesus, mas depois *usar* Jesus para satisfazer necessidades, primeiramente as nossas e depois as necessidades de todas as pessoas famintas ao nosso redor. A tentação é tratar a mim mesmo e aos outros, acima de qualquer coisa, em nossa condição de consumidores. É a tentação de definir a vida da perspectiva do consumismo e depois traçar planos e programas para implementar isso "em nome de Jesus".

Não que não haja um número suficiente de necessidades neste mundo que exigem atenção. E não que não haja uma obra premente que brota do evangelho à qual devamos nos dedicar por toda a nossa vida, mitigando a fome e a pobreza, labutando pela justiça, curando os doentes, ensinando o que precisa ser aprendido, cuidando da terra, fazendo plantações e preparando refeições, contando histórias e entoando canções, protegendo os fracos. Mas a tentação é *rebaixar* as pessoas, nós mesmos e os outros, ao nível das meras necessidades autodefinidas ou então decididas pela cultura, as quais invariavelmente, com o tempo, acabam se tornando necessidades definidas pelo pecado — usando Jesus para fazê-lo.

A economia americana se define fundamentalmente pela satisfação de necessidades. Destacamo-nos nisso mais do que talvez qualquer sociedade na história, mas satisfazer necessidades não fez de nós pessoas melhores. Alguns de nossos críticos dizem que somos o povo mais egoísta, egocêntrico e autoenganado que jamais viveu; e talvez esses críticos tenham razão. Além disso, junto com toda a nossa capacidade de satisfazer necessidades, temos a espantosa habilidade de não perceber as necessidades daqueles de quem não gostamos ou daqueles que nos perturbam demasiadamente.

Jesus não cessou por toda a vida de satisfazer necessidades, e quer que tenhamos o mesmo tipo de engajamento, mas a maneira pela qual ele viveu não se restringiu a meramente satisfazer necessidades, embora sempre incluísse isso.

A segunda tentação: saltar de sobre a parte mais alta do templo. O Diabo quer usar Jesus para com um milagre deslumbrar as multidões que estão na rua lá embaixo, dando um pouco de animação para a vida tediosa delas. "Jogue-se, Jesus... essas pessoas jamais se esquecerão; isso mudará a vida delas. Por muitos anos, elas contarão aos filhos e netos sobre o resgate angélico, um testemunho convincente de que Deus está sempre à inteira disposição delas com o sobrenatural". A tentação é embarcar numa carreira circense de milagres. E o que poderia ser melhor que uma carreira nos milagres divinos, milagres religiosos, entretendo multidões, proporcionando êxtase aqui e agora, à vista?

O Diabo quer que façamos o mesmo, usar Jesus como cerca contra o tédio. Usar Jesus como algumas pessoas usam drogas e álcool, sexo e carros velozes, perigos e fortes emoções, televisão e armas de fogo. Usar Jesus em seu potencial de operar milagres. Usar Jesus como suspensão temporária da monotonia. Empacotar Jesus como uma mercadoria para as diversões de fim de semana.

Sem dúvida alguma, há muitas pessoas emocionalmente sem vida no mundo, levando vidas sem saída, livrando-se de um apuro para entrar em outro. São muitos os homens e as mulheres desprovidos de vida interior, perdendo tantas oportunidades e, portanto, vulneráveis aos vícios de toda sorte — sexo, drogas e álcool, comida, a adrenalina que se sente em atos criminosos e nos jogos de azar. Há muito para ser feito aqui. Pois não há nenhuma dúvida de que Jesus quer que vivamos de forma abundante. Foi o que ele mesmo afirmou (Jo 10:10). Há tanta alegria, tanta beleza e tanto êxtase no caminho de Jesus. O caminho de Jesus jamais será um caminho de sovinices, de racionamentos, de mesquinharia. A tentação é *rebaixar* Jesus ao nível dos escapismos e das fortes emoções: um resgate impessoal, uma diversão irresponsável, uma prorrogação manipuladora do comum da vida.

A indústria americana do entretenimento é insuperável em oferecer diversões baratas e êxtases emprestados. É muito útil um afastamento temporário das responsabilidades diárias, umas férias em relação às intimidades desafiadoras — permite-nos retornar energizados e renovados a nosso dia a dia, nossos trabalhos, amigos e familiares. Nossa vida pode ser renovada e energizada pelo entretenimento. Mas o entretenimento excessivo acaba por destruir aquilo que ele mesmo propõe: somos arrebanhados nas arquibancadas como espectadores da vivacidade da vida, rebaixados à passividade de horas e horas esborrachados no sofá, na frente da TV, fartos de preguiça. Observadores cuidadosos repetidamente nos advertem de que estamos nos entretendo em direção à morte.[2]

[2] V. Neil POSTMAN, *Amusing ourselves to death*. New York: Vintage Books, 1985.

Com certeza Jesus era capaz de se jogar do ponto mais alto do templo. Por que então não se jogou? Jesus recusa-se a entreter-nos com milagres, assim como se recusou a entreter Herodes Antipas (Lc 23:8-9). Jesus não está interessado em nos distrair em relação à vida, mas em revelar o "mais" que há na vida, o qual ultrapassa tudo o que somos capazes de, por conta própria, unir por remendo, dimensões mais amplas da beleza e do desafio, profundezas da alegria, nossa boca cheia "de riso" (Sl 126:2). Mais impressionante que os milagres que Jesus realizou é o fato de que ele tenha realizado tão poucos milagres. Jesus jamais usou os milagres como atalhos ou como artifícios para poupar trabalho. "Nenhum cristão imagina que Jesus em sua carpintaria jamais deixou de lado o martelo e usou o Espírito Santo para pregar um prego torto."[3] Seus milagres muito esporádicos eram uma forma de nos mostrar o "mais" que é inerente à vida, uma revelação da profundidade disponível a nós numa vida de amor e de obediência. O caminho de Jesus não é uma sequência de exceções do habitual, mas uma maneira de viver profunda e plenamente com as pessoas agora mesmo, no lugar em que nos encontramos.

A terceira tentação: dominar o mundo. O Diabo quer usar Jesus para governar o mundo, assumir o controle do mundo — "... todos os reinos do mundo e o seu esplendor". Que oferta! Quem seria mais qualificado? Eis a oportunidade de estabelecer um reino de paz, justiça e prosperidade. Criar um governo livre de corrupções. Mas naturalmente teria de ser de acordo com as condições do Diabo, um reino condicionado pela ímpia conjunção *se* — "se te prostrares e me adorares". O caminho do Diabo necessariamente seria um caminho impessoal, imposto. O caminho do Diabo seria absolutamente perfeito em suas funções, mas sem relações pessoais.

O Diabo quer que usemos a Jesus da mesma maneira. Usar Jesus para reger nossas famílias, nossos bairros, nossas escolas, nossos governos com toda a eficiência e correção que pudermos, mas sem nenhum amor ou perdão. Cada homem e cada mulher reduzidos a uma função. Somente

[3] Austin FARRER, *The triple victory*. London: Faith Press, 1965, p. 44.

assim você pode ter um governo justo, pacífico e próspero. Se você der espaço para as pessoas se expressarem nessas questões, repentinamente você se verá operando num turbilhão de preconceitos, egotismo, ambição, superstição, ignorância, ganância, avareza — e você mesmo pode continuar a lista. Nossos jornais e noticiários se encarregam de fornecer a lista todos os dias. Entrementes, o Diabo está em nosso encalço, tentando-nos para que imponhamos "o direito", eliminando a liberdade. Gandhi costumava ver com maus olhos o "sonho que visualiza sistemas tão perfeitos, que dispensa a necessidade de sermos bons".[4]

Não que não haja muito bem para ser feito no mundo da política e do governo, nas causas pela paz e pela operação da justiça, pelo casamento e pela família, nos negócios e no comércio. Apesar de inúmeras tentativas através dos séculos por desenvolver comunidades utopistas, a espécie humana nunca se saiu muito bem no trato dessas questões, em prover meios para que homens e mulheres se sustentem financeiramente, trabalhem uns com os outros em prol de alvos comuns, atentem para as necessidades dos fracos e prejudicados. A guerra sempre foi a maneira clássica escolhida para impormos nossas ideias a respeito do que seja bom às pessoas das quais não gostamos ou àqueles que desaprovamos. E continua sendo. No século passado, não há muito tempo, "todos os reinos do mundo", dirigidos pelos reinos mais avançados econômica e educacionalmente, se superaram em não se darem bem. George Steiner sintetiza isso na expressão "um tempo infernal".[5] Os fatos e as estatísticas são incontestáveis: quanto mais espertos ficamos e mais prósperos nos tornamos, mais criminosos passamos a ser.

A democracia americana, tida por muitos, talvez pela maioria, como um dos pontos mais brilhantes da história dos governos do mundo no que se refere aos direitos humanos e à prosperidade, de modo algum é imaculada

[4] Cit. E. F. SCHUMACHER, *Small is beautiful*. New York: Harper and Row, 1973, p. 24. [Publicado no Brasil em 1983 pela Zahar Editores, sob o título O *negócio é ser pequeno: um estudo de economia que leva em conta as pessoas*, traduzido por Octavio Alves Velho.]

[5] *Grammars of creation*. New Haven: Yale University Press, 2001, p. 4. [Publicado no Brasil em 2003 pela Editora Globo, sob o título *Gramáticas da criação*, traduzido por Sérgio Augusto de Andrade.]

— certamente tem suas "manchas e rugas". A visão de nossos primeiros líderes políticos de que seríamos uma "cidade sobre um monte", apontando o caminho para o mundo, desvaneceu-se há muito tempo. O discurso segundo o qual somos uma nação cristã não é confirmado pelo desempenho de nossos líderes políticos, pela nossa comunidade empresarial, nem mesmo pelas nossas instituições de ensino. Ao mesmo tempo, cada cristão tem uma voz e uma presença importantes em relação à maneira pela qual nosso país é regido e nossa cultura é formada — mas somos presas fáceis do engano do Diabo se imaginamos que podemos falar numa língua e agir num estilo que não sejam as maneiras pelas quais Jesus falou e agiu, ou que sejam ainda contrários a esses seus caminhos.

Jesus tem muito para dizer sobre a maneira como regemos o mundo — "reino" e "mundo" figuram em grande medida entre aquilo que ele tinha e tem em mente. Mas ele valoriza demais a nossa alma para nos "desalmar" com o objetivo de no tornar bons. Ele não imporá seu caminho a nenhum de nós — não, nenhum de nós. Ele convida e perdoa. Ele busca o perdido e sara o ferido. Ele repreende o orgulhoso e dá a outra face. A última palavra que nossas Escrituras nos fornecem sobre Jesus é triunfante, como "o soberano dos reis da terra" (Ap 1:5) — a mesma posição exaltada oferecida pelo Diabo, mas reinando, como se percebe, primeiramente a partir da cruz do Gólgota e agora "assentado à direita do Pai", executando a obra grandiosa e abrangente da salvação, "para que ao nome de Jesus se dobre todo joelho [...] e toda língua confesse que Jesus Cristo é o Senhor, para a glória de Deus Pai" (Fp 2:10-11).

Jesus foi tentado a governar assentado sobre um trono burocrático de regras abstratas e princípios desencarnados, impostos a homens e mulheres independentemente da confiança relacional e do amor adorador. Ele recusou. O reinado de Jesus jamais é impessoal, jamais anônimo.

Cada uma das tentações do Diabo está relacionada com a *maneira* pela qual Jesus é o caminho, ou seja, o caminho que ele adotará para realizar sua obra. Será que ele rebaixará e impessoalizará o caminho impondo sua vontade às pedras, usando-as para satisfazer as necessidades humanas, primeiramente cuidando de si mesmo e depois alimentando muitas pessoas? Será que ele montará um espetáculo circense, demonstrando a providência miraculosa e sempre presente de Deus para as pessoas nas ruas, mas jamais as tratando como pessoas? Será que ele regerá o mundo por meio de uma burocracia sem rosto, uma justiça que se impõe com eficácia e uma prosperidade sem sujar as mãos?

Mas Jesus disse "não" a cada uma dessas maneiras. A cada tentação, Jesus deu um "não" definitivo, apoiado pelas Escrituras. E por quê? Porque em cada caso teria sido um caminho impessoal, um caminho separado dos relacionamentos, um caminho desprendido do amor, um caminho imposto de fora para dentro. Teria sido um caminho despido da história abrangente da salvação, e, portanto, desprovido de participação na vida das pessoas. O que quer que signifique o caminho de Jesus, a força intimidadora não faz parte dele. Certamente não é o que acontece quando se deflagra um estopim de dinamite (que recebe seu nome da palavra grega *dynamis*, que significa "poder"). O caminho de Jesus sempre é exercitado de maneiras pessoais, criando, salvando e abençoando. Jamais é uma interferência impessoal vinda de fora.

Nas três grandes recusas, o que Jesus está declinando é fazer coisas boas da maneira errada. Cada tentação vem embrulhada com algo bom: alimentar muitas pessoas, evangelizar por meio do milagre, governar o mundo com justiça. A estratégia de tentação do Diabo é impessoalizar os caminhos de Jesus, deixando o próprio caminho, no entanto, intacto. É a mesma estratégia que usa conosco. Mas o caminho impessoalizado, executado sem amor, intimidade ou participação, não importa quão bem o executemos, não importa quanto bem seja realizado, não é o caminho de Jesus. Não podemos fazer a obra do Senhor seguindo os caminhos propostos pelo Diabo. O Diabo tem grandes ideias — ideias brilhantes! O Diabo é um visionário por excelência, mas é incapaz de se encarnar. Ele usa as pessoas para corporificar seus projetos em relacionamentos funcionais e não pessoais. O Diabo é o campeão da desencarnação. Toda vez que abraçamos caminhos que não os de Jesus, tentando manipular as pessoas ou os acontecimentos de maneiras que impedem o progresso dos relacionamentos e das intimidades, estamos fazendo a obra do Diabo. É necessário vigiar. Foi sempre necessário. É ainda necessário no Ocidente como um todo e em nosso país especificamente, onde viceja a epidemia do fazer boas obras utilizando caminhos impessoais.

CAMINHOS

Então. Jesus, o Caminho; os caminhos de Jesus. Ele mostra o caminho. Ele também *é* o caminho. Ele não aponta o caminho e depois fica de lado, deixando que cheguemos lá por conta própria da melhor maneira que pudermos. Jesus aponta o caminho, mas depois toma a iniciativa, convidando-nos a seguir junto com ele, levando-nos com ele por terra e mar, por todos os tipos de climas, evitando becos sem saída e desvios sedutores, tomando cuidado com o perigo e alertando-nos quanto aos inimigos.

Uma das coisas que ganha foco quando refletimos sobre Jesus, o Caminho, é que não podemos explicar o caráter inigualável do caminho de Jesus reunindo adjetivos e advérbios que denotem quem ele é e como ele age. O caminho não é uma abstração, um lema, um princípio. É uma metáfora: uma estrada, uma senda, uma rua, uma rodovia, uma trilha e, simultaneamente, uma pessoa, um corpo que podemos enxergar e um espírito que não podemos ver, falando palavras que podemos compreender, sentando-se para jantar com amigos, ensinando em uma sinagoga em Cafarnaum e nas margens do mar da Galileia, navegando de barco e andando sobre um jumentinho, dando um piquenique com pão e peixe para cinco mil homens e mulheres acompanhados de seus filhos, passando a noite nos montes em oração a nosso favor, morrendo naquela cruz no Gólgota, ressurgindo dos mortos e soprando em nós a vida de sua ressurreição.

Os documentos mais importantes que nos falam a respeito desse caminho são as narrativas de como Jesus viveu e de como ele proclamou a mensagem das boas-novas. Não há súmulas — o que chama muita atenção — de seus atributos, nem resultados de testes de inteligência ou aptidões, nenhuma lista de suas realizações. Cada detalhe está entrelaçado em sua história composta de metáforas. O objetivo é que ingressemos na história, nessa narrativa, por meio da imaginação, da fé e da oração, e tenhamos uma amostra do que está em jogo, os relacionamentos que urdem a teia desse caminho.

Há também mais uma coisa: Jesus é nosso caminho para Deus, mas ao mesmo tempo Jesus é o caminho de Deus até nós. Heráclito, o filósofo grego pré-socrático, é conhecido por nós hoje somente por meio de fragmentos. Não nos sobrou nenhum livro inteiro, nem mesmo um ensaio que fosse. Temos apenas fragmentos de seus discursos, muitos dos quais enigmáticos. No contexto dessa conversa sobre o caminho de Jesus, eis um fragmento que muito aprecio: "O caminho que sobe e o caminho que desce é o mesmo caminho".[6]

O caminho pelo qual vamos a Deus é o mesmo caminho pelo qual Deus vem até nós. Deus vem a nós em Jesus: nós vamos a Deus em Jesus. É o mesmo caminho, o caminho de Jesus. Deus vem a nós em Jesus falando as palavras de salvação, curando nossas enfermidades, prometendo o Espírito Santo, ensinando-nos a viver no reino de Deus. É nesse mesmo Jesus e por meio dele que oramos a Deus a nele cremos, que o ouvimos e lhe obedecemos, que o amamos e louvamos. Jesus é o caminho pelo qual Deus vem a nós. Jesus é o caminho pelo qual vamos a Deus. "O caminho que sobe e o caminho que desce é o mesmo caminho."

Jesus é o caminho da salvação. Nós seguimos seu caminho. Jesus é o caminho da vida eterna. Nós seguimos seu caminho. Como Jesus age é como agimos. Jesus é o caminho pelo qual nos chegamos a Deus. Ponto-final. Fim de conversa.

E Jesus é o caminho pelo qual Deus se achega a nós. Na terra, Jesus é o caminho da fé, da obediência e da oração — para com Deus. Do céu, Jesus é o caminho da revelação de Deus, da salvação de Deus, da bênção de Deus — para nós.

Tudo o que precisamos saber sobre Deus nos chega pelo caminho de Jesus: "... a Palavra tornou-se carne e viveu entre nós. Vimos a sua glória

[6] Charles H. KAHN, *The art and thought of Heraclitus*. Cambridge: Cambridge University Press, 1979, p. 74.

[...] cheio de graça e de verdade" (Jo 1:14). O evangelho de João, detida e detalhadamente — "tranquilo [...] qual luz secular"[7] —, nos conta a história, com todas as operações da Santa Trindade reveladas a nós em Jesus, o Cristo.

Várias décadas atrás, Charles Sheldon escreveu um livro que foi lido por muita gente: *Em seus passos o que faria Jesus?* Boa pergunta. Mas se junto com ela outra pergunta não receber semelhante atenção, as respostas que ele exige serão apenas meias verdades. Precisamos também perguntar: O *que Deus está fazendo?* Jesus nos diz o que fazer; ao mesmo tempo, ele nos diz o que Deus está fazendo. Jesus é Deus agindo. Jesus é Deus falando. Jesus é Deus tocando leprosos. Jesus é Deus perdoando um criminoso condenado e moribundo e uma mulher adúltera perseguida por homens com pedras nas mãos e prontos para matá-la. Jesus é Deus abençoando crianças. Jesus é Deus dando visão a Bartimeu, dando vida a Lázaro. Jesus é Deus condenando posicionamentos religiosos. Jesus é Deus chorando sobre Jerusalém.

Jesus. Jesus. Jesus. Jesus é o caminho pelo qual vamos a Deus. Jesus é o caminho pelo qual Deus vem até nós. E não primeiro um e depois o outro, mas os dois ao mesmo tempo. Não o caminho de Deus até nós aos domingos e nosso caminho para Deus nos dias de semana. É uma via de mão dupla. Muitas mazelas já foram perpetradas na comunidade cristã por não se manterem abertas e acessíveis as duas vias. A estrada que sobe e a estrada que desce é a mesma estrada.

O salmo 84 fala de homens e mulheres que "Prosseguem o caminho de força em força, até que cada um se apresente a Deus em Sião". Alguma coisa de rodovias nós sabemos, e sabemos o que acontece quando um acidente bloqueia a pista onde estamos. Ficamos ali, parados, enquanto os carros do outro lado da estrada transitam livremente e continuam a viagem até chegarem a casa, ou ao trabalho, ou às montanhas para esquiar, ou ao oceano para surfar e nadar. Não é suficiente ter uma única pista.

[7] Do hino de Walter Chalmers Smith "Deus sábio, invisível, perfeito, imortal" (*Hinário para o culto cristão*, 1997, nº. 13, trad. João Wilson Faustini).

Precisamos de uma rodovia em que o tráfego flua em ambas as direções: Jesus. Nosso caminho para Deus. O caminho de Deus até nós.

Mas não para por aqui. As pessoas que contaram essa história, principalmente Mateus, Marcos, Lucas e João, estavam também familiarizadas com narrativas anteriores que já se adiantavam em relação à deles. Eles contam a história do caminho de Jesus no contexto narrativo de séculos de narração, de tal modo que as histórias de dois mil anos anteriores são aperfeiçoadas e cumpridas na história de Jesus.

Para percebermos o pleno impacto da história de Jesus e do caminho de Jesus, nada nos ajudará tanto quanto peregrinar demoradamente, com lentidão e tranquilidade pelas páginas que vão desde Gênesis até Malaquias, deixando que aquele rio narrativo flua em nossa corrente sanguínea, observando a atenção enorme que é destinada aos lugares e às pessoas, de modo que essa história está enraizada no imediato e no local, em pessoas conhecidas da vizinhança, entre os animais e anjos vivos daquelas florestas e daqueles desertos. Nos capítulos restantes desta seção, quero trazer para a nossa conversa seis dessas pessoas que abraçaram, prefiguraram e prepararam o caminho de Jesus: Abraão, Moisés, Davi, Elias, Isaías de Jerusalém e Isaías do Exílio.

Não podemos entender o caminho de Jesus por meio de relatos resumidos daqueles dois mil anos de história, crença e adoração que precederam a Jesus. Se uma síntese fosse capaz de fornecer a preparação necessária, o Espírito Santo certamente teria nos fornecido uma, poupando-nos todo o árduo trabalho de buscar nos familiarizar com o país dessa narrativa, buscando aprender a linguagem da fé, tentando encontrar nosso caminho no reino de Deus.

Quero me opor ao rebaixamento comum do "caminho" ao nível de uma mera estrada, uma rota, uma linha num mapa — uma linha que podemos usar para encontrar nosso caminho para a vida eterna; uma diluição como essa implica a destruição do caminho como metáfora, rebaixando-se o caminho a uma tecnologia inanimada. O Caminho que é Jesus não são apenas as estradas que Jesus percorreu na Galileia e a caminho de Jerusalém, mas também como Jesus andou por essas estradas, como agiu, sentiu, falou, gesticulou, orou, curou, ensinou e morreu. E o caminho de sua ressurreição. O Caminho que é Jesus não pode ser diluído em informação ou instrução. O Caminho é uma pessoa em quem cremos e a quem seguimos como Deus conosco.

Alguns anos atrás, eu viajava por uma esplendorosa estrada que circundava uma montanha, ao lado de uma velha amiga de faculdade que viera do Texas para me visitar. Essa estrada é uma das maravilhas mais pitorescas dos Estados Unidos. Minha amiga tinha o mapa aberto sobre os joelhos. Eu continuava chamando a atenção dela para características da paisagem ao redor: uma queda-d'água de 150 metros de altura, uma formação glacial, um bosque de gigantescos cedros-vermelhos do Oeste, ao longe, no horizonte, uma cadeia de montanhas onde se podia ver a formação de uma tempestade. Ela raramente olhava para cima; estava estudando o mapa. Quando eu, com certa dose de impaciência, procurei garantir a atenção dela, ela me disse que queria "saber onde estamos". E "saber onde estamos", para ela, se definia por uma linha no mapa. Ela preferia a abstração de um mapa de estradas às cores e formas em si, ao cheiro e à silhueta do monte Reynolds, ao murmúrio do ribeiro Logan, à campina alpestre a caminho do desfiladeiro Piegan, com toda a exuberância de sua grama de urso.

Anos antes, presenciei uma variação dessa preferência da minha amiga por abstrações em detrimento de um mundo real de maravilhas. Minha esposa e eu, com nossos filhos, tínhamos passado muitas horas extraordinárias num ecoturismo por essas mesmas montanhas que minha amiga circunscreveu a um mapa. Quando nossos dois filhos chegaram à adolescência, eles também passaram a experimentar impaciência com o ritmo de seus pais em qualquer subidinha na montanha. Se fizesse apenas dez minutos que estivéssemos numa trilha, não conseguíamos enxergá-los mais. Para eles, a trilha, o *caminho*, se reduzia a um objetivo e nada mais que um objetivo: a subida até o topo da montanha. Eles começavam a viagem com toda a velocidade calculada para conquistar (seu verbo preferido) a montanha, chegar ao pico, registrar seus nomes na caixa de metal com os nomes dos que tinham conseguido escalar até o topo com sucesso. Sempre tiravam algumas fotos para documentar sua façanha. E depois, exalando tédio, aguardavam os pais lerdos que traziam o almoço. "Por que demoraram tanto? Vocês se perderam? Faz *horas* que a gente está esperando!"

Por que demoraram tanto? Bem, tinha muita coisa para ver, para saborear, para absorver, para desfrutar: uma cabra montesa posando regiamente num despenhadeiro, uma genciana de bordas azuis que você precisa olhar mais uma vez como se fosse a primeira, o tronco esculpido pelo vento de um velho pinheiro de casca branca, um melro-do-rio brincando numa queda-d'água, a nectarina com a qual nos deliciamos sentados enquanto absorvíamos a cadeia seguinte de montanhas que acabara de ocupar nossa visão. (Por que as nectarinas são tão mais saborosas em altitudes superiores a 2.400 metros?) O *caminho* para nós era muito mais do que um caminho para chegar ao topo. Era uma maneira de estarmos presentes diante de tudo no caminho — a fragrância do abeto, a música dos córregos, as formações rochosas cobertas de gelo, a elegância da grama de urso e (guardando o melhor para o fim) uma conversa demorada de lembranças e agradecimentos na companhia agradável um do outro. O fato de nossos filhos restringirem o caminho a uma escalada ao topo já representou um avanço considerável em relação à redução de minha amiga, para quem o caminho se restringia a uma linha num mapa, mas era uma redução do mesmo jeito. Lembro-me de ter lido algo semelhante escrito por Robert Pirsig: "Viver exclusivamente para alguns alvos futuros é superficial. São os lados da montanha que dão apoio à vida, não o topo. É aí que as coisas crescem. Mas, claro, sem o topo você não pode ter os lados. É o topo que *define* os lados".[8]

Meu interesse é deixar que apareçam todas as nuanças metafóricas do caminho de Jesus. Demasiados companheiros de fé meus vêm há tempo demais rebaixando e restringindo o caminho de Jesus a uma mera rota em

[8] *Zen and the art of motorcycle maintenance*. New York: William Morrow, 174, p. 198. [Publicado no Brasil em 2007 pela Martins Fontes, sob o título *Zen e a arte da manutenção de motocicletas: uma investigação sobre os valores*, traduzido por Marcelo Brandão Cipolla.]

direção ao céu, o que ele certamente também é. Mas há simplesmente muito mais.

Dorothy Day, que figura entre os ícones de nossos peregrinos americanos, viajante robusta e perspicaz nesse caminho, amava citar Santa Catarina: "Todo o caminho para o céu é céu, porque ele mesmo já dissera: 'Eu sou o caminho'".[9]

[9] *The long loneliness:* an autobiography. San Francisco: Harper and Row, 1952, p. 247.

capítulo 2

Abraão: escalando o monte Moriá

O acontecimento decisivo no caminho de Abraão se dá no monte Moriá: quando ocorre a *Akedah* (termo que os rabinos usavam em referência a essa história, extraído da palavra hebraica que se traduz por "amarrar"), em que Isaque é amarrado por Abraão, sendo oferecido pelo pai como sacrifício no altar que ele acabara de construir expressamente para esse fim. Essa história tomou conta da imaginação do povo de Deus e fez geração após geração ter de enfrentar e lidar com o mistério fundamental que é Deus: há tanto aqui que não conseguimos compreender, tanto que viola nossas sensibilidades falsamente piedosas, tanto que se recusa a se conformar às nossas expectativas. Como Deus pode ordenar um assassinato? E não somente um assassinato em termos gerais, mas o assassinato de um filho amado? Como Deus é capaz de desfazer a promessa que por meio de um milagre se cumprira no nascimento de Isaque? Como Deus, que segundo nossos pais e pastores nos ensinaram, ama-nos desde a eternidade, pode ordenar essa crueldade a sangue frio? Como Deus, que, segundo Jesus nos diz, tem coração tão terno que até a morte de um pardal o comove, pode ordenar que um pai mate o filho, sem nem sequer a intenção de se explicar?

Isso é demais para nós. Quando tentamos nos imaginar seja como Isaque, submetendo-se àquelas amarras, seja como Abraão, levantando a faca para lhe cortar a garganta, não conseguimos. É forte demais para aceitarmos em nossa consciência, sobretudo uma consciência que inclua um Deus bom e soberano. Procuramos explicações e respostas, rebuscamos bibliotecas e culturas à procura de algo ou de outra pessoa que mitigue a severidade insuportável. Contratamos teólogos e pastores para encapsular a história num só princípio, num dogma ou numa lição que nos proteja dos detalhes que nos causam maior desconforto. Mas não há como escapar: a *Akedah*, o ato de amarrar Isaque no monte Moriá, o cutelo sobre a garganta de Isaque, é não somente o acontecimento decisivo no caminho de Abraão, mas o "ponto mediano de *Gênesis* [...] a narrativa paradigmática de todo o livro".[1] E ali ela permanece: uma enorme e impassível pedra bloqueando o caminho.

Alexander Whyte, o insuperável pastor de Edimburgo, não tenta moralizar, teologizar ou psicologizar: "'Não compreendo essa escura dispensação de Deus', todos os descendentes de Abraão são muitas vezes levados a afirmar, 'tudo são trevas, como a meia-noite para mim'".[2]

Um dos elementos marcantes da história de Abraão é o estilo seco, austero, a economia de palavras empregadas para chamar nossa atenção e nos levar a participar da história, a nos engajar em algo que jamais compreenderemos. Uma tensão intolerável entre os sentimentos humanos mais elevados e enobrecidos e as expectativas (amor, paternidade, um lugar de liderança entre as pessoas de Deus estipulado por Deus — tudo o que dá sentido e senso de integralidade à vida humana) é criada por uma ordem emitida para que se abandonassem todos esses sentimentos e expectativas, se abrisse mão de tudo em obediência a um comando não explicado e arbitrário de Deus. Tudo o que Deus já deu e dá, cercado de promessas e bênçãos, agora tirado sem explicação, sem razão. Não há nada na narração dessa história que torne seus meandros convidativos, nada que nos faça querer participar, nada que, como dizemos, "nos aproxime" de Deus e de sua salvação.

Por que nossos antepassados situaram essa história de modo tão altivo bem no limiar do Caminho? Não sabiam que tantos de nós que chegassem a essa história já no começo, ofendidos e ultrajados, simplesmente fechariam o livro e sairiam em busca de adquirir algo ou alguém mais saudável para os guiar em sua busca espiritual, alguém como, digamos, Buda?

[1] Everett Fox, *The five books of Moses*. New York: Schocken Books, 1995, p. 92.
[2] *Bible characters*. London: Oliphants, 1952, p. 77, v. 1.

FÉ

Abraão é lembrado, entre o povo de Israel e entre o povo que mais tarde passou a constituir os seguidores de Jesus, como pai do povo de Deus. A história é inconfundivelmente a história de um ser humano. Em todos os detalhes essenciais, ele é como nós. É a história de um homem que atendeu ao chamado de Deus para deixar seu país e seguir a direção apontada por seu Deus para chegar a um lugar sobre o qual não tinha nenhum conhecimento. É uma história na qual, com Paulo como nosso mestre, nos acostumamos à palavra "fé" — confiando obedientemente no que não podemos controlar, vivendo num relacionamento obediente com aquele que não podemos ver, arriscando-nos obedientemente numa terra sobre a qual nada sabemos.

A fé está relacionada à fusão do Invisível com o Visível. Quando nos entregamos a um ato de fé, abrimos mão de exercer nós mesmos o controle, abandonamos a confirmação sensorial (visão, audição etc.) da realidade; deixamos de insistir no conhecimento intelectual como nosso meio primordial de orientação na vida. A maneira positiva de dizer isso é que, quando nos engajamos num ato de fé, escolhemos lidar com um Deus vivo em quem temos confiança de que ele sabe o que faz, escolhemos um modo de vida em que os sentidos corpóreos e as questões físicas são entendidos como inseparáveis e orgânicos em relação ao vasto interior (a alma) e o imenso além (o céu), e escolhemos não mais operar estritamente com base no conhecimento adquirido com esforço, por mais maravilhoso que possa ser, mas por toda a vida optamos por acolher o mistério que "deve nos ofuscar pouco a pouco/ Senão, cegará a todo homem".[3]

Certamente não se trata de uma disposição, uma "vida interior". É uma vida obediente, um engajamento refletido da vontade, uma fusão do corpo e do espírito, com a união do visível com o invisível, levando-nos para algum lugar.

Os riscos são grandes. E não contam com a suposta segurança da certeza objetiva. Mas, para quem resolve corrê-los, resulta que eles também

[3] Emily DICKINSON, *The complete poems*, ed. Thomas H. Johnson. Boston: Little, Brown, and Company, 1925, p. 507.

conduzem a uma vasta realidade não percebida anteriormente. Também implica, em grande medida, uma restrição em praticamente tudo o que significa ser homem ou mulher. A introdução da palavra "fé" em nossa linguagem produz uma reorientação total e radical, partindo de uma existência ultrapassada, construída segundo a monotonia de um condomínio fechado num bairro residencial de classe alta, para uma experiência multidimensional, "na terra como no céu", na qual a presença de Deus é a realidade dominante e decisiva, com a qual temos de lidar.

O caminho de Abraão continua hoje exatamente dessa forma. Em alguma altura do caminho, percebemos que não estamos no controle da nossa vida. A vida de fé não consiste em impor nossa vontade (ou a vontade de Deus!), quer sobre as pessoas, quer sobre o mundo material ao nosso redor. Em vez de formarmos o mundo ao redor, ou as pessoas ao redor, ou nós próprios à imagem do que pensamos ser bom, entramos no processo que dura toda uma vida de não mais organizar o mundo e as pessoas como queremos. Acolhemos o que nos é dado — as pessoas, o cônjuge, os filhos, as florestas, as condições climáticas, a cidade — exatamente como nos foram entregues, então sentamos e observamos, olhamos e escutamos até começarmos a ver e ouvir as dimensões divinas em cada presente, e nos engajamos naquilo que Deus deu, no que ele está fazendo. Toda vez que partimos, abandonando nosso estado definido por nós mesmos ou pela cultura, deixando para trás nossos projetos parciais e imaturos, um panorama muito mais amplo se descortina diante de nós, um horizonte maior e muito mais promissor.

A ordem de amarrar Isaque é apresentada como uma prova: "Passado algum tempo, Deus pôs Abraão à prova" (Gn 22:1). Passado algum tempo em relação a quê? Bem, depois que um número suficiente de detalhes nos mostrou que Abraão era uma pessoa de fé, alguém que escutava a Deus e obedecia com sua vida. Abraão é para nós o protótipo da pessoa de fé, não fé como doutrina a ser ensinada e aprendida, mas certa maneira de se encontrar na verdade que ultrapassa a capacidade que tem a razão de compreender as coisas plenamente. A palavra "creu", relacionada à fé ("fé" é o substantivo, e "crer", o verbo que traduzem palavras oriundas da mesma raiz no original hebraico: *aman*), é usada uma só vez na história de vida de Abraão. ("Abraão creu no SENHOR, e isso lhe foi creditado como justiça", Gn 15:6.) Mas, quando Paulo, em sua fundamental e importantíssima carta aos Romanos, invoca Abraão como testemunha-chave em sua defesa do evangelho, ele se foca somente nisto, sua fé:[4] "Abraão *creu* em Deus [...] sua *fé* lhe é creditada como justiça" (Rm 4:3,5); "... no caso de Abraão, a *fé* lhe foi creditada como justiça" (4:9); "o pai de todos os que *creem*" (4:11); "andam nos passos da *fé* que teve nosso pai Abraão..." (4:12); "... os que têm a fé que Abraão teve" (4:16); "contra toda esperança, em esperança *creu*" (4:18); "Sem se enfraquecer na *fé*" (4:19); "foi fortalecido em sua *fé*" (4:20).

A escolha que Paulo faz de Abraão como protótipo de fé é ecoada na magnífica enumeração das personagens, desde Abel até Jesus, da epopeia de fé que consiste no ponto alto da carta aos Hebreus (11:1—12:2). Nessa passagem, o termo "fé" é usado 26 vezes em relação a dezenove pessoas citadas por nome, mas é Abraão que é citado mais vezes: quatro. (Moisés vem em segundo lugar, com três citações.)

O que foi que esses escritores viram em Abraão, a que chamaram de fé? Não foi toda uma vida internalizando o Deus que decretava mandamentos e fazia promessas, mas era invisível, para depois pôr o pé na estrada, seguindo em obediência? Não foi essa prontidão de ele partir de onde quer que estivesse e deixar o que quer que fosse para abraçar a visão, a aliança, a ordem? Não foi uma vida de abertura responsiva para com Deus e correspondente indiferença a quaisquer situações em que se encontrasse? Não foi uma disposição de toda uma vida por receber Deus em vez de satisfazer a si mesmo?

Fé é uma vida de obediência e confiança na estrada, o *caminho*. Fé é um resoluto "Sim" às promessas e às ordens do Deus vivo, o Deus *presente*. E fé é um firme "Não" a um ídolo sujeito à manipulação e ao controle, um deus que podemos ver, tocar e testar.

[4] O substantivo "fé" (*pistis*) e o verbo "crer" (*pisteuô*) também no idioma grego provêm da mesma raiz.

Entre o povo de Deus, instruído pelas Escrituras, "nosso pai Abraão" (Lc 1:73, Jo 8:53, At 7:2, Rm 4:16 e assim por diante) é o dicionário no qual consultamos o significado e obtemos uma ideia do que está em jogo na vida de fé. O que obtemos — é o que depois verificamos — não é uma definição, mas uma história, uma história em que viajar, peregrinar, caminhar, correr, ir e vir em estradas e veredas sob as ordens e promessas de Deus, ou seja, uma vida no *caminho*, permeia toda a narrativa.

O primeiro verbo da história de Abraão, o homem de fé, é "... vá..." (Gn 12:1). A fé de Abraão ganha expressão quando ele embarca numa viagem: "Partiu Abrão..." (Gn 12:4). Sete verbos em rápida sequência mantêm Abraão diante de nós como um homem sob ordens divinas, trilhando a estrada de Harã a Canaã: *Partiu* (12:4), *partiram* (12:5), *chegaram* (12:5), *atravessou* (12:6), *prosseguiu* (12:8), *partiu e prosseguiu* (12:9).

Os verbos relacionados a andar e a viajar ocorrem um pouco menos na narrativa à medida que outros elementos entram na história, mas o fato de Abraão estar a *caminho*, num caminho ordenado por Deus, nunca deixa de ficar bem claro para nós. Há dezesseis verbos relacionados a andar ou a viajar entre a passagem introdutória 12:1-9 e 22:1-9, que é o ponto alto da história.

Depois, porém, quando Abraão parte para o monte Moriá no capítulo 22, o *caminho* que Abraão percorre mais uma vez entra em foco com seis verbos — *vá para a região de Moriá* (22:2), *partiu* (22:3), *eu e o rapaz vamos* (22:5), *caminhando os dois juntos* (22:6), *os dois continuaram a caminhar juntos* (22:8), *juntos partiram* (22:19) — semelhantemente ao destaque construído com oito verbos relacionados ao *caminho* de Abraão que marcaram o parágrafo de abertura (12:1-9).

Seria o fim reduzir a fé a uma explicação. Não é uma explicação, é uma paixão. Contar a história de Abraão é entrar numa narrativa que atira nossa autoajuda, autoafirmação, autodisciplina — e todas as nossas irrisórias formulações iniciadas pelo prefixo "auto" — num ferro-velho de definições enferrujadas.

A história de Abraão já desde o começo estabelece certo tom, um contexto, uma atmosfera que nos ajuda a compreender que, nesse caminho que trilhamos, o dever não é a coisa mais importante (embora haja deveres a cumprir). Nem nosso futuro é a coisa mais importante (embora o nosso futuro esteja incluído na viagem). A história de Abraão é uma história sobre o caminho da fé. Dar nosso melhor e aproveitar ao máximo as oportunidades são questões periféricas, não o ponto central da história.

Não, a história de Abraão narra um caminho de vida no qual Deus é pessoal e imediato, no qual Deus é abraçado e seguido, no qual Deus fala e é obedecido, no qual recuperamos e praticamos uma linguagem que conhecíamos tão bem na primeira infância e nos primeiros anos da infância, mas que, como Newman expressa de modo tão assombroso, perdemos "por instante"[5] — uma linguagem aprendida na companhia de avós e coleguinhas de brincadeira, pássaros e unicórnios, a rosa de Sarom e os lírios do vale, entre profetas e poetas, cantores e tecelões. É uma linguagem de história e metáfora, de proximidade e relacionamento, de visão e sonho, de sabedoria e do querigma que é a Sagrada Escritura, tudo proferido e entoado numa adoração santa, quando somos lavados no santo batismo e comemos e bebemos a santa Eucaristia: a Palavra feita carne, as palavras que Jesus viveu e falou, as palavras e os suspiros que o Espírito ora em nós. Aí está uma maneira de viver pela qual aos poucos, por toda uma vida, aprendemos a viver com Deus pessoalmente, crendo nele, "todos os dias [que foram] determinados para mim [...] antes de qualquer deles existir" (Sl 139:16), quer consciente, quer inconscientemente, conforme escrito de forma clara nas Escrituras e no sacramento e confirmado nas entrelinhas e nas margens de cada página.

A fé aponta uma forma de vida que acontece numa teia íntima de visível e invisível, de silêncio e discurso, de luz e trevas, de caos e cosmo, de

[5] Extraído dos versos do hino de Newman: "Dos anjos, na alva, volta o feliz semblante./ Tanto os amei... perdi-os por instante". John Henry NEWMAN, "Lead, kindly light", *The hymnbook*. Philadelphia: Presbyterian Publishing Co., 1955, nº. 331. [Corresponde em *Salmos e hinos* ao hino de nº. 494, *Benigna luz*, traduzido por Manoel da Silveira Porto Filho. O trecho acima, no fim da terceira estrofe, é traduzido por: "A face irei, na luz da eterna autora,/ Dos anjos ver, que aqui não vejo agora". Minha tradução acima, menos poética, procura, no entanto, também preservar a métrica, mas resgatar com mais precisão a mensagem do original: *And with the morn those angel faces smile,/ which I have loved long since and lost awhile.*] (N. do T.)

conhecimento e mistério, Deus e nós. É complexa demais para definir e explicar de modo claro. E, como todas as dimensões e elementos são reconfigurados de forma singular em cada alma humana, não há nenhum modelo imediato que possa ser copiado ou seguido. Não pode ser predita nem programada; só pode ser percebida pela participação, por embarcar e continuar numa viagem, num caminho, o caminho de Abraão, o caminho da fé.

Abraão é apresentado diante de nós como nosso pai na fé. Dada a importância atribuída a Abraão em todas as questões de fé, é surpreendente que a história que define tudo seja escrita em estilo tão seco, sendo tão poucos detalhes fornecidos. Numa vida de 175 anos, temos apenas dezessete histórias. Ao nos fornecer essa primeira iniciação no caminho da fé, nosso Senhor, o Espírito, tem o cuidado de não nos dar detalhes demais que nos levariam à tentação de querer copiar a vida de Abraão em vez de viver a nossa.

Pois a fé não se aprende copiando, não por imitação, não por dominar alguns "macetes de fé". Todos somos originais quando vivemos pela fé.

SACRIFÍCIO

Mas "fé" não é usada com muita frequência nesse caminho difícil de trilhar. Com mais frequência é reduzida a um sentimento, fantasia ou disposição — um tipo de desejo elevado, uma inclinação indistinguível de um capricho e facilmente dissipada por uma rajada de vento ou pela distração de um rosto bonito.

E assim o caminho da fé exige reiteradas provas, para que possamos discernir se estamos lidando com o Deus vivo ou com alguma fantasia ou ilusão que preparamos num cozido de cobiça e ira, de inveja e preguiça, de orgulho e avareza. A prova da fé implica contínuo aguçamento, constante reorientação, readaptação, reiterados salvamentos oportunos em relação ao autoengano, livramentos graciosos em relação às ilusões do Diabo. A prova é realizada por meio do sacrifício, sacrifício que na vida de fé de Abraão encontra sua mais plena demonstração no ato de amarrar Isaque no monte Moriá.

O sacrifício desmascara a fantasia espiritual e mostra que se tratava de uma fé de fachada. O sacrifício lança fora toda ilusão, por mais falsamente piedosa que seja, que tenha sido engendrada pelo Diabo. O sacrifício arranca o olho avarento. O sacrifício corta fora a mão ávida. O sacrifício é uma prontidão em interromper o que quer que estejamos fazendo para construir um altar, amarrar o que quer que por acaso estejamos carregando conosco no momento, colocá-lo sobre o altar e ver o que Deus deseja fazer com esse nosso bem.

Abraão era veterano nesse negócio de sacrifício. Depois de deixar Ur e Harã, a primeira atividade que se cita em relação a ele consistia em construir altares sobre os quais oferecia sacrifícios. Siquém, Betel e Hebrom são citados. Cada altar tornou-se um lugar de oração: "É assim que Deus ordenou e prometeu, ou será essa uma versão da ordem e da promessa que eu personalizei para minha comodidade?". Em cada altar ele aprendia um pouco mais, aprofundava um pouco seu discernimento, desenvolvia um *insight* mais preciso sobre a ordem e a promessa de Deus em contraposição com sua voluntariosidade inata e autogratificação, mas também num contraponto com o mundo antifé de Ur, com seus imponentes zigurates.[6] Altares construídos em muitas encruzilhadas, uma vida de reiterados sacrifícios, cada sacrifício um ato de discernimento, separando a palha da ilusão do trigo da promessa.

A parcimônia da narrativa convida-nos a uma participação cheia de imaginação — todas aquelas partidas, vez após vez. Os hábitos de abandono passaram a estar profundamente arraigados em Abraão. E ficam profundamente arraigados em nós à medida que lemos. Deixar Ur e Harã, deixar Siquém e Betel, deixar o Egito e Gerar, deixar Berseba. Deixar, deixar, deixar. Mas cada partida era uma forma de tornar o eu mais leve, uma purificação mais profunda das toxinas da aquisição. Uma vida de *obtenções* foi sendo calma, mas seguramente substituída por uma vida

[6] O arqueólogo C. L. Wooley descobriu um zigurate em Ur que datava dos tempos de Abraão. Trata-se de uma estrutura em forma de torre piramidal, não tão imponente quanto as pirâmides egípcias, mas ainda impressionante quando chegava à altura de três andares. V. *The Anchor Bible dictionary*. New York: Doubleday, 1992, v. 6, p. 766.

de *recepção* — recepção das promessas, recepção das alianças, recepção dos três estrangeiros, recepção de Isaque, recepção da circuncisão, recepção de um carneiro no arbusto —, sendo transformada numa vida que abandona a soberania do eu e abraça a soberania divina. Abraão agiu dessa maneira por cem anos: "*sacrifício*/ Lento como o fúnebre cortejo/ No trânsito mais intenso, a palavra/ Que outras palavras ultrapassam, buzinando...".[7]

No processo de deixar para trás, Abraão tornou-se mais, percebendo aos poucos, mas de forma segura, que a renúncia é um pré-requisito da realização, que abrir mão daquela voluntariosidade ferrenha abria caminho para uma vida mais elevada, em que reina a vontade de Deus. Fé.

Quando viajamos pelo caminho de Abraão, acontece isto: a palavra "sacrifício" aos poucos deixa de ser um lamento azedo de ressentimentos e passa a ser um abraço forte de afirmação. Toda vez que Abraão deixava um lugar, a estrada se alongava e a paisagem se alargava. O monte Moriá viria lhe trazer sua mais significativa experiência de Deus. No monte Moriá, Abraão esvaziou-se suficientemente de Abraão para receber o todo da salvação. Fé.

A vida de sacrifícios é o meio, o único meio, pelo qual se amadurece a vida de fé. De degrau em degrau, a vida sacrificial — um altar aqui, um altar ali — passa a permear cada detalhe do viver: paternidade, casamento, amizades, trabalho, jardinagem, a leitura de livros, as escaladas de montes, a acolhida a estranhos, a circuncisão e o ato de ser circuncidado. Abraão não se tornou nosso exemplo de fé porque alguém lhe explicou o que era fé, mas empenhando-se em toda uma vida de viagem, uma vida na estrada, diariamente deixando algo de si para trás (soberania do eu) e ingressando em algo novo (soberania divina).

O sacrifício é para a fé o que comer é para a nutrição; é uma ação, na qual nos engajamos, que é transformada dentro de nós de forma invisível e despercebida, numa vida vivida em obediência responsiva ao Deus vivo que

[7] Jeanne Murray WALKER, Sacrifice, in: *A deed to the light*. Chicago: University of Illinois Press, 2004, p. 17.

se entrega para nós e por nós, sacrifica-se por nós. A fé, da qual Abraão é nosso pai, nunca pode ser entendida por meio da explicação ou da definição, mas somente na prática do sacrifício. Somente no ato da obediência é que percebemos que o sacrifício não significa diminuição, nem a tolice estoica de pensar "Essa é a cruz que eu preciso carregar". Não resulta em menos alegria, menos satisfação, menos realização, mas em mais — mas raramente das maneiras que esperamos. Quem teria imaginado o que haveria de acontecer no monte Moriá?

Não tenho nenhuma intenção de ser superficial quanto aos detalhes daquilo que está presente no sacrifício — levamos anos para começarmos a ter uma ideia de tudo o que está em jogo no sacrifício. O monte Moriá e o ato de amarrar Isaque são fortes e firmes reprimendas contra a superficialidade. E necessitamos de toda ajuda que pudermos nesse negócio; o sacrifício requer preparação e aliados. Mesmo depois de todos os anos em que ele passou na estrada, todos aqueles altares, todos aqueles sacrifícios, Abraão ainda precisava de ajuda para chegar ao monte Moriá para aquele sacrifício: os três dias de caminhada até o monte, os dois servos, a preparação do jumento, o corte da lenha para o holocausto, o recipiente para o fogo, a faca — e, naturalmente, Isaque. A capacidade e a prontidão para o sacrifício é o acúmulo de pequenos, mas significativos detalhes.

Chama nossa atenção a ausência daquele tipo de discurso comum nos apelos de fim de sermão. A conversa travada enquanto se processa o ato de amarrar Isaque é breve, sem adornos, sem nenhuma exibição de sentimentos. Começa com Deus dizendo "Abraão!", ao que Abraão simplesmente responde: "Eis-me aqui". Três dias mais tarde, no monte, esse intercâmbio sucinto é repetido quase palavra por palavra, mas dessa vez com a iniciativa de Isaque, "Meu pai!", e Abraão respondendo a seu filho com as mesmas palavras no original hebraico que ele tinha usado antes em resposta a Deus: "Sim, meu filho". Abraão está pronto para Deus da mesma maneira que está pronto para seu filho, pronto para seu filho da mesma maneira que está pronto para Deus. O mesmo intercâmbio lacônico ocorre uma terceira vez junto ao altar no qual Isaque tinha sido amarrado para o sacrifício.

Deus, na forma de um anjo, diz "Abraão, Abraão!" (ênfase obtida por meio da repetição do nome), e Abraão dá em resposta, como de costume, seu terceiro "Eis-me aqui" — presente e pronto, ainda obediente.

PROVA

A prova que acontece no monte Moriá somente pode ser compreendida na totalidade do contexto da viagem de Abraão, o *caminho* de Abraão: todos esses anos e centenas de quilômetros de viagem em direção ao oeste, de Ur a Canaã, passando por Harã e por fim chegando ao extremo sul, Berseba; os inúmeros altares construídos por toda a Canaã, onde se prestavam cultos; o desvio infiel ao Egito; a generosidade para com o sobrinho Ló; o dízimo pago a Melquisedeque; a visão aliancística e o sacrifício; a concepção e o nascimento de Ismael; a segunda visão aliancística e o rito da circuncisão que nela foi ordenado; a hospitalidade aos estrangeiros nos carvalhos de Manre; a intercessão por Sodoma e Gomorra e o juízo derramado sobre essas cidades; as negociações com Abimeleque; o drama de Hagar e Ismael — tudo isso conduz à *akedah* do monte Moriá. Mas sempre viajando, sempre em viagem. Depois, a compra de um lugar de sepultamento para Sara em Macpela que pertencia ao heteu Efrom, além de preparativos posteriores para o casamento de Isaque a Rebeca, dá ao *caminho* de Abraão um desfecho tranquilo. A prova de Moriá está entrelaçada numa vida de obediência e desobediência, uma vida de fé e incredulidade, uma vida de viagem horizontal e oração vertical. O visível e o invisível estão inseparavelmente entrelaçados numa malha a que chamamos fé, crendo obedientemente na Voz, na Presença.

A vida de fé de Abraão, a qual Deus põe à prova no monte Moriá, não é uma abstração. É um modo de vida vivido num solo de verdade, com pessoas de verdade. Não é uma prova que acontece nas condições controladas de um laboratório ou de uma reunião de oração. O texto do monte Moriá está entrelaçado num contexto. O texto cobre três dias; o contexto é desenvolvido num espaço de cem anos, anos em que o *caminho* de Abraão — como ele viveu sua vida — tinha sido posto à prova repetidas vezes no caminho — as estradas que Abraão efetivamente percorreu. É uma prova de sua fé, aquilo que em Romanos e em Hebreus é discernido como o traço característico de sua vida.

A prova de Moriá, nas questões relacionadas a Deus e à alma, consiste na seguinte questão: estamos usando a Deus ou estamos deixando Deus nos usar? A tentação é pensar que Deus existe para nos servir. A tentação é se aproximar de Deus como uma loja na qual o evangelho é uma mercadoria. A tentação é restringir Deus, domesticando-o para o nosso aconchego. A pergunta nos vem com toda a franqueza e sem rodeios: "Será que tenho me enganado todo o tempo?". Em todas as questões de fé, nesta nossa vida, vivida na paixão interior e na obediência responsiva diante da presença de Deus, precisamos de repetidas verificações da realidade.

Será que Abraão esteve lidando com Deus todos esses anos, o Deus que falou, o Deus que prometeu e cumpriu promessas, o Deus que deu visões e emitiu ordens? Ou será que tudo não passava de imaginação o tempo todo? O monte Moriá põe à prova a possibilidade de ele, desde o começo, estar tentando tratar com Deus a sua maneira. Mas a vontade de Deus é se doar a Abraão segundo as condições de Deus, condições que ultrapassam de longe nossa compreensão deploravelmente limitada.

Se há uma coisa garantida nessas questões, é que "O coração é mais enganoso que qualquer outra coisa e sua doença é incurável" (Jr 17:9). Então por que qualquer um de nós se imaginaria isento? Nossa fé, toda fé, a fé do mundo todo, precisa ser provada. E não se pode confiar que nós mesmos empreendamos esse teste. Somos demasiadamente cheios de interesses próprios e do autoengano. Somos demasiadamente desonestos em tramar formas de falsear as informações para documentar as provas que apoiam nossas ilusões. Quando examinamos a ficha de antecedentes de sacerdotes e templos, pastores e igrejas, missionários e missões, fica evidente que a religião, em todas as suas formas, incluindo destacadamente o cristianismo, é um perpétuo espaço de reprodução da violência, do abuso, da superstição, da guerra, da discriminação, da tirania e do orgulho. A religião e a espiritualidade são um poço sem fundo gerando ilusão, engano e opressão. Então — prova neles.

É tanto comum quanto fácil desenvolver um conceito de fé em que Deus se compromete a nos dar tudo o que queremos sempre que pedimos; essa fé significa ser um consumidor das mercadorias e dos serviços do evangelho; essa fé significa que recebemos o alvará ou a regulamentação batismal que nos permite administrar a prova em Deus, para calcular e avaliar o desempenho de Deus em nossa vida; essa fé nos qualifica a explicar Deus e a cobrar dele quando ele não faz sentido. E muitos são os líderes e amigos que nos incentivam nessa direção.

Há muito mais nesta vida do que somos capazes de compreender, imensos alcances do desconhecido adiante de nós (oeste de Harã), acima de nós e dentro de nós (Deus). Como lidamos com tudo isso, essa realidade criada por Deus e permeada por ele? Será que reduzimos o mundo a terras e a pessoas das quais possamos nos apossar, e depois empregamos nossa mente e imaginação para descobrir como fazer para que Deus nos ajude nessa empreitada? Ou será que vivemos por fé?

Precisamos ser provados. Deus nos prova. Os resultados do teste mostrarão se escolhemos o caminho da admiração, da adoração e da obediência (ou seja, Deus) ou se, mesmo sem perceber, estamos limitando Deus ao modo como o compreendemos, para que possamos usá-lo. Será que escorregamos no hábito de insistir que Deus faça o que pedimos, queremos ou precisamos que ele faça, tratando-o como um ídolo projetado para nossa satisfação? Será que é Deus que nos serve, ou nós servimos a Deus? Será que exigimos um Deus a quem possamos compreender e controlar plenamente ou estamos dispostos a ser obedientes àquilo que não podemos entender e jamais conseguiremos controlar? Deus é um mistério de bondade ao qual abraçamos e no qual confiamos, ou Deus é uma fórmula para extrair o máximo da vida de acordo com as nossas condições? Os resultados do teste mostrarão se a suposição entusiasmada que temos alimentado de Deus é que ele precisa estar comprometido a nos dar tudo o que queremos sempre que pedimos. Será que pensamos o tempo todo que Deus existe para nos servir? A prova nos responderá. Queremos Deus a nossa própria imagem ou queremos o Deus que está além de nós e acima de nós, o qual, confiamos, fará por nós o que somente Deus pode fazer da maneira que somente Deus pode fazer — sem cordas que nos prendam... sem reservas... sem embargos... sem deixar nada pela metade? A prova nos responderá.

E ficaremos contentes o bastante de ter os resultados do teste, de modo que possamos prosseguir com a vida moldada pela ressurreição que Deus tem para nós. Isso nem sempre acontece sem alguma dor, pois podemos ficar muito presos a nossos pequenos projetos de autodeificação; mas não demora muito para nos alegrarmos com o fato de que nos livramos desses projetos.

Nada em nossas Escrituras exige tanto de nossa fé quanto a *akedah*, aquele ato de amarrar Isaque, narrado em tão poucos, mas tão excruciantes detalhes que não nos resta nenhum dúvida de que os riscos são eternamente elevados. Perguntamos "Por que essa severidade tão inimaginável no Moriá?". Não há outra maneira? Será que as certidões de batismo não poderiam incluir uma advertência "Siga corretamente as instruções de uso", deixando de fora coisas como essas? Søren Kierkegaard, em sua apaixonada busca por uma vida autêntica de fé, esquadrinhou a prova de Moriá exaustivamente e não deixou nenhum espaço para um desvio fácil, uma alternativa confortável.[8] Ele faz sérias advertências contra toda tentativa de banalizar a fé, transformando-a num passeio de férias nas montanhas, ou num lugar de influência na cidade, ou num parque de diversões nos arredores. O caminho da fé não serve a nossas fantasias, nossas ilusões ou nossas ambições. A fé não é o caminho para Deus segundo as nossas estipulações; é o caminho de Deus a nós segundo o que ele determina.

Um passeio de três dias no monte Moriá põe a descoberto a banalidade de toda essa fé falsificada. No monte Moriá, aceitamos e adoramos a um Deus que ultrapassa nosso entendimento. No monte Moriá, abraçamos um mistério cheio de luz, mas nem por isso um mistério menor.

[8] *Fear and trembling*, traduzido para o inglês por Walter Lowrie. Garden City, N.Y.: Doubleday, 1954 (primeiramente publicado em 1843). [Publicado no Brasil em 1993 pela Ediouro, sob o título *Temor e tremor*, traduzido por Torrieri Guimarães.]

Abraão e a *akedah*: o caminho cristão não pode ser programado, não pode ser garantido: fé significa depositarmos nossa confiança em Deus — e *não sabemos* como ele desenvolverá nossa salvação, apenas que é a nossa salvação que ele está desenvolvendo. O que nos liberta para tudo na vida. Devemos ser aqueles que são amarrados, para podermos ser também aqueles que são postos em liberdade. A *akedah* é uma porta aberta para uma vida fiel, sem cálculos. Necessariamente haverá renúncias por todo o caminho: "A renúncia... é uma virtude corrosiva".[9]

O poema de Jack Leax expressa com exatidão o que acontece no monte Moriá.

O Espírito deve crocitar
Arremeter
Tal qual uma ave de rapina
E ali se pôr encarniçado
As presas bem cerradas
Em teus lábios ensanguentados

E tuas palavras passam a ser
Sua Palavra
E sua Palavra passa a ser
Tuas palavras
Para que tua fala
Morta na agonia do eu
Possa ressuscitar
Em autoextinção.[10]

[9] Emily DICKINSON, "Renunciation — is a piercing Virtue", in: *The complete poems*, p. 365. [Esse poema foi traduzido para o português por Aíla de Oliveira Gomes. Encontra-se em *Emily Dickinson: uma centena de poemas*. São Paulo: T. A. Queiroz/ EDUSP, 1985. Notas e comentários. Trata-se de uma compilação de 129 poemas completos, dos quais três, traduzidos em prosa, constam da introdução junto com alguns fragmentos.]

[10] "On writing poetry", in: *Grace is where I live*, La Porte. Ind.: Wordfarm, 1993, 2004, p. 74. [Tradução de Fabiani Medeiros.] Ao comentar sobre seu poema, Leax refere-se à influência das seguintes palavras de T. S. Eliot: "O que se dá é uma contínua entrega de si mesmo pelo fato de se estar no momento voltado para algo mais valioso. A caminhada de um artista é um contínuo autossacrifício, uma contínua extinção da personalidade". No caminho de Abraão, "artista" é sinônimo de "cristão".

Segundo Erich Auerbach, numa análise que escreveu sobre o monte Moriá que deve constar entre as mais perceptivas que já se viu, como todo o mundo sabe que essa é uma história sobre um Deus escondido, não deveríamos nos surpreender que o que se desenrola na história nos traga surpresas.[11] Ainda hoje, mesmo depois de muitos anos de leitura dessa história, fico surpreso de ficar surpreso. Fico surpreso que Abraão, com Isaque atado e a faca levantada e pendente sobre ele, não se surpreenda de ouvir a voz lhe dizer que há um carneiro no arbusto. E Isaque não fica surpreso de não acabar sacrificado. Nenhuma palavra da narrativa dá qualquer sinal de surpresa. Nenhuma palavra de surpresa, nem uma única emoção de surpresa na história conforme foi escrito.

Por que fico surpreso, quando Abraão e Isaque não estão surpresos?

Eis minha conclusão: a *akedah* foi uma viagem de três dias para Abraão, mas não pode ser entendida sem levar em conta os cem anos de fé testada na estrada que compreende toda a história de Abraão. O caminho de Abraão é o primeiro capítulo do povo de Deus de quem Abraão é pai, aquele em quem todas as pessoas da terra serão abençoadas. Abraão fornece o contexto que permeia tudo o mais que se segue depois. A *akedah* não é isolada, não é um texto sem contexto; é um resumo e um esclarecimento de uma longa vida de reorientação desde o zigurate de Ur até o altar de Moriá, deixando a autoexaltação para abraçar a capacitação divina.

Deus provou a fé de Abraão em cada etapa. Viver pela fé — melhor ainda, levar uma vida de fé — significa ser provado. A fé de Abraão nem sempre sobreviveu à prova: sua fé não passou no teste no Egito, não passou no teste em Gerar, não passou no teste com Hagar. A fé que não passou pela prova ainda não se qualifica como fé. A fé que não passou pela prova, ainda que tenha a aparência de fé, a textura de fé, a linguagem de fé, talvez não passe de uma racionalização de desejo ou uma ilusão de adolescência, um sonho erótico, um engano satânico, um clichê cultural, uma forma de

[11] "Boa parte da história é obscura e incompleta, e, uma vez que o leitor saiba que Deus é um Deus escondido, em seu esforço por compreendê-lo, ele sempre encontra algo novo que se alimentar." *Mimesis*, traduzido para o inglês por Willard Trask. Princeton, N.J.: Princeton University Press, 1968, p. 15.

disfarçar a soberania do eu — enfim, o que quer que seja. Kierkegaard chamou a tudo isso "caricaturas da fé".[12] São muitas as ocasiões em que a palavra "fé" é usada em referência a uma coisa ou outra que não é fé.

A prova é o catalisador em que nossa resposta a Deus, a matéria bruta da fé, se transforma numa *vida* de fé. Ou não. Se a prova dissolve o que quer que chamávamos de fé, transformando-o numa lama romantizada ou num limo pietista, livramo-nos para nossa bênção daquilo que dissiparia nossa vida num autoengano.

Abraão deixou Ur e Harã, obedecendo sem reservas a uma ordem de Deus, um imperativo de uma só sílaba, sem confirmações, sem explicações, sem adornos: "... vá...". Ele foi no que poderíamos chamar de boa fé, ou seja, sem cálculos, sem motivações dissimuladas, sem temor supersticioso. Não foi engodado; não foi intimidado. Recebeu uma ordem: "... vá...". E foi. Sua fé era perfeitamente suficiente para fazê-lo seguir no caminho, mas também exigia reiteradas provas ao longo do caminho. Quando chegou a hora da *akedah*, a fé de Abraão tinha sido provada, e provada, e provada. Às vezes (no Egito com o Faraó, em Gerar com Abimeleque, no trato com Hagar e Ismael), as provas desmascararam sua alegada fé, mostrando que não era fé coisa alguma. Mas, pouco a pouco, atravessando todos aqueles quilômetros e todos aqueles anos, sua fé se aprofundou e amadureceu.

A *akedah* nos chega ultrajante, com o Deus de promessas e aliança agindo totalmente em desarmonia com seu caráter. Mas talvez não para Abraão. O sacrifício tinha sido o tema de sua vida durante anos, o abandono, o deixar para trás, as viagens com poucos pertences. A fé, provada repetidas vezes pelo sacrifício, era um modo de vida para Abraão. Cada sacrifício o deixou com menos de seu eu e com mais de Deus. Cada sacrifício deixava para trás algo do seu eu num altar a partir do qual ele prosseguia com mais visão, mais promessa, mais Presença. Na ordem para deixar Ur, Abraão abandonara seu passado. Há mais ou menos 35 anos ele vem aprendendo

[12] *Fear and trembling*, p. 48. [V. nota bibliográfica anterior referente a esta obra, em que a edição brasileira é devidamente indicada.]

a fazer isso, sem perder nada no processo. Agora, pede-se a ele que abandone seu futuro. Até agora, em sua história de vida, Deus proveu para ele de modos inesperados, nunca imaginados. Talvez agora ele já esteja acostumado a viver de maneira confiante naquilo que aparenta ser absurdo, aquilo que não poderia prever, aquilo que ultrapassa sua imaginação. Talvez agora já esteja acostumado às operações da providência. Se chegamos ao monte Moriá sem ter participado em oração e com a imaginação das décadas de provas de Abraão, Deus nos parecerá comportar-se de modo ultrajantemente em desacordo com seu caráter. Mas não para Abraão. Agora ele já é um veterano no caminho da fé, que é ao mesmo tempo o caminho do Deus fiel. Ele não está nem cinquenta por cento surpreso como nós. O monte Moriá é a peça central de uma vida de fé que é cumprida em Jesus, que incorporou a *akedah* por completo em sua oração no Getsêmani: "... não seja como eu quero, mas sim como tu queres". Certamente ocupou lugar de destaque na mente de Paulo quando garantiu a todos nós que trilhamos pelo caminho de Jesus: "Não sobreveio a você tentação que não fosse comum aos homens. E Deus é fiel; ele não permitirá que vocês sejam tentados além do que podem suportar. Mas, quando forem tentados, ele mesmo lhes providenciará um escape, para que o possam suportar" (1Co 10:13).

capítulo 3

Moisés: nas planícies de Moabe

Mais palavras de nossas Sagradas Escrituras são atribuídas a Moisés que a qualquer outro orador ou escritor. As palavras de Moisés, registradas nos cinco primeiros livros da Bíblia, são as palavras que assentam os alicerces da revelação que recebemos acerca de Deus. Na tradição hebraica, tanto antiga quanto atual, tudo que veio depois dos Livros de Moisés é ou comentário ou desenvolvimento de Moisés.

Quem podia ter previsto uma coisa dessas? No acontecimento inaugural que catapultou Moisés de uma vida pastoril em Midiã para a condição de libertador do povo de Deus da escravidão egípcia, Moisés respondeu à voz da sarça em chamas escusando-se com base no fato de que ele não era bom com as palavras. Descreveu-se como um gago de língua presa ("Nunca tive facilidade para falar [...]. Não consigo falar bem", Êx 4:10). Como alguém vai ser um bom líder se não for bom com palavras? Quarenta anos mais tarde, a cena de desfecho de Moisés mostra esse pastor, que antes não tinha "facilidade para falar", discursando longamente em seu púlpito nas planícies de Moabe, despejando uma torrente de palavras (aproximadamente 31 páginas em nossas versões bíblicas; setenta no texto hebraico), prolixo e eloquente, num sermão que reviveu todos aqueles anos — a vida de salvação que ele e o povo tinham vivido juntos desde o Egito até Canaã, passando pelo Sinai — e os sintetizou num urgente *hoje*.

Percebe-se uma imensa ironia nessas cenas quando justapostas: um pastor que não conseguia falar passa a ser um pregador que não conseguia parar de falar — emprestando seu nome aos cinco livros que nos proporcionam uma imersão introdutória na linguagem que Deus usa para se revelar "a nosso favor e para nossa salvação", uma forma de linguagem que recebeu sua articulação definitiva em Jesus, a Palavra encarnada.

MOISÉS E OS CINCO LIVROS

Mesmo assim, nos últimos trezentos anos aproximadamente, o nome de Moisés, desde há muito tempo identificado com os Cinco Livros, a *Torá*, pouco a pouco foi se apagando da lombada dos livros, muito à semelhança dos nomes que desaparecem das lápides funerárias de centenas de anos, sobre as quais incidiu a ação do tempo. Nesse caso, a intempérie não consistia em vento e chuva, neve e saraiva, mas na crítica histórica, uma nova maneira de ler a Bíblia.

A crítica histórica, essa nova maneira de ler a Bíblia, tratava o texto exclusivamente como um documento histórico, descartando todas as considerações literárias ou relativas à fé. Quando os críticos empregaram somente as ferramentas da pesquisa histórica, a identificação tradicional de Moisés com a *Torá* não passou na banca examinadora da história. Foi Benedito Espinoza (1632—1677), grande pioneiro da crítica histórica, quem deu as primeiras tacadas. Quando Julius Wellhausen publicou seu clássico *Prolegomena zur Geschichte Israels* [*Prolegômenos da história do Israel antigo*] (1879), Moisés já tinha sido substituído como autor dos Cinco Livros por fontes documentais historicamente reconstruídas designadas pelas letras J, E, D e P. Na aplicação desse método, reuniu-se um sem-número de informações históricas que se mostraram de grande valia. Ninguém questiona que houve ganhos na área da compreensão histórica. Mas houve também graves perdas.

Ao menos nos círculos acadêmicos, a prática há muito observada de ler a Bíblia como livro de fé passou a ocupar posição secundária em relação a sua leitura estritamente como história. A história — a narrativa de uma fé vivida em Deus — foi toldada, se não totalmente perdida. Os acadêmicos que leem a Bíblia dessa maneira (e agora já faz um bom tempo que eles dominam o estudo acadêmico das Escrituras) não levam em conta o contexto literário da Bíblia e a dilaceram em busca de um desenvolvimento e de uma transformação que teria se dado ao longo da história. Desafiam a historicidade de acontecimentos basilares, bem como das concepções tradicionais relacionadas à questão da autoria — que Moisés escreveu o Pentateuco e que os evangelistas escreveram os evangelhos —, e depois reconstroem a história, mas fazem da Bíblia um monturo de fragmentos oriundos de várias épocas e lugares. Eles desmantelam o texto, mas na acusação franca do professor Jon Levenson, da Universidade de Harvard, "falta-lhes um método para pôr tudo de novo no lugar".[1] Eles não têm nenhum interesse na coesão literária e teológica do texto.

A motivação na prática da crítica histórica é academicamente bem intencionada. Mas a substituição da presença autoral de Moisés nos Cinco Livros por fontes totalmente impessoais teve o infeliz efeito, ainda que involuntário, de obscurecer e às vezes destruir a integridade do material em si. Os críticos históricos supõem que, por chegarem "pelos bastidores" dos livros de Moisés, podem assim nos oferecer uma "verdade" melhor ou mais verdadeira. Mas a maioria desses escritores fica profundamente ofendida à medida que cresce o interesse das pessoas mais pelo conteúdo de seus cestos de lixo e de seus arquivos de fichários do que pelos livros que eles escrevem. "Leia o livro!" O significado está no livro, não nas informações dentro do livro ou sobre o livro.

Quando eu tinha doze anos de idade, em 1944, meu pai comprou um desacreditado Plymouth, ano 1936, guiou-o até nossa casa e o estacionou num corredor que fica aos fundos. Ali o carro morreu. E não voltou a funcionar. Acho que meu pai nunca mais andou lá por trás, nem nunca voltou a vê-lo. Mas eu fiz bom uso dele. Faltavam alguns aninhos para eu tirar minha carteira de motorista, e assim eu sentava naquela geringonça velha quase todos os dias, durante mais ou menos uma hora depois da escola, e praticava o câmbio das marchas, passando da primeira para a segunda,

[1] *The Hebrew Bible, the Old Testament, and historical criticism*. Louisville: Westminster/ John Knox, 1993, p. 2. Levenson afirma que "o preço pago para a recuperação do contexto *histórico* dos livros sagrados tem sido a erosão dos contextos *literários* mais amplos que servem de lastro para as próprias tradições que afirmam estar neles baseadas" (p. 4). Ele não questiona o valor da crítica histórica, mas desafia (a meu ver, de modo convincente) suas alegações imperialistas.

depois para a terceira e voltando até a primeira, usando os pedais do freio e da embreagem, mãos no volante, imaginando-me no ato de guiar sobre estradas na montanha e em meio a tempestades de neve.

Depois de alguns meses, eu já dominava a troca de marchas. Mas, como já tinha esgotado minha imaginação, fantasiando que dirigia a máquina inerte, pensei que não seria má ideia procurar descobrir o que a fazia estalar quando ela estalava. Acho que chegou a me passar pela cabeça que talvez eu pudesse fazê-la funcionar de novo. Eu a desmontei, peça por peça, autodidaticamente me inteirando dos meandros dos carburadores, do sistema de resfriamento, das transmissões e dos tambores de freio. Depois de alguns meses, eu conhecia muito bem todas as peças agora espalhadas e expostas sobre a grama, mas nunca descobri o que a fazia funcionar. E, naturalmente, quando cheguei a concluir meu trabalho de investigação, não havia nenhuma possibilidade de ela jamais voltar a funcionar outra vez.

É basicamente a mesma crítica que Levenson faz a respeito dos críticos históricos.

Será possível reconhecer o trabalho dos críticos históricos, o qual em grande medida (não completamente) elimina Moisés como autor dos Cinco Livros, e ao mesmo tempo confirmar a presença mosaica tradicional que forneceu uma voz autoral coesa e pessoal, o enredo, que há tanto tempo mantém unidas todas as partes, tanto para judeus quanto para cristãos? É possível desmontar a *Torá* do ponto de vista histórico e depois reagrupá-la outra vez como um livro de fé com integridade teológica e literária? Creio que sim.[2] Não somente é possível, mas digno de qualquer esforço a que se possa aventurar.

O mundo a respeito do qual agora lemos em nossas Bíblias era um mundo essencialmente oral, embora haja provas abundantes de que boa parte do que se falava era também registrada. A linguagem em si mesma, em suas

[2] Brevard Childs emprega a "crítica canônica" como metodologia para alcançar esse objetivo. V., dele, *Introduction to the Old Testament as Scripture* [*Introdução ao Antigo Testamento como Escritura*]. Philadelphia: Fortress, 1979, p. 132-135. V. tb., de James A. Sanders, *Torah and Canon* [*Torá e cânon*]. Philadelphia: Fortress, 1972.

origens e na maior parte de sua prática é oral. *Proferimos* palavras muito antes de as podermos escrever e ler. E, mesmo depois de começarmos a escrever e a ler, as palavras que proferimos ultrapassam de longe, em quantidade, as palavras que escrevemos e as palavras que lemos. E isso mesmo no caso dos homens e das mulheres — jornalistas, romancistas, poetas, memorialistas — para os quais a escrita é uma vocação. O mundo em que hoje vivemos continua a ser primordialmente oral. Oralidade não quer dizer primitivismo. As palavras proferidas oralmente não somente precedem as palavras escritas, mas lhe são inerentemente superiores, mesmo nas culturas mais letradas.

Entre nossos ancestrais hebreus, gerações de tradições transmitidas oralmente se desenvolveram e amadureceram a memória singular deles como povo de Deus. Aqui e ali, de quando em quando, as palavras eram anotadas e conservadas, copiadas e coligidas, honradas e lidas. Moisés é lembrado como um daqueles que registraram as palavras (Êx 24:4; 34:27; Dt 31:9,24). As palavras tornaram-se livros. Em tudo o que foi dito, cantado ou escrito, a memória e as palavras de Moisés forneceram o enredo que concatenava todas as informações. Com o tempo, a transmissão oral e o registro tornaram-se os Cinco Livros de Moisés.

A presença de Moisés — sua liderança, sua integridade, a autoridade que lhe foi outorgada para conduzir o povo de Deus da escravidão do cativeiro egípcio para o serviço de Deus, o fato de ter sido no Sinai o mediador da revelação de Deus, as estipulações que ele fez acompanhar de instruções para que o povo centrasse sua existência em torno da adoração, seu cuidado pastoral do rebanho em todos aqueles anos no deserto — ordenou todas as histórias, instruções e orientações aparentemente díspares num todo coeso. Moisés agiganta-se ainda como o arquiteto da imensa e espaçosa casa de linguagem — montada e construída pelas muitas vozes, pelas muitas penas e pelos muitos pergaminhos — que é a *Torá*, os Cinco Livros, o documento de fundação da fé de Israel e do evangelho cristão: *Torá* — a revelação de Deus escrita para o povo de Deus, tanto judeus quanto cristãos. Não "autor" em sentido rigorosamente literal, mas *autoridade* em sentido abrangente, literário e de inspiração divina.

Jesus, que confinou sua linguagem à palavra falada, e aqueles que escreveram sua história para nós normalmente se referiam à *Torá* ("a Lei") simplesmente como "Moisés". Na igreja primitiva, Moisés é o nome ancestral de maior destaque, seja como líder do povo de Deus, seja como mediador da revelação de Deus na *Torá*.[3] A *Torá* e Moisés eram praticamente sinônimos tanto no judaísmo quanto na igreja.

Walter Ong reflete sobre a interação da voz viva com a palavra escrita entretecida na tradição de Moisés e transmitida para os evangelhos:

> Para garantir o máximo de presença por toda a história, a Palavra veio na plenitude dos tempos, quando ainda dominava um senso da oralidade e quando ao mesmo tempo o alfabeto poderia conferir à revelação divina entre os homens um novo tipo de duração e estabilidade. O crente recebe como providencial o fato de que a revelação divina deitou suas raízes na cultura e na consciência humanas depois que o alfabeto foi inventado, mas antes de a imprensa sobrepujar as importantes estruturas orais e antes que nossa cultura eletrônica obnubilasse ainda mais a natureza fundamental da palavra.[4]

É uma tentação caricaturar a reconstrução histórico-crítica dos Cinco Livros valendo-se da imagem de redatores de certa erudição, de tesoura e cola em punho, ao redor de mesas improvisadas sob tamargueiras no deserto do Sinai, mais tarde à sombra de salgueiros às margens dos rios da Babilônia, coligindo um tanto atabalhoadamente e às vezes de forma arbitrária documentos que acabaram por ignorância sendo atribuídos a Moisés. Umberto Cassuto, destacado estudioso do hebraico nessas questões, tem uma imagem muito melhor, muito mais em harmonia com o modo em que o processo se desenrolou: "O fluxo dessa tradição pode ser comparado a um grande e ramificado rio que percorre vastas distâncias; embora em seu curso o rio perca parte de suas águas [...] cada vez mais,

[3] Moisés aparece 81 vezes no Novo Testamento, comparado a Davi e a Isaías, segundo e terceiro colocados, com 56 e 23 ocorrências respectivamente.

[4] Walter J. ONG (S.J), *The presence of the Word*. New Haven: Yale University Press, 1967, p. 191.

também recebe a contribuição das águas dos afluentes que nele desembocam, mas ainda traz consigo [...] algo das águas que continha no começo, quando pela primeira vez começou a fluir a partir de sua nascente".[5]

Os estudiosos da linguagem empregam dois termos, diacronia e sincronia, que nos ajudam a distinguir a voz viva, abalizada de Moisés do escrito real orientado pelo Espírito que veio a ser os Cinco Livros. A distinção ao mesmo tempo nos ajuda a manter a paz entre ler para obter informação e ler para descobrir a revelação.

Quando abordamos a linguagem diacronicamente, estamos no comando, à procura de informações que possamos utilizar, fixando seu lugar e uso na história. Lemos catálogos dessa maneira, e os almanaques, e as listas telefônicas. Quando vemos a linguagem sincronicamente, submetemo-nos à autoridade da linguagem, lembrando-nos de tudo o que nos contaram, procurando prever aonde as palavras talvez nos conduzirão, deixando que a linguagem nos use — que é como lemos um poema ou um romance. Quando lemos diacronicamente, a palavra é inerte, silenciosa na página; quando a lemos sincronicamente, a palavra é algo vivo, como o som, algo em andamento.

Ler a linguagem *diacronicamente* significa lê-la de acordo com um continuum linear através da história. Pode ou não haver alguma conexão significativa de uma página para outra. Essa frase foi escrita primeiro, essa em segundo lugar, essa depois ainda, por várias pessoas que podem ou não ter se conhecido. Você pode parar em qualquer palavra ou frase e tentar estabelecer seu significado da perspectiva do lugar e da época em que foi escrita e com base no que quer que você seja capaz de conjecturar a respeito do propósito para o qual foi escrita. Ler a linguagem *sincronicamente* significa lê-la como se todas as palavras estivessem operando em sequência imediata e em relação umas com as outras. Nenhuma frase ou segmento de frase tem um significado pretendido à parte de todas as demais palavras

[5] *The documentary hypothesis and the composition of the Pentateuch*, traduzido para o inglês por I. Abrahams. Jerusalem: Magnes, 1961, p. 102-103.

da página ou do livro precisamente da forma em que foram registradas. As leituras diacrônica e sincrônica não precisam estar em conflito. Na melhor das hipóteses, trabalham em parceria.

Há dois mil anos a Bíblia vem sendo lida sincronicamente pelos cristãos (pelos judeus há ainda mais tempo), como revelação pessoal, uma narrativa de vastas proporções, organizadamente entrelaçada, composta pelo somatório das vozes de gerações que escutaram e responderam a Deus e umas às outras, não como fragmentos de informação impessoal. Maimônides (1138—1204), talvez o maior de todos os estudiosos da Escritura hebraica da Era Medieval, insistia em ratificar a coerência interna dos Livros de Moisés (mas não a autoria mosaica) em seu princípio de simultaneidade literária. Ele escreveu: "não há nenhuma diferença entre versículos como "Estes foram os filhos de Cam: Cuxe, Mizraim..." (Gn 10:6), ou "o nome de sua mulher era Meetabel" (Gn 36:39), ou "tinha uma concubina chamada Timna" (Gn 36:12), e versículos como "Eu sou o SENHOR, o teu Deus" (Êx 20:2) e "Ouça, ó Israel" (Dt 6:4). Pois todos eles procedem da boca de Deus". Jon Levenson, usando Maimônides para reforçar a leitura sincrônica dos Cinco Livros de Moisés, comenta: "embora no discurso histórico-crítico a crença na autoria mosaica do Pentateuco seja indefensável, as convicções subjacentes e antecedentes acerca da unidade e da divindade da *Torá obrigatoriamente continuam sendo* considerações totalmente cabíveis...".[6]

TODA PALAVRA INÚTIL...

As palavras são sagradas — todas as palavras. Mas as palavras são também vulneráveis à corrupção, aviltadas na forma de blasfêmias, banalizadas na forma de mexericos. A honra concedida a Moisés como a presença autoral de nossos Cinco Livros fundacionais nos convida a uma imersão e a um treinamento na linguagem como inerentemente sagrada, o meio pelo que Deus faz que nós e todas as coisas passem a existir, nos fornece os recursos para compreendermos o *significado* — o significado de nossa vida, o significado da salvação de Deus por nós.

[6] *The Hebrew Bible*, p. 65 (grifo do autor).

A página de abertura de nossas Escrituras já nos presenteia com Deus proferindo palavras: fazendo que toda a criação e nós passemos a existir por meio de um *ato de fala*. "Deus disse [...] E disse Deus [...] Então disse Deus [...] Disse Deus..." — oito vezes o verbo é utilizado. Depois do oitavo "disse Deus", tudo está no seu lugar: a luz e o firmamento; a terra e o mar; a vegetação e as árvores; o sol, a lua e as estrelas; os peixes e os pássaros; os animais selvagens e os domésticos; répteis e insetos; o homem e a mulher. A linguagem antecede a tudo o que existe e lhe serve de fundamento.

Por toda parte, e sempre, à medida que os cristãos seguem a Jesus, usamos as palavras que primeiramente foram usadas por Deus para fazer que nós e o mundo ao redor passássemos a existir. Nossa linguagem é oriunda (como tudo em nós!) da linguagem de Deus. Nossa fala comum está vinculada à linguagem de Deus. As palavras são essenciais e as palavras são sagradas onde quer que, e sempre que, as utilizamos. As palavras são inerentemente sagradas, não importando seu emprego, quer estejamos fazendo uma lista de compras, quer estejamos travando uma conversa com um conhecido numa esquina, orando em nome de Jesus, perguntando como chegar à rodoviária, lendo o profeta Isaías ou escrevendo uma carta para uma deputada. É recomendável que as reverenciemos, que sejamos cuidadosos em como as utilizamos, que nos alarmemos quando profanadas, que nos responsabilizemos em utilizá-las com exatidão e em atitude de oração. Os seguidores cristãos de Jesus estão debaixo de ordens prementes de se preocupar com a linguagem — falada, ouvida ou escrita — como meio pelo qual Deus se revela a nós, pelo qual expressamos a verdade e o compromisso de fidelidade da nossa vida e pelo qual damos testemunho da Palavra encarnada. Jesus foi extremamente rigoroso quando advertiu contra "toda palavra inútil" (Mt 12:36) e insistiu em que todo "Aquele que tem ouvidos para ouvir, ouça!" (Mt 13:9). Cada uma das sete mensagens urgentes entregues por João de Patmos a suas congregações se encerra com a mesmíssima frase: "Aquele que tem ouvidos ouça..." (Ap 2 e 3). Quando o poeta do salmo 12 esquadrinhou a degradação ao redor dele, foi o mau uso da linguagem que mais o assombrou: "Cada um mente a seu próximo;

seus lábios bajuladores falam com segundas intenções. [...] quando a corrupção é exaltada entre os homens" (Sl 12:2,8).

Mas em geral não se percebe com muita clareza entre nós uma reverência pela linguagem, dentro ou fora da comunidade cristã. A linguagem de nossos dias foi dessecada pelas modas do mundo acadêmico (reducionismo racionalista) e pelo frenesi da ganância econômica e industrial (reducionismo pragmático). A consequência é que boa parte das conversas de nossos dias passou a ser... bem, apenas conversa fiada — sem muito conteúdo teológico, sem a presença de muitos relacionamentos, sem espírito, sem o Espírito *Santo*.

Mas a fala é a "força vital da sociedade", como demonstrou com tanto entusiasmo Eugen Rosenstock-Huessy.[7] Para que haja uma comunidade saudável, precisa haver uma linguagem saudável. Precisamos de proteção contra os "ventos de doutrinas" do consumismo espiritual. Carecemos de uma percepção mais aguçada do vocabulário e da sintaxe que nos possibilite detectar e descartar as ideias desencarnadas, a linguagem que não logra despertar a participação pessoal. Precisamos estar completamente alicerçados no vigor da história e da gramática bíblica, que insiste numa *fala* articulada e animada (não o mero emprego de palavras), para a saúde do corpo, da mente e da alma. Moisés oferece-nos essa percepção do pulsar e do ritmo bíblicos, reverência bíblica bem como significado bíblico.

Precisamos de discernimento e depois coragem para nos distanciarmos da crítica histórica presunçosa que se coloca *acima* da Escritura. E depois precisamos, de modo deliberado, cheios de fé, colocar-nos *debaixo* da Escritura, submetendo-nos à revelação conforme foi fornecida a nós por esses escritores maravilhosos, com sua prosa arrebatadora, sua poesia cintilante, suas metáforas e sintaxe dançantes.

As palavras não ficam paradas simplesmente, como os nós de uma tora de madeira. Elas têm *força motriz*. Scott Cairns, refletindo em sua obra de poeta que trabalha com palavras no contexto da comunidade de crentes que leem as Escrituras, afirma que "estamos ocupando-nos não somente

[7] *Speech and reality*. Norwich, Vt.: Argo Books, 1970, p. 10.

de um passado (um acontecimento ao qual as palavras se refiram), mas estamos ocupando-nos também de um presente e de uma presença (os quais as palavras articulam em proximidade para que eles sejam compreendidos) [...], inclinando-nos para perto dessa presença articulada, participando de suas energias e assim participando na criação do significado, com o qual ajudamos a formar o futuro". Compreendemos as Escrituras, afirma ele, não apenas como "narrativas de acontecimentos passados, nem simplesmente como exortações para crer (embora eu creia que elas sejam essas duas coisas); são também cenas nas quais o crente (seja um autor patrístico, seja um peregrino contemporâneo) adentra, para delas fazer algo novo, para se desenvolver em algo novo — uma nova criatura, digamos —, recebendo o auxílio capacitador das Escrituras".[8]

UMA LINGUAGEM CONGREGACIONAL

Moisés é, por tudo que se sabe, um líder extraordinário: intrépido, inexorável, infatigável. Mas, na tradição bíblica que se formou ao redor dele, ele é sobretudo um homem de palavras. O caminho de Moisés é pavimentado com linguagem: a palavra da sarça em chamas que o chamou e o credenciou para tirar o povo de uma vida de escravidão no Egito para uma vida de livre obediência sob o comando de Deus, a palavra entregue no Sinai que passou a ser a constituição e a carta de direitos das doze tribos, as palavras que ele usou por quarenta anos e através de muitos quilômetros de deserto, com provas e tentações, as quais fizeram o povo entrar em Canaã, preparado para conquistar a terra que Deus lhes havia prometido em sua aliança com Abraão, as palavras que formaram as histórias de família do povo da salvação — todos aqueles quarenta anos de palavras que se reuniram nas planícies de Moabe enquanto ele pregava seu bem construído sermão de despedida, proclamando de novo (que é que os sermões fazem) as palavras que haviam sido proferidas e cantadas sob a soberania da palavra de Deus. As palavras atribuídas a Moisés e a maneira pela qual ele as empregou, mais

[8] A conversation with Scott Cairns, *Image*, nº. 44: inv. 2004-2005, Seattle: Center for Religious Humanism.

do que as palavras de qualquer outra pessoa, com a única exceção de Jesus, nos legaram um vocabulário e uma sintaxe para expressar e compreender como Deus se revela a nós e como nós por nossa vez correspondemos a ele.

O caminho da linguagem em que Moisés é nosso primeiro professor é qualificado com muita exatidão, a meu ver, como uma linguagem congregacional, uma linguagem modelada em sua textura pela troca inerente à vida congregacional, sob a influência formadora da palavra de Deus, o tipo de linguagem que se desenvolve numa congregação de adoradores que invocam a Deus e depois ouvem e oram. É a linguagem de uma comunidade de fé, uma comunidade mista de pecadores combatentes e santos vacilantes, pregadores e professores, pessoas em peregrinação contando suas histórias de família, passando adiante os conselhos e as promessas de Deus.

Richard Pevear, refletindo sobre a complexidade e o vasto leque de vozes russas que entraram em *Os irmãos Karamázov*, de Dostoiévski, observou que "A comunidade da fala é simultânea: as palavras dos mortos são ouvidas pelos vivos, as palavras do passado são ouvidas no presente".[9] Os Livros de Moisés são exatamente essa comunidade de fala, congregacionais pelo fato de não serem dominados por uma única voz, uma linguagem de púlpito dominadora, sendo antes uma linguagem usada por almas em congregação (não de forma privada); uma linguagem pessoal de relacionamento, pactual e prometedora (não impessoal, nem abstrata); uma linguagem historiada (não moralista, nem didática); uma linguagem prática e prosaica (não vaga, nem geral), que permite a você chegar ao outro lado da rua sem adjetivos nem advérbios. É uma linguagem composta de vozes que chegam de várias épocas e lugares, mas por toda parte há uma presença constante e um enredo confiável que emprestam uma coerência discernível a uma compilação muito pouco sistemática de materiais. Nesse caso, o enredo e a coerência têm um nome: Moisés.

[9] Introdução de *The brothers Karamazov*, de Fiódor Dostoiévski, traduzido para o inglês por Richard Pevear e Larissa Volokhonsky. San Francisco: North Point, 1990, p. xviii. [Há várias traduções para o português.]

O vocabulário e a sintaxe dessa linguagem de almas em congregação, essa linguagem de Moisés, estabelece o padrão e permeiam a linguagem da revelação que reconhecemos como bíblica, linguagem que revela a presença e o propósito de Deus entre nós. Três elementos se salientam na linguagem da revelação usada por essa comunidade de almas em congregação: nomes, histórias e sinalizações. Esses elementos precisam ser constantemente reformados e recuperados para que não se degenerem em "palavras inúteis", contra as quais Jesus nos advertiu, e assim acabarem varridos para a lata do lixo.

Nomes

Os nomes sobejam em Moisés. Os nomes são honrados: nomes pessoais, nomes de Deus. Não conseguimos ir muito longe nesse caminho da linguagem sem perceber a enorme importância dos nomes. A história do Deus conosco está abarrotada de nomes. Não é possível andar por essa "estrada, um caminho que será chamado Caminho de Santidade" (Is 35:8), sem ouvir nomes, nomes da direita, nomes da esquerda, nomes que ecoam vindos daqueles que estão adiante de nós, nomes que ressoam saídos daqueles que estão atrás de nós. O que os números são para um matemático e as cores para um pintor de paisagem, os nomes são para a linguagem cristã.

A genealogia, uma listagem de nomes simples e sem adornos, elemento literário muito menos apreciado da linguagem de Moisés, tem profundas implicações para a maneira como entendemos o contexto interpessoal em que de Deus opera entre nós, realizando nossa criação e salvação. Nas dez genealogias de Gênesis ("Este é o registro da descendência de..."), fornecem a estrutura organizacional do livro.[10] As listas de nomes continuam a aparecer de várias formas e por uma variedade de propósitos por toda a Bíblia hebraica. Um acadêmico, especialista nesse gênero, conta "aproximadamente 25 genealogias".[11] E, quando Mateus e Lucas se sentam para

[10] Gênesis 2:4 (céus e terra), 5:1 (Adão), 6:9 (Noé), 10:1 (filhos de Noé), 11:10 (Sem), 11:27 (Terá), 25:12 (Ismael), 25:19 (Isaque), 36:1 (Esaú), 37:2 (José).

[11] Robert R. Wilson, in: David Noel Freedman, org., *Anchor Bible dictionary*. New York: Doubleday, 1992, p. 930, v. 2.

escrever seu relato sobre Jesus, os dois usam o recurso literário da genealogia que foi introduzido em Moisés. Alguns se queixam das longas listas de nomes que encontram em sua leitura das Escrituras, e impacientemente as tratam como emaranhados de árvores derrubadas na floresta, impedindo sua passagem. Mas, se eu achasse meu nome na lista, será que ficaria contrariado ou entediado?

Eugen Rosenstock-Huessy insiste em afirmar que as mais significativas formas da fala humana são os nomes.[12] Os nomes enraízam a linguagem no pessoal, no homem, na mulher e na criança em particular. As abstrações, as generalidades e os grandes conceitos cósmicos podem vir mais tarde. Mas, se eles se afastam demais dos nomes pessoais, degeneram-se. As palavras e a gramática perdem sua vitalidade e tornam-se anêmicas.

História

O nome é uma semente. Quando germina, torna-se uma história. Moisés não fica ao acaso, mencionando nomes de pessoas importantes para impressionar seus leitores ou ouvintes; Moisés é um contador de histórias. A forma de linguagem que se utiliza da narração de histórias, a qual encontramos nos Cinco Livros, vai de forma inegável ganhar força em Davi e depois, de modo definitivo, em Jesus.

Em nossas Escrituras Sagradas, a história é o instrumento verbal primordial para nos trazer a palavra de Deus. Isso deve despertar em nós profunda gratidão, pois a história é a nossa forma de fala mais acessível. Jovens e velhos amam as histórias. Alfabetizados e analfabetos igualmente contam e escutam histórias. Nem a estupidez, nem o refinamento intelectual nos mantém afastados do campo magnético das histórias. O único rival importante das histórias da perspectiva da acessibilidade e da atratividade é a música, e há igualmente na Bíblia muitos exemplares de música.

[12] *The Origin of speech*. Norwich, Vt.: Argo Books, 1981, p. 5. [Publicado no Brasil pela Record em 2002, sob o título *A origem da linguagem*, edição e notas Olavo de Carvalho e Carlos Nougué, intr. Harold M. Stahmer e Michael Gorman-Thelen, trad. Pedro Sette Câmara et al.]

As histórias continuam a desempenhar um papel de realce na linguagem que nos revela Deus e os caminhos de Deus. Os contadores de histórias nas comunidades cristãs têm a importante responsabilidade de nos manter alertas às histórias e às formas em que as histórias operam. Nossos melhores contadores de história ainda aprendem sua arte com Moisés e com Jesus.

Mas há outra razão para a pertinência das histórias como meio importante de nos trazer a palavra de Deus. As histórias não nos contam algo simplesmente, e ponto-final. Elas convidam nossa participação. Um bom contador de histórias nos acolhe dentro de sua história. Sentimos as emoções, ficamos absortos no drama, identificamo-nos com as personagens, enxergamos cantos e fendas da vida que tinham passado despercebidos, percebemos que há muito mais nesse negócio de sermos humanos do que jamais tínhamos sido capazes de explorar. Se o contador de histórias for bom, escancaram-se portas e janelas. Moisés é bom tanto no aspecto artístico quanto moral.

Outra coisa precisa ser dita sobre as histórias: as histórias honestas respeitam nossa liberdade. Não nos manipulam, não nos forçam, não nos desatinam em relação à vida. Mostram-nos um mundo monumental em que Deus cria, salva e abençoa. Primeiro por meio de nosso imaginário e depois por meio de nossa fé — imaginação e fé estão aqui intimamente relacionadas —, elas nos oferecem um lugar dentro de si mesmas, convidam-nos para adentrarmos a grande história que se passa sob o firmamento dos propósitos de Deus, em contraposição às historietas mexeriqueiras que forjamos no armário malventilado do eu.

Nem todas as histórias, naturalmente, são honestas. Há as histórias sentimentalistas, que nos seduzem e nos levam a uma fuga em relação à vida; há as histórias proselitistas, de panfletagem, que tentam alistar-nos numa causa ou intimidar-nos, forçando-nos a uma resposta estereotipada. Por isso, quando entra em cena um contador de histórias honesto, respeitando nossa dignidade e liberdade, ficamos mais que agradecidos. Moisés é honesto, convidando-nos para ingressar na história como participantes de algo mais verdadeiro do que as ambições mirradas da nossa cultura.

Lemos essas histórias e nos reconhecemos como participantes de uma família maior, quer dispostos, quer relutantes, participantes da vida de Deus: as histórias de Adão e Eva, de Noé e seus filhos, de Abraão e Sara, de Isaque e Rebeca, de Jacó e Raquel, de José e Asenate, de Moisés e Zípora, de Arão e Miriã, de Balaão e sua mula, de Josué e Calebe e assim por diante, séculos de histórias até chegar à "plenitude dos tempos" e à história de Jesus.

Infelizmente, vivemos num mundo de linguagem em que as histórias deixaram de ter seu realce bíblico, bem na primeira fila, para ficarem num banco lateral, tratadas com ar de superioridade como se fossem meras "ilustrações", "testemunhos" ou "inspirações". Hoje, nossa preferência, em desarmonia com a Bíblia, tanto dentro quanto fora da igreja, é pela informação em detrimento das histórias. Normalmente colecionamos informações impessoais (chamadas ambiciosamente de "científicas" ou "teológicas"), de modo que possamos ter o controle das coisas, para assumir por nós mesmos a direção da nossa vida. Queremos compor nossas próprias histórias. Mas não vivemos nossa vida pela informação; vivemos a vida nos relacionamentos, relacionamentos da família da fé no contexto de uma comunidade de homens e mulheres, cada um deles um apanhado complexo de experiências, motivações e desejos, e na presença de um Deus pessoal que tem projetos para nós de justiça e salvação. Consultar os peritos para reunir informações deixa de fora quase tudo que constitui de forma singular *quem somos* — nossas histórias e relacionamentos pessoais, nossos pecados e culpa, nosso caráter moral e obediência de fé para com Deus.

Contar uma história, por outro lado, é a maneira verbal mais básica de explicar a vida como a vivemos na realidade presente em nosso cotidiano. Não há (ou há poucas) abstrações numa história — a história é imediata, concreta, cheia de tramas, relacional, pessoal. E assim, quando deixamos de ter contato com nossa vida, nossa *alma* — nossa vida moral, corpórea, espiritual, pessoal em Deus —, a história é a melhor maneira verbal de nos restabelecer esse contato mais uma vez. É por isso que a palavra de Deus é tão pródiga das narrativas, das histórias. Voltemos a Moisés!

Sinalizações

Há ainda outro elemento de linguagem usado nos Livros de Moisés que é necessário para almas em congregação. Eu o denominarei "sinalização": afixam-se leis, dão-se orientações, fornecem-se instruções. O que de todos eles recebe o maior destaque são as *Dez Palavras* (os Dez Mandamentos, as regras básicas para viver, Êx 20:2-17) e o *Shema* ("Ouça, ó Israel...", o credo básico para crer, Dt 6:4-9). Eles são sucintos e incisivos: não há ambiguidades, nem nenhum "se... e... mas...". Não são questionáveis. Não têm o propósito de suscitar nenhum debate. São fundamentais em todos os aspectos do comportamento e da crença. Compreensivelmente, fixam nossa atenção naquilo que é central.

Mas há também as sinalizações denominadas "Livro da Aliança" (Êx 20:22—23:33; 24:7) e "decretos e ordenanças" (Dt 12:1). Esses não são nem sucintos, nem incisivos. São interminavelmente pormenorizados, cheios de "se... e... mas...". São uma testemunha minuciosa da atenção acurada que é conferida entre o povo de Deus aos detalhes próprios da vida cotidiana em comunidade.[13]

A comunidade é algo intricado, complexo. Viver em comunidade como povo de Deus consiste inerentemente num emaranhado. Uma congregação compreende muitas pessoas de diferentes disposições, ideias, necessidades, experiências, dons e feridas, desejos e decepções, bênçãos e perdas, inteligência e estupidez, vivendo em proximidade e respeito umas em relação às outras e adorando a Deus em fé. Não é fácil e não é simples. Não é possível prever todas as situações. Novos desdobramentos de circunstâncias sempre acabam por nos surpreender. Nenhuma comunidade digna de seu sal jamais existiu por muito tempo sem ter de se ocupar com esmero com situações delicadas.

A atenção dispensada às orientações dominantes a respeito de como devemos viver (os mandamentos) e a respeito do que devemos crer (o credo) estende-se até o âmago dos casos mais difíceis, a áreas de ambiguidade onde

[13] Outros códigos semelhantes de leis, que se ocupam dos variados detalhes da vida diária em comunidade, encontram-se em Êxodo 34.11-28, em Levítico 17—26 (o "Código de Santidade") e em Números 5, 6 e 19.

as coisas não são predeterminadas. E se você matar alguém sem intenção de fazê-lo (Êx 21:13)? E se entrar numa briga com seu escravo ou sua escrava e lhe arrancar um dente (Êx 21:27)? E se você emprestar um burro e ele ficar ferido ou morrer (Êx 22:14)? Qual é a pena para um homem que seduz uma virgem (Êx 22:16-17)? Que idade deve ter o cabrito recém-nascido para ser oferecido em sacrifício (Lv 22:26)? Segundo a receita oficial, qual é a quantidade de farinha que deve ser usada para preparar o pão para o Tabernáculo (Lv 24:5)? Qual é sua responsabilidade em relação a parentes que estejam passando por dificuldades financeiras (Lv 25:35)? Se um homem ficar com ciúmes de sua mulher, embora ele não tenha nenhuma prova de sua infidelidade, como deve proceder (Nm 5:11-22)? Num caso judicial, se for difícil concluir se houve homicídio culposo ou involuntário, o que se deve fazer (Dt 17:8-13)?

E assim sucessivamente...

Na adolescência, eu tinha um amigo que morava numa fazenda de criação de gado. Às vezes, eu era convidado para ir lá fora visitar todo o mundo na fazenda. Numa dessas visitas, aprendi uma expressão francesa que jamais havia ouvido antes: *idiot savant*, que significa "idiota sábio ou culto". Uma das tarefas que os pais do meu amigo pediam que fizesse rotineiramente era o que eles chamavam "cavalgar pela cerca". Era um trabalho estúpido: ele simplesmente andava com seu cavalo ao longo de toda a cerca de arame farpado que mantinha o gado preso, o que fazia que sempre, ao que parece, os animais ficassem à procura de buracos ou pontos vulneráveis. Quando meu amigo achava um desses pontos, ele o reparava. Eram quilômetros de cerca. Alguns dias, ele cavalgava horas a fio sem achar um ponto sequer.

Ele disse-me que o coletivo "gado vacum" reúne os animais mais broncos dentre todas as reses, animais, como diria o Ursinho Pooh, "de pouco cérebro". Mas numa coisa eles são absolutamente brilhantes: eles têm um talento para encontrar um buraco ou um ponto vulnerável numa cerca. E, no momento em que o encontram, já o atravessaram, levando suas irmãs vacas e seus irmãos bois com eles para territórios perigosos, nos quais eles não têm nenhuma capacidade de se proteger ou de evitar acidentes. Você então precisa passar os próximos dois ou três dias em rodeio para trazê-los de volta para o lugar ao qual pertencem e onde podem ser conservados em vida. Meu amigo chamava o gado vacum os *idiot savants* do mundo dos animais de criação. E, assim, era necessário "cavalgar pela cerca" para proteger bois e vacas, que não tinham condição alguma de cuidar de si mesmos, mas eram absolutos gênios em achar um buraco e escapar pelos limites da comunidade onde havia provisões suficientes para os manter saudáveis.

Um dia, ao ler Moisés e me achar em meio a uma longa passagem com "decretos e ordenanças" em Deuteronômio, ocorreu-me que ela se assemelhava em muito com meu amigo cavalgando pela cerca na fazenda de criação de gado de seus pais... e comigo, em minha congregação. Os cristãos nas congregações certamente não são intelectualmente incapacitados, mas há um grande número de comprovações que demonstram que somos espiritualmente incapacitados, com uma exceção: temos um absoluto talento para achar o que quer que sirva de brecha nos mandamentos e no credo.

A linguagem usada em relação a Deus e à alma é especialmente passível de abstração e impessoalização. Homens e mulheres a quem se confiou a condução de outras pessoas para seguirem no caminho de Jesus, pais, pastores, professores e nossos muitos e muitos companheiros de caminhada — e assim todos nós neste reino de sacerdotes — são facilmente tentados a usar uma linguagem prolixa e impressionante para passar a ideia de autoridade e imposição. Mas nós não podemos agir assim. Precisamos prestar atenção ao modo em que as palavras são usadas, para que não aviltemos nem blasfememos o caminho de Jesus. A forma de usar a linguagem — contexto e sintaxe, estilo gramatical e cadência poética — fornece o significado. *Deus* fora de contexto, sem sintaxe, pode ser ou bênção, ou blasfêmia. As conversas e as escritas impessoais, desprovidas de narrativas, são uma praga no mundo do discurso. Moisés nos mantém instruídos na narrativa, e mantém nossa vida responsiva à narrativa, enraizada na congregação, congregacionalmente relacional.

"... EVANGELHEM-ME ATÉ O JARDIM"

No Novo Testamento cristão, os quatro evangelhos dos evangelistas têm um lugar comparável aos Cinco Livros de Moisés. Mateus, Marcos, Lucas e João eram escritores modestos (traço pouco comum entre os escritores) e nenhum deles se apresenta como autor, mas claramente aprenderam com Moisés a arte da escrita. As primeiras gerações dos que leram os evangelhos não perderam muito tempo para apor-lhes o nome dos evangelistas (assim como as gerações anteriores tinham colocado o nome de Moisés nos Cinco Livros). A comunidade de Jesus não somente mostrou pelo nome quem eram os escritores, mas manteve os quatro num conjunto: Mateus, Marcos, Lucas e João. Desde esse momento, esses escritos conservaram-se em companhia amigável um com o outro, como herdeiros de Moisés no caminho da linguagem. Uma velha parlenda, em forma de oração, faz referência a todos eles:

> Mateus, Marcos, Lucas, João!
> Deus, bendize meu colchão;
> caso à noite eu vá morrer,
> vai, Senhor, me receber.

Esse quarteto do evangelho aparece outra vez no contexto mais refinado do poema de Robert Lowell "At the Indian Killer's grave" ["No túmulo do Matador Índio"]:

> João, Mateus, Lucas e Marcos,
> evangelhem-me até o Jardim...[14]

O verbo transitivo "evangelhar", cunhado por Lowell, capta a convicção partilhada pelos leitores da Escritura de que esses quatro evangelhos, como os Cinco Livros de Moisés que os precederam, nos levam a algum lugar, a algum lugar aonde queremos ir. Não são entretenimento ou especulação, lemas inspirativos, conhecimentos que só detêm aqueles que se filiaram ao grupo, argumentos cheios de desculpas, reconstruções históricas, as psicologias do consumismo, encontros significativos, ameaças intimidadoras ou desafios energizantes. São um *caminho*, o caminho da linguagem de Moisés e de Jesus: "... *evangelhem* me até o Jardim".

[14] Robert Lowell, *Lord Weary's castle and the mills of the Kavanaughs*. New York: Harcourt, Brace and World, 1951, p. 63.

capítulo 4

Davi: "... não encobri as minhas culpas..."

O perfeccionismo é um distúrbio muito comum na comunidade cristã. É uma forma de enxergar os cristãos classificados em duas categorias: os cristãos carnais e os cristãos espirituais. Variam os termos empregados nessa divisão da igreja que põe cada um em seu lugar: meros crentes e discípulos sérios; cristãos batizados nas águas e cristãos batizados no Espírito; mornos e em brasas; os rigoristas e os descontraídos. O perfeccionismo tem sua forma de arrogar para si o termo "espiritual" — alguns cristãos são espirituais e, por implicação, os outros não são. Nesse contexto, o termo "espiritual" é marcado por uma intensidade especial de interioridade ou qualquer outra coisa do tipo que introduza uma dicotomia bem definida dentro da comunidade cristã entre o corriqueiro e a elite. Ou você é cinzento e comum, ou chama atenção por ser tão esplendoroso, sob uma aura de luminosidade. Não há nenhuma diversidade ou particularidade de cor, nenhum espectro específico, entre os homens e as mulheres nos quais nosso Senhor, o Espírito, forme a vida de Cristo em sua igreja. Inevitavelmente, o rigorista acaba olhando para os descontraídos com grande ar de superioridade.

De tempos em tempos, o partido dos rigoristas aguça ainda mais a dicotomia e, extrapolando todas as tendências perfeccionistas, na realidade fala de alcançar a própria perfeição no caminho cristão: se levarmos uma vida com seriedade inflexível, na realidade podemos viver uma vida perfeita em Cristo. Quando isso acontece, a superioridade rigorista se transforma num desdém polido (embora nem sempre) em relação aos descontraídos.

A igreja tem em geral combatido, às vezes com grande vigor, essa espécie de divisão da comunidade de Jesus em classes graduadas, mas o caminho da perfeição encontra um modo de ressurgir século após século sob uma variedade de bandeiras: os messalianos, os donatistas, os quietistas, os pietistas e os movimentos *holiness* ("santidade"), criativos em suas inúmeras variações, tentam convencer a comunidade cristã de que o caminho de Jesus é um caminho de perfeição. Como recebemos a ordem de seguir a Jesus, e Jesus é perfeito, o caminho de Jesus é um caminho de perfeição. É não apenas recomendável, mas exigido que vivamos ou ao menos aspiremos viver uma vida perfeita se de fato levamos a sério a fé cristã.

Perfeccionismo: um desvio muito nocivo do caminho, uma mudança de direção em relação ao caminho de Jesus. É improvável que nos precipite de ponta-cabeça na condenação eterna, mas certamente nos torna companhias muito indesejáveis para os outros no caminho da peregrinação. O perfeccionismo é uma perversão do caminho cristão. É responsável por impedir que incontáveis cristãos sinceros e consagrados sejam úteis de forma geral na companhia de seus irmãos, os quais também estão em peregrinação rumo a Jerusalém. O perfeccionista não tem tempo nem gosto pela santidade do dia a dia.

A tentativa de impor a perfeição a si próprio ou a outra pessoa, seja um pai a seu filho, um pastor a sua congregação, um diretor geral a sua companhia, um professor a seu aluno, uma mulher a seu marido, um marido a sua mulher, sem dúvida alguma não é o caminho de Jesus.

E como podemos saber? Em grande medida por causa de Davi, antepassado de Jesus, que não se envergonhava de ser chamado Filho de Davi. Davi é quem fornece a maior quantidade de provas que desfazem a nossa ilusão de que a perfeição integra a descrição de tarefas dos homens e das mulheres que seguem a Jesus. Há mais espaço nas Escrituras concedido à narrativa da história de Davi do que à de qualquer outra figura, e nela não há *nenhum* elemento perfeccionista. O caminho de Davi é, do princípio ao fim, um caminho de imperfeições.

O caminho de Davi é rico em tudo aquilo que entra em cena sempre que temos de lidar com o tipo de coisa que todos sempre temos de lidar — homens e mulheres, inimigos e amigos, sexo e filhos. A história é tecida numa vasta tapeçaria de amor e guerra, narrando profundamente, em detalhes, todas as emoções que expressam os altos e baixos da existência diária. Davi é, mais que qualquer outra coisa, *interessante*. Há um veio carismático em sua vida que atraía a atenção de todos. As histórias sobre ele rapidamente se desenvolviam em Israel em algo próximo a um mito nacional. Tudo e todos que tivessem alguma ligação com esse homem estavam sempre na lembrança e nos relatos do povo de Israel.[1]

A história de Davi é emoldurada pela matança de gigantes. Antes de ter idade suficiente para votar, ele pisa os pés no palco da história para matar Golias, o invencível gigante filisteu de Gate. Na última batalha contra os filisteus de que se tem registro, Davi está velho e cansado demais para matar alguém, mas seu sobrinho Jônatas age em seu lugar, mata o grotesco gigante filisteu (também de Gate) que tinha seis dedos em cada mão e seis dedos em cada pé (2Sm 21:20-21). A história de Davi, maior que a vida, assinalada nas duas extremidades por um gigante filisteu morto, teve lugar garantido no corredor da fama dos matadores de gigantes.

Todo o mundo, ao que parece, amava Davi. Ele povoava a imaginação do país inteiro. Sua popularidade se manifestava em desfiles espontâneos pelas aldeias, sempre que Davi retornava triunfante de outra batalha, quando as mulheres, em qualquer das vilas em que entrasse, irrompiam cantando e dançando, festejando com pandeiros e alaúdes. A canção que estava nas paradas de sucesso desses primeiros anos de Davi era:

> Saul matou milhares,
> e Davi, dezenas de milhares.
>
> 1Samuel 18:7

[1] Há mais sobre Davi em meu livro *Transpondo muralhas: espiritualidade para o dia a dia dos cristãos*. Rio de Janeiro: Habacuc, 2005.

Todos nós temos uma curiosidade insaciável por detalhes presentes naquilo que significa ser homem, mulher — a condição humana: "Quem sou eu? O que significa ser eu? E o que exatamente estou fazendo aqui?". Procuramos corroborações do que significa estar vivos, verdadeiramente vivos, neste mundo. É por essa razão que lemos, relemos e continuamos a ler histórias: histórias de Dostoiévski e Tolstói, histórias de Balzac e Dickens, histórias de Faulkner e Stegner, histórias de Updike e Undset. Doris Lessing, ela mesma uma mestra na arte de contar histórias, diz que lê e relê as histórias "como penso que devem ser lidas, para iluminação, com o propósito de ampliar nossa percepção da vida".[2] No topo da lista das histórias a nossa disposição que podemos ler e reler para ampliar nossa "percepção da vida", está a história de Davi, o *caminho* de Davi, essa vasta e detalhada investigação da condição humana.

Robert Alter, em sua fantástica tradução da história de Davi, escreve que "o escritor hebreu anônimo, baseado naquilo que ele conhecia ou pensava conhecer dos funestos acontecimentos históricos, criou uma história muito penetrante de homens e mulheres, presentes no rápido e perigoso fluxo da história, que ainda tem algo a dizer para nós, três mil anos mais tarde, sim, para nós que nos debatemos na história e nos dilemas da vida política".[3]

O interesse humano que nos atrai para dentro dessa história aprofunda-se e expande-se à medida que estendemos nossa leitura da história de Davi às orações de Davi, preservadas para nós no Livro dos Salmos. As orações são a versão de dentro da vida humana que nos é apresentada por fora no relato biográfico do que Davi fez, dos homens e das mulheres com os quais conviveu, a maneira pela qual viveu na sociedade de seu tempo e sua atuação como líder. A história mostra Davi lidando com Samuel e com Saul, com Jônatas e com Joabe, com Mical e com Bate-Seba, com Amnon e Absalão, com Mefibosete e Aitofel. As orações mostram Davi lidando com Deus: pecado e arrependimento, desespero e esperança, dúvida e louvor, culpa e graça.

[2] Doris Lessing, *A small personal voice*. New York: A. A. Knopf, 1974, p. 5.
[3] *The David story*. New York: W. W. Norton, 1999, p. xxiv.

Davi era uma pessoa de oração. No final das contas, acabamos sabendo muito mais sobre como Davi se relaciona com Deus do que sobre como se relaciona com Golias e Saul, Jônatas e Abigail, Bate-Seba e Tamar. E é isso que mais importa saber, pois Deus é a grande realidade, que a tudo encerra, na qual "vivemos, nos movemos e existimos". João Calvino refere-se aos salmos como "uma anatomia de todas as partes da alma".[4] Jamais entenderemos o que há de mais fundamental sobre o que somos e fazemos se nos conhecemos somente a partir do exterior. Não que o interior possa ser compreendido à parte do exterior (nem o exterior à parte do interior). Precisamos ter acesso a ambos: a história e as orações. E temos as duas. Há alguns manuscritos antigos em que os copistas deixavam um espaço em branco, depois de cada episódio da vida de Davi, no qual o leitor poderia inserir um salmo que lhe fosse cabível, fazendo que sua ação humana se rendesse em oração à presença e à ação de Deus.[5]

No relato bíblico, não se encontra o menor esforço por tornar Davi alguém admirável no sentido moral ou espiritual. E, ainda por cima, encontra-se a aceitação, em tudo isso, de que, por mais falho, infiel e fracassado que fosse, era um representante — não uma advertência contra o mau comportamento, mas uma testemunha, ainda que inadvertida, da normalidade, sim, da inevitabilidade da imperfeição.

O testemunho bíblico do caminho de imperfeição de Davi compõe-se de dois grandes elementos: a narrativa de sua vida, relatada nos Livros de Samuel (1Sm 16 até 1Rs 2), e as orações de Davi, compiladas nos Salmos.

A NARRATIVA

Minha história favorita dentre aquelas do importante ciclo de histórias de Davi é a que se dá na caverna de En-Gedi. En-Gedi é um pequeno oásis nas proximidades do mar Morto, o grande lago de água salgada na extremidade sudeste de Israel. Hoje há ali um pequeno parque para pessoas que

[4] *Commentary on the Book of Psalms*, traduzido para o inglês por James Anderson. Grand Rapids: Eerdmans, 1949, p. xxxvii.
[5] Peter ACKROYD, *Doors of perception: a guide to reading the Psalms*. London: SCM, 1978, p. 35-36, 74-76.

desejam fazer piqueniques ou nadar — um agrupamento de palmeiras, uma banca onde você pode comprar refrigerantes, um banheiro para trocar de roupa e para tirar o excesso de sal depois de nadar. Em geral, há algumas dezenas desses nadadores — ou flutuadores (é difícil nadar nessa densa água salgada). Há alguns anos, passei várias horas em En-Gedi. Era um dia de primavera. Queria ter uma noção da região em que Davi havia sobrevivido nos anos em que fora fugitivo do rei Saul. Escalei os despenhadeiros, enfiei-me nas cavernas, tentando imaginar o tipo de vida difícil que Davi levava naquele ambiente escabroso.

A aproximadamente 270 metros rumo ao oeste do mar Salgado, despenhadeiros íngremes elevam-se quase sete mil metros com um planalto no topo. O planalto e os despenhadeiros são profundamente entalhados pela erosão, formando um emaranhado de canhões e cavernas. Trata-se do deserto de En-Gedi, uma vasta extensão de terras áridas, com formações erosivas impressionantes e platôs quase horizontais, uma região tão agreste e inóspita quanto qualquer outra que você acabará por encontrar nesta terra. As hienas, os lagartos e os abutres são seus anfitriões.

Fugindo do rei Saul, Davi e alguns de seus homens escondem-se em uma das cavernas que davam para o mar Morto. O dia está quente, e a caverna conserva uma temperatura mais amena. Eles se encontram bem no interior da caverna, descansando. É nesse momento que surge uma sombra que encobre a boca da caverna. Ficam abismados de ver que é o rei Saul. Não sabiam que ele estava tão perto, no encalço deles. Saul entra na caverna, mas não os vê: tendo acabado de sair do brilho intenso do sol do deserto, seus olhos ainda não se ajustaram à escuridão e não consegue divisar as figuras sombrias nos recessos da caverna. Além do mais, não é a eles que ele procura nesse momento; entrou na caverna para atender a um chamado da natureza. Assim é que dá as costas para eles.

Quando Davi e seus homens percebem o que está acontecendo, sabem que Saul, despercebido da presença deles, já pode se considerar praticamente morto. Os homens estão prontos para a investida, mas Davi faz sinal, impedindo-os de matá-lo. Em vez disso, ele segue rente a uma das paredes da caverna, em direção às vestes que o rei tinha ali arremessado, corta uma ponta de seu manto e depois volta sem ser notado para junto de seus homens. Pouco depois, o rei Saul põe de novo o manto, cinge sua espada e sai. Davi deixa que se afaste o bastante para não lhe apresentar nenhum risco e aí vai até a boca da caverna e grita para ele. Nessa hora, o rei já está do outro lado do desfiladeiro. Davi grita: "Ó rei, meu senhor!" (1Sm 24:8). Saul olha para trás, espantado. Davi curva-se reverentemente, em honra ao rei. E depois diz: "Por que dás ouvidos aos que dizem que sou teu inimigo? Estás vendo o que tenho aqui nas minhas mãos? É a aba de teu manto. Agora mesmo, em vez de cortar o teu manto, eu poderia facilmente ter cortado a ti, ter te *matado*. Mas não farei isso. Jamais farei isso, porque és ungido de Yahweh" (paráfrase minha).

Ao ver a silhueta de Saul na abertura da caverna contra o azul de cobalto do mar Morto, com os despenhadeiros vermelhos de Moabe mais ao fundo, Davi viu algo que seus companheiros não viram: Davi viu não um inimigo, mas o rei majestoso, embora imperfeito, ungido por Deus. E agiu com a devida deferência. Aqui estão presentes todos os ingredientes para uma cena de grosseira vulgaridade: o rei em seu "trono", visto pelo traseiro, descarregando. Mas Davi, por mais simples que fosse, não era vulgar. Ele transformou aquela cena num ato generoso de homenagem, um momento sagrado, num testemunho improvável e inacreditável (considerando as circunstâncias). Reverência em relação à vida.

Mas a razão por que a recusa de Davi em matar o rei Saul prende minha atenção é que me chega como algo totalmente alheio a Davi. Davi teve seu começo matando o gigante filisteu Golias. Desde aquele momento, matar filisteus passou a ser o tema condutor, o *leitmotiv*, da vida de Davi. Especializou-se em matar filisteus: matou cem para Saul como preço para obter a mão de Mical em casamento (1Sm 18:27). Adquiriu uma reputação que se alastrou rapidamente como matador de filisteus, a qual toldava todos os guerreiros do rei Saul juntos (1Sm 18:30): a "grande derrota" de filisteus que estavam saqueando Queila (1Sm 23:1-5), a turba de filisteus em Baal-Perazim (2Sm 5:17-21) e outra vez no vale de Refaim (2Sm 5:22-25), a conquista de Metegue-Amá das mãos dos filisteus (2Sm 8:1). Mas não somente filisteus — gesuritas, gersitas, amalequitas, jerameelitas, queneus, moabitas, arameus, edomitas e amonitas também contribuíram substancialmente para a contagem de cadáveres de Davi.

Em meio ao rebuliço de toda essa matança, a coisa que mais me interessa é o homem que ele não matou. Ele não matou o rei Saul. E o rei Saul era o homem que ele tinha a maior razão e motivação de matar. O rei Saul estava obcecado por matar Davi. Um ciúme doentio consumia Saul. Duas vezes em sua própria casa, ele tentou matar Davi exatamente quando este buscava com sua música acalmar o rei emocionalmente transtornado (1Sm 18:10-11). Tendo falhado em todas essas tentativas, Saul o enviou mais uma vez contra os filisteus como comandante de somente mil soldados, com a intenção de expô-lo à morte na linha de combate. Mas Davi voltou triunfante (1Sm 18:12-16).

Matar Davi passou a ser uma obsessão para o rei. Não conseguia pensar em nada mais: "Saul falou a seu filho Jônatas e a todos os seus conselheiros sobre a sua intenção de matar Davi" (1Sm 19:1). Certa feita, quando Davi estava mais uma vez tocando para o rei, por pouco não escapou da morte quando Saul lhe arremessou sua lança com o fito de encravá-lo (1Sm 19:9-10). Certa noite, quando Saul cercava a casa de Davi com assassinos, a mulher de Davi Mical o fez descer pela janela e assim ele escapou (1Sm 19:11-17). Mais tarde, Jônatas ajudou Davi a escapar da obsessão maligna do rei (1Sm 20). Quando Saul soube que os sacerdotes de Nobe tinham estendido ajuda e bem-estar material para proteger Davi de sua trama assassina, ele deu ordens para que fossem chacinados: 85 sacerdotes junto com "homens, mulheres, crianças, recém-nascidos, bois, jumentos e ovelhas" — deixando a "cidade dos sacerdotes" inundada em sangue (1Sm 22:6-23).

A partir desse momento, Davi esteve em constante fuga. Quando o encontramos escondendo-se na caverna em En-Gedi, ele tinha um grupo de homens com ele, pondo a cabeça para funcionar para poderem sobreviver no deserto de Zife. Saul estava decidido a capturá-lo — "Dia após dia [...] o procurava" (1Sm 23:14). Quando os zifeus o traíram, delatando a Saul seu paradeiro, Davi fugiu para o deserto de Maom (1Sm 23:25-29). E de lá para En-Gedi.

Davi, o matador de gigantes. Davi, o matador de filisteus. Mas não matou Saul. O rei Saul, que fez tudo o que pôde imaginar para matar Davi, que nutriu uma obsessão assassina para dar cabo da vida do jovem que salvara seu reino dos filisteus, que perseguiu Davi por vádis e desfiladeiros do deserto como um porco selvagem, não foi morto por Davi.

Mas essa magnífica exceção na caverna de En-Gedi realça-se com tamanha nitidez em comparação à norma pela qual ele vivia, completamente amalgamado ao barbarismo sangrento da cultura cananeia da Idade do Ferro. Mas os líderes não devem *liderar*? Liderar para além dos padrões ditados pela cultura? A única coisa que distingue Davi dos reis cananeus ao redor é que ele matava mais que eles, e melhor. Será isso o que esperamos de um líder ungido por Deus? Não deveria haver ao menos algum sinal de que existe outro caminho, um caminho expresso de forma tão atraente por Isaías de Jerusalém, que vivia numa cultura simplesmente tão bárbara quanto a de Davi, um caminho que conduza até o monte de Deus, onde

> ... ele nos ensine os seus caminhos
>   e assim andemos em suas veredas [...].
> [... onde] farão
>   de suas espadas arados,
> e de suas lanças, foices.
> Uma nação não mais pegará em armas;
>   para atacar outra nação.
> Elas jamais tornarão a preparar-se
>   para a guerra.
>
> Isaías 2:3-4

E não é como se fosse só a cultura ao redor que Davi não tivesse conseguido transcender. Ele não era mais admirável nas questões relacionadas às virtudes pessoais e familiares. O famigerado caso de adultério que teve com Bate-Seba, envolvendo o assassinato acobertado de Urias, ganha as manchetes, mas também em outras frentes é difícil achar algo que empolgue muito a respeito dele: tinha oito mulheres, 21 filhos e um harém de concubinas — um pouco demais para que conseguisse manter relações monogâmicas e cuidar da família. Nas histórias relatadas a respeito de dois de seus filhos, Absalão e Amnom, a ideia que ele passa é a de um pai completamente indiferente e em grande parte fracassado. Tolerou a brutalidade e a perfídia de seu braço direito, Joabe, permitindo que fizesse o que ele próprio teria tido vergonha de fazer em público. Há um momento pungente que compete, em sua emoção trágica, com a dor excruciante que Davi mais tarde viria a sentir pela morte de seu filho Absalão — trata-se da dor de Paltiel pela perda de sua mulher; mas, dessa vez, Davi era a causa da trágica dor, não o alvo dela. A questão de Paltiel desmascara a insensibilidade e o calculismo de Davi.

Os detalhes são de partir o coração. Após a morte de Saul, Abner, comandante de seu exército, ofereceu-se para passar para o lado de Davi como aliado. Mas Davi insistiu em uma condição: que sua ex-mulher, Mical, filha de Saul, retornasse para ele. Mas agora ela não era mais sua mulher. Depois que Davi escapou dos matadores de aluguel de Saul, o rei entregou Mical como mulher a um homem chamado Paltiel. Mas agora Davi a queria de volta. A motivação era puramente política, um ato de brutal desrespeito, quer para com os desejos de Mical, quer para com os sentimentos de Paltiel. Davi queria que a filha de Saul, sua ex-mulher, retornasse para apoiar sua reivindicação de ser o sucessor legítimo de Saul. Desse modo, Mical foi tirada à força do marido e de seu lar, sendo então levada a Davi. Paltiel seguiu-a, "chorando até Baurim. Então Abner ordenou-lhe que voltasse para casa, e ele voltou" (2Sm 3:16). Não temos nenhuma palavra da parte de Paltiel, apenas suas lágrimas eloquentes forrando o caminho desde Baurim, uma aldeia bem ao sul de Jerusalém, e de volta para lá. É uma cena de partir o coração, Paltiel e Mical, marido e mulher, arrancados um do outro por um estratagema político ditatorial e egoísta. Não há nenhum sinal de que Davi tivesse sentido qualquer emoção diante do que fez. Não levou em consideração nem Mical, nem Paltiel. Davi não ia permitir que sentimentos pessoais prejudicassem o que hoje talvez chamaríamos de *realpolitik*, com realce dos aspectos pragmáticos em detrimento dos interesses ideológicos ou morais. O papel de Davi como líder acabou com a alma de Davi. Se o Davi de En-Gedi mostrava Davi em seus aspectos mais elogiáveis, na caso Paltiel ele se mostra em seu pior estado — um homem que sacrifica sua humanidade no altar do poder.

Há outros acontecimentos além de En-Gedi que revelam a grandiosidade de Davi. Há sua amizade íntima com Jônatas (1Sm 18—20); a resposta de Davi a Abigail (1Sm 25); uma segunda recusa por matar Saul na colina de Haquilá (1Sm 26); a generosidade de Davi no ribeiro de Besor (1Sm 30); o lamento de Davi pela morte de Saul e de Jônatas (2Sm 1); Davi adorando diante da Arca da Aliança (2Sm 6); Davi arrependido diante do profeta Natã (2Sm 7); a compaixão de Davi por Mefibosete (2Sm 9); a humildade de Davi diante das maldições de Simei (2Sm 16); a bondade de Davi para com o velho Barzilai (2Sm 19); e o tributo de Davi à valentia dos guerreiros que arriscaram a vida para lhe trazer água da fonte de Betel (2Sm 23). E, se prestarmos atenção às entrelinhas, há muito, muito mais.

Mas não pode haver nenhuma confusão sobre o que se quer transmitir nesse relato. A vida de Davi é um labirinto de ambiguidades, não diferentes da nossa. O que admiramos em Davi não anula o que abominamos, e o que abominamos não anula o que admiramos. Davi não é um exemplo a emular; Davi não é um candidato ao pedestal. Sua história é uma imersão na condição humana, não diferente da humanidade condicionada por nossa cultura e danificada por nossos pecados. A história de Davi não é uma história do que Deus quer que sejamos, mas uma história sobre Deus trabalhando com a matéria-prima de nossa existência do jeito que ele a encontra. A história de Davi é narrada com tantos pormenores para que possamos ter escancarado diante dos olhos o que exatamente se passa numa vida humana vivida em sua totalidade, na qual Deus está formando uma vida de salvação. Davi é um homem de Deus, mas de forma alguma um homem de Deus perfeito.

AS ORAÇÕES

Ao lado das histórias de Davi, temos suas orações reunidas no livro de Salmos, 150 orações que consistem no texto mais importante de oração para judeus e cristãos. As histórias de Davi nos conferem vida a partir do exterior; as orações de Davi nos conferem vida a partir do interior. A pessoa nas Escrituras que tem a história mais extensamente narrada é a mesma que é mais mostrada em atitude de oração. Nem todas as orações dos Salmos são orações de Davi. Várias estão relacionadas com outros nomes (Salomão, Asafe, Etã, Corá, Hemã, Moisés). Trinta e quatro são anônimas (a tradição as denomina "salmos órfãos"). Nem é provável que Davi tenha composto todas as 73 orações atribuídas a ele. "Oração de Davi" pode também ser traduzida "Oração segundo a tradição de Davi" ou "Oração a favor de Davi". O hebraico *l'dawid* não é unívoco em sua interpretação. Algumas foram escritas por ele, outras escritas em homenagem a ele, a maioria escrita com ele em mente. Ele foi o mais destacado escritor de orações em Israel. Era lembrado por todos como o "amado cantor de Israel" (2Sm 23:1). Na tradição do povo de Deus, o nome de Davi confere coesão e autoridade à coleção inteira das orações de Israel que foram reunidas e organizadas no livro de Salmos.[6]

Estamos interessados em entender o melhor possível a natureza desse homem que ocupa lugar de tamanho destaque em nossas Escrituras e nas tradições da igreja até o dia de hoje como "homem segundo o seu [de Deus] coração" (1Sm 13:14; v. tb. At 13:22), o homem que por quarenta anos ou mais teve uma posição de primeira importância em Israel. As histórias mostram com toda a clareza que se tratava de um caminho de imperfeições. Mas e as orações? O mesmo ocorre com as orações; são proferidas no caminho da imperfeição.

Os salmos expressam tudo aquilo que somos capazes de experimentar: louvor exuberante e meditação reverente, mas também dúvidas e questionamentos, defraudação, lamento, dor, penitência e arrependimento. A maioria dessas orações, dois terços delas, aliás, são proferidos por homens e mulheres com problemas de alguma sorte. Dessas orações, a comunidade cristã, bem no começo, classificou sete (6, 32, 38, 51, 102, 130 e 143) como "penitenciais", orações proferidas com um senso de pecado e culpa, de fracasso e conturbação, orações proferidas com um senso

[6] Não é diferente de como o nome de Moisés confere coesão autoral à narrativa fundamental dos Cinco livros, como mostramos no cap. 3.

de necessidade e de impotência. São orações proferidas no caminho da imperfeição, orações proferidas por aqueles que não "têm todas as respostas", orações feitas com vergonha e com tristeza por causa do pecado. Elas trazem para o modo que formulamos nossas orações o antibiótico do Espírito Santo, para nos proteger das expectativas perfeccionistas, das pretensões perfeccionistas, das ilusões perfeccionistas. Elas apresentam uma forma circunstanciada de orar aquilo que inevitavelmente experimentamos no caminho da imperfeição.

SALMO 6: "... DE LÁGRIMAS ENCHARCO O MEU LEITO"

As dificuldades para as quais nascemos, "tão certamente como as fagulhas voam para cima" (Jó 5:7), fornecem o conteúdo dessa primeira oração penitencial. Não ficamos sabendo qual é o problema: a ira de Deus provocada pelo pecado (v. 1)? Uma enfermidade? (Os v. 2 e 3 falam de cura.) Perseguição? (Os v. 7, 8 e 10 falam de adversários, praticantes do mal e inimigos.) Talvez tudo isso, mas ainda mais. O pecado presente no mundo manifesta-se em problemas por todo lado. Vez por outra, um dos problemas desencadeia uma avalanche de desânimo e tristeza que simplesmente toma conta de nós. Há vezes em que a simples sensação do acúmulo dos problemas do mundo nos sufoca, retira de nós toda a capacidade de *orar* — todo o pecado, toda a doença, toda a maldade: vidas estropiadas, corações partidos, crianças molestadas, mulheres estupradas, a fome avassaladora, a tortura, a pobreza corrosiva dos que não têm recursos, a avareza desenfreada dos que têm em abundância, dilapidações profanas de nossa terra, água e ar, a arrogância brutal em lugares elevados. E os detalhes se amontoam sem parar. Muita coisa está errada no mundo. Temos momentos em que a brutalidade e a blasfêmia apocalípticas que vicejam no mundo pisoteiam nossa vida, esmagando-nos contra o chão (Sl 7:5). Esses momentos agravam-se ainda mais à medida que percebemos que parte do que está errado está presente em nós mesmos — não somos meros espectadores do erro, somos parte dele. O pecado não é algo DELES; é também algo NOSSO. Quando os dois momentos se unem — os erros DELES com os erros NOSSOS —, as feridas e o ódio, a culpa e o pecado catalisam uma enorme tristeza. Vemo-nos no meio do salmo 6, proferindo nossa oração em meio às lágrimas:

> Estou exausto de tanto gemer.
> De tanto chorar inundo de noite a minha cama;
> de lágrimas encharco o meu leito.
> Os meus olhos se consomem de tristeza;
> fraquejam por causa de todos os meus adversários.
>
> Salmos 6:6-7

A linguagem é efusiva: chorar toda uma noite e acordar com travesseiros e colchão ensopados de lágrimas. Mas é exagerada? Talvez não. Não, pelo menos, se essa oração estiver brotando de um coração que está em contato com as dimensões catastróficas do pecado e com todas as lágrimas de desespero e (por vezes) de arrependimento que fluem dia e noite, ano após ano, formando um grande mar salgado de tristezas: as lágrimas do torturado, as lágrimas do traído, as lágrimas do moribundo, as lágrimas do solitário, as lágrimas de Raquel derramadas por seus filhos, as lágrimas de Paltiel derramadas por Mical, as lágrimas de Davi derramadas por Absalão, as lágrimas de Pedro derramadas no pátio de Caifás, as lágrimas das mulheres na Via das Dores, as lágrimas de Jesus — derramadas por Lázaro, derramadas por Jerusalém, derramadas no Getsêmani. Lágrimas, lágrimas, lágrimas. Achamo-nos nadando num mar de lágrimas.[7]

O caminho da imperfeição conduz-nos por favelas e subúrbios, por campos de batalhas e campos de refugiados, a hospitais e abrigos para os sem teto. Temos muito em comum com os viciados e violentados, os vitimados e os vitimadores, os derrotados e os vencedores. No caminho da imperfeição, encontramo-nos seguindo a Jesus até o poço em Samaria, a figueira brava em Jericó, o tanque de Siloé, a cruz no Gólgota em que "Cristo agoniza até os confins do mundo".[8]

[7] O verbo traduzido por "inundo" significa literalmente "nado...". Podemos traduzir: "nado num rio de lágrimas". V. Isaías 25:11 e Ezequiel 47:5. Charles BRIGGS, *The book of Psalms*. Edinburgh: T&T Clark, 1952, p. 50, v. 1.

[8] Blaise PASCAL, *Pensées*. New York: Random House, 1941, #552, p. 176. [Publicado no Brasil pela Martins Fontes em 2001, sob o título *Pensamentos*, edição, apresentação e notas Louis Lafuna, introdução da edição brasileira de Franklin Leopoldo e Silva, tradução de Mário Laranjeira.]

Há muitos risos, cantos e danças nesse caminho, palmas e hosanas. Mas há também lágrimas e lamentos, aos cântaros, cada lágrima uma oração, e nenhuma despercebida — "minhas lágrimas em teu odre" (Sl 56:8)!

SALMO 32: "ENQUANTO EU MANTINHA ESCONDIDOS OS MEUS PECADOS, O MEU CORPO DEFINHAVA..."

O trisavô de todos os pecados é a negação do pecado, a recusa em reconhecer o próprio pecado. Tal recusa é estranha, porque, como G. K. Chesterton certa vez observou, o pecado é o único elemento empiricamente comprovável em todo o sistema judeu-cristão de crença. Ninguém jamais viu a Deus em tempo algum, mas a todo tempo vemos o pecado com os próprios olhos. Ainda assim, não é raro que ele seja negado.

Quando seguimos a Jesus, não precisamos andar mais que dois ou três quilômetros nessa estrada da imperfeição para percebermos que teremos de lidar com o pecado — todo esse pecado na estrada, e ombro a ombro com todos esses pecadores. Tínhamos imaginado que teríamos melhores companhias.

Orando com Davi, que entendia muito bem de pecado, logo aprendemos que o remédio para o pecado não é a exterminá-lo, nem um curso aprofundado sobre como não pecar, nem um programa rigoroso que nos condicione a uma repulsa pavloviana[9] para com o pecado. O único remédio eficaz é o perdão do pecado — e somente Deus pode perdoar pecados. Se nos recusamos a tratar com Deus, ficamos lidando com o pecado por meio da punição ou da instrução moral, ou confeccionando alguma estratégia de negação. Nenhum desses parece ter muito sucesso nessa história de pecado. Nenhum. O caminho, o único caminho, é abraçar entusiasmadamente o perdão de Deus. E fazemos isso por meio da confissão. Sem desculpas, sem justificações, sem negações, sem promessas de fim de ano, apenas "Confessarei...". O salmo 32 vai direto ao ponto:

[9] Relativo a Ivan Ilitch Pavlov (1846—1936), fisiologista russo, famoso pela teoria dos reflexos condicionados (AURÉLIO). (N. do T.)

> ... reconheci diante de ti o meu pecado
> e não encobri as minhas culpas.
> Eu disse: Confessarei as minhas transgressões ao SENHOR,
> e tu perdoaste a culpa do meu pecado (Sl 32:5).

A maioria de nós, talvez todos, quando flagrados no erro, decidimos ou prometemos não repeti-lo. Essas resoluções e promessas funcionam nos primeiros anos. Mas não por muito mais. Depois, começam a soar pouco convincentes aos ouvidos de nossos pais, professores e amigos. E depois começam a soar pouco convincentes para nós.

Mas a confissão não soa pouco convincente. A confissão é um caminho diferente das maquinações obstinadas e insignificantes, que nos iludem, as quais procuramos para conseguir administrar o pecado à nossa maneira. A confissão é um ingresso no vasto mundo do perdão, cercado pela libertação e pelo amor inabalável de Deus.

SALMO 38: "... NÃO HÁ SAÚDE NOS MEUS OSSOS POR CAUSA DO MEU PECADO"

O pecado nos torna infelizes. Apesar de ser tão inevitável, tão presente, ele não é conforme a nossa índole como seres criados à imagem de Deus. O pecado introduz uma substância estranha em nossa alma. Não é assim que fomos criados para viver.

Essa oração chama atenção pela forma em que retrata as dimensões físicas do pecado — basta ver simplesmente a quantidade de partes do corpo e posturas corporais que são alistadas: todo o meu *corpo* está doente, não há saúde nos meus *ossos*, minhas *feridas* cheiram mal e supuram, estou *curvado* e muitíssimo *abatido*, estou *ardendo em febre*, sinto-me *muito fraco* e totalmente *esmagado*, meu *coração* geme de angústia, meu *coração* palpita, as *forças* me faltam, até a luz dos meus *olhos* se foi: oito referências ao corpo em si, duas a posturas do corpo. O pecado e os efeitos do pecado não são questões exclusivamente do espírito, ou desvios da vontade, ou atos desobedientes. Eles envolvem a pessoa por inteiro. Interior e exterior estão envolvidos nas questões do pecado.

Além disso, há frequentes referências a outras pessoas que estão envolvidas em pecado. *Amigos, companheiros, vizinhos, os que desejam matar-me, os que querem me prejudicar, os que planejam traição, meus inimigos, os que me odeiam, os que retribuem o bem com o mal, meus caluniadores:* dez referências a outras pessoas cujo pecado me afeta. Quanto ao pecado, não há nada de "Eles, sim; nós, não". O que significa, naturalmente, que não posso lidar com o pecado lidando exclusivamente com minha vida interior. Nem posso ter a esperança de lidar com o pecado convertendo ou eliminando os que estão contra mim.

Então, o que nos resta? É Deus que nos resta. É com Deus que devemos lidar. A oração recusa-se a escutar ou responder o que os outros dizem, seja em forma de acusação, seja à guisa de conselho. Deixamos de rodeios, dirigimo-nos a Deus e agarramo-nos a ele: "SENHOR, em ti espero; tu me responderás, ó Senhor meu Deus!" (v. 15).

O salmista certamente assume a responsabilidade pelas consequências pessoais de seu pecado (*meu* pecado, *minhas* culpas, *minha* insensatez). Mas não desconsidera nem um pouco as dimensões sociais: sem ilusões de que, se me "acertar com Deus", tudo ficará bem, sem as fantasias de que, se eu simplesmente conseguir converter e conquistar, e assim me livrar de meus detratores, estarei livre em casa. Deus é aquele com quem devo lidar. Meu mundo interior não é, nem nunca será perfeito. O mundo exterior não é, nem nunca será perfeito. Em todas as questões relativas ao pecado, é com Deus que eu trato antes de qualquer outra pessoa, antes de qualquer coisa: "Apressa-se a ajudar-me, Senhor, meu Salvador!" (v. 22).

SALMO 51: "PURIFICA-ME COM HISSOPO, E FICAREI PURO; LAVA-ME, E MAIS BRANCO DO QUE A NEVE SEREI"

A oração penitencial de confissão do salmo 51 é identificada em relação ao pecado de adultério de Davi com Bate-Seba. É um grito genuíno de contrição que se destaca entre o povo de Deus como a oração de perdão por excelência, a oração mais memorizada e mais proferida por homens e mulheres cientes de seu pecado, de sua gravidade, e que são convencidos de que devem abandoná-lo.

A metáfora mais importante usada em relação ao pecado nessa oração é a sujeira que nos torna sujos, exigindo uma vigorosa esfrega: *lava*-me, *purifica*-me, *apaga* as minhas transgressões/ iniquidades, cria em mim um coração *puro*.

É digna de nota a frequência com a qual usamos "empoeirado" como adjetivo de desaprovação, indicando sujeira, desleixo, abandono, displicência: roupas empoeiradas, casa empoeirada, móveis empoeirados, pratos empoeirados, inteligência empoeirada, memória empoeirada, retratos empoeirados, livros empoeirados e assim por diante. Mas o pó em si não tem nenhuma conotação negativa quando está no lugar certo; por exemplo, num jardim, num vaso de flor, numa plantação de beterraba. Não há nada de negativo na declaração de Gênesis de que o ser humano é formado por Deus a partir do pó. Muito ao contrário. O pó do qual somos formados e ao qual retornaremos é idêntico ao pó que está embaixo de nossos pés, testemunha de nossa relação orgânica com toda a criação, conferindo dignidade ao mundo inumano. É somente quando o pó está no lugar errado que se torna um elemento poluidor: poeira.

E isso tem algo a nos dizer sobre o pecado. Cada elemento de toda a criação de Deus — inorgânico ou orgânico; mineral, vegetal, animal ou humano — é bom, mas ainda assim pode também ser usado da maneira errada e acabar nos poluindo. E, como estamos imersos nos materiais de uma criação boa e não podemos viver de outra maneira, somos continuamente vulneráveis à conspurcação.

Além disso, é a própria bondade da criação (pó) que torna o pecado tão atraente e aparentemente inócuo. O pecado, em certo sentido, não tem nenhuma substância em si mesmo. Pode existir somente como uma perversão ou distorção daquilo que é bom... a verdade, o belo, que ele é perito em corromper. Não podemos, portanto, eliminar a fonte do pecado sem destruir a própria bondade, verdade e beleza nas quais habitamos. As possibilidades do pecado estão sempre à mão, tanto dentro quanto fora de nós.

Assim como não podemos plantar batatas sem sujar as mãos, não podemos viver uma vida sem pecado. Mas não precisamos ficar o dia todo com as mãos sujas. Há pias com sabonete em nossas casas e locais de trabalho — e pias batismais e batistérios em nossos santuários. A maneira, a única maneira, de lidar com o pecado é lavando, uma metáfora importante do perdão. E ligar-se ao perdão de Deus, como a lavagem, requer frequência.

A objeção de que isso banaliza a gravidade do pecado e abre a porta para a libertinagem é previsto por Paulo, quando repreende a pessoa que hipoteticamente dissesse: "Bem, vamos continuar pecando, para que Deus possa continuar perdoando" (em Rm 3:8 e 6:1). O fato é que não há nenhuma outra maneira de lidarmos com o pecado se não for por meio do perdão de Deus, o perdão interminável e muito misericordioso de Deus.

SALMO 102: "RESPONDERÁ À ORAÇÃO DOS DESAMPARADOS; AS SUAS SÚPLICAS NÃO DESPREZARÁ"

Somos feitos uns para os outros. Não existimos para nós mesmos. E em meio a esses "uns aos outros" há o Outro — Deus: Pai, Filho e Espírito Santo. O Deus em três pessoas, enfaticamente (três vezes!) relacional, criou homens e mulheres a sua imagem relacional: "Não é bom que o homem esteja só; farei para ele alguém que o auxilie e lhe corresponda" (Gn 2:18). Quando essa realidade relacional é rompida, negada ou deturpada, estamos lidando com o pecado. É indiferente se a recusa ou a falha na relacionalidade se dá entre a pessoa e Deus ou entre uma pessoa e outra, as duas à imagem de Deus: é pecado do mesmo jeito.

Uma consequência conhecida do pecado — uma de várias — é o isolamento. O salmo 102 dá testemunho dessa experiência de isolamento. Já no começo da oração, há uma sucessão de imagens de confinamento solitário: rejeitado por Deus, fechado numa fornalha ardente, relva arrancada de suas raízes e ressequida, uma coruja do deserto, um pássaro solitário no telhado, zombado por inimigos, sobrevivendo com uma dieta de cinzas e lágrimas, com o olhar afastado, os ouvidos surdos. Isolado, sozinho, desprezado, abandonado. Sem Deus e sem amigos.

Não faltam detalhes aqui. Mas o que é mais interessante e significativo é que a prostração, com o perdão da palavra, para bruscamente: *porém*. "Tu, porém, SENHOR, no trono reinarás para sempre..." (v. 12). A oração, por alguma lógica interna (não há nenhuma transição aparente), transita para Deus: a ação e a presença de Deus assumem o comando. Ao mesmo tempo, mudam os pronomes; "eu", "me" e "mim" dão lugar a substantivos e pronomes de comunidade: Sião, teus servos, as nações, todos os reis, os desamparados, suas súplicas, as futuras gerações, um povo que ainda será criado, os povos, os reinos, os filhos dos teus servos, seus descendentes. Há por fim um último e breve grito sufocado de desespero nos versículos 23 e 24, mas logo diminui e se cala diante da interminável visão horizontal da pradaria da presença régia de Deus (v. 25-28).

A visão da estrada para o céu como um caminho de constantes ramos de palma e hosanas não é uma visão, é uma miragem. Jesus derramou lágrimas solitárias num desfile festivo nessa mesma estrada. Traído por Judas, desertado no Getsêmani, abandonado por seu Pai na cruz, ultrajado pelas zombarias. O caminho é salpicado de pecados e pecadores. Há momentos de isolamento e de separação em relação a Deus e à família, Deus e aos amigos, Deus e à comunidade. E, se Jesus não foi poupado de sentir os efeitos isoladores e solitários do nosso pecado, nem foi poupado de ter de lidar com eles, é bem melhor que não tentemos construir ou encontrar uma estrada que se enquadre mais ao nosso gosto e comodidade.

SALMO 130: "ESPERO NO SENHOR COM TODO O MEU SER, E NA SUA PALAVRA PONHO A MINHA ESPERANÇA"

Para as pessoas que estão no caminho, a espera é uma imposição penosa. Estar no caminho significa que estamos nos dirigindo a um destino. Para um viajante ávido e resoluto, a espera pode ser recebida somente como uma interrupção, uma demora. Correr, passear, guiar um carro, conduzir um cão, cavalgar, enfim, o que quer que seja que façamos no caminho é o que *fazemos* no caminho. Senão, por que estaríamos no caminho?

Mas há momentos em que somos incapacitados de fazer nosso caminho no caminho. Uma perna quebrada, um acidente que nos deixa amarrotados numa vala, um atalho promissor que nos deixa irremediavelmente atolados num charco. É aí que esperamos. Não temos escolha. Não faz diferença quantos transeuntes animados nos dão acenos de encorajamento, torcendo para que cheguemos até o céu com palavras de ânimo e incentivo, vociferando conselhos, citando passagens da Escritura ("estejam preparados..."; "... toma a tua cruz e segue-me"; "corre com perseverança..."). Mas não conseguimos. Estamos na extremidade da corda. Estamos com a água já cobrindo a cabeça. Oramos. Oramos porque não há nada que possamos fazer por nós mesmos, e não há nada que ninguém mais possa fazer por nós. Oramos "das profundezas".

"Das profundezas" abre a oração. "Profundezas" é um termo do vocabulário da geografia — vale, ravina, águas profundas, fosso, vala — que em geral é usado como metáfora: insondável, profundidade de corrupção, angústia, apostasia. Certamente há uma referência implícita ao pecado em todas essas profundezas. O pecado não é uma mancha superficial na alma ou no corpo; ele penetra até as profundezas. O pecado não responde a tratamentos cosméticos; ele exige uma operação na fundação de nossa vida.

Mas é o seguinte. O pecado não nos desqualifica de estarmos no caminho. O pecado não nos expulsa de nosso lugar no caminho. Podemos estar parados, incapacitados, perdidos, deprimidos, zangados, confusos, aturdidos, mas ainda estamos no caminho: "Se tu, Soberano SENHOR, registrasses os pecados, quem escaparia? Mas contigo está o perdão para que sejas temido" (v. 3-4). Outra maneira de expressar isso é "Se você, Deus, mantivesse um registro dos erros cometidos, que possibilidades nos restariam? Mas o que se percebe é que você tem o hábito de perdoar, e é por isso que você é adorado" (tradução portuguesa não oficial de *A mensagem*). Estando no caminho de Davi, somos tratados no caminho de Jesus; portanto, como diz Paulo, "agora já não há condenação" (Rm 8:1).

Em suma, há muito mais coisas acontecendo no caminho do que simplesmente chegar a um destino. E há muito mais coisas acontecendo no caminho do que simplesmente aquilo que nós estamos fazendo. Há o que Deus está fazendo. Por essa razão, esperamos no Senhor. Paramos, seja por escolha, seja por circunstância, para podermos estar alertas, atentos e receptivos ao que Deus está agindo em nós e por meio de nós, nos outros e por meio dos outros, no caminho. Esperamos até que nossa alma e nosso corpo estejam no mesmo compasso. Esperar pelo Senhor é a maior parte do que fazemos no caminho, porque a maior parte do que acontece no caminho é o que Deus está fazendo, o que Deus está dizendo. Boa parte do tempo, incapacitados ou debilitados pelo pecado, não conseguimos fazer o que precisa ser feito, então esperamos em Deus para que ele o faça em nós. Muitas vezes, não sabemos o que fazer, então esperamos até compreender o que Deus ordena que façamos. A espera não é somente "esperar por aí" de forma indolente. Esperamos "pela manhã", o que significa dizer que aguardamos com esperança. Esperamos enquanto estamos sendo "resgatados, curados, restaurados, perdoados". Esperamos em Deus para fazer o que não somos capazes de fazer por nós mesmos "nas profundezas". Quando foi ele que fez, estamos mais uma vez no caminho.

SALMO 143: "... NÃO LEVES O TEU SERVO A JULGAMENTO, POIS NINGUÉM É JUSTO DIANTE DE TI"

Há muita coisa errada no mundo. Há muita coisa errada em mim. A oração não é passar uma cal no erro, seja no mundo, seja em mim. É antes uma forma dedicada e detida, todos os dias, de prestar atenção às condições em que me encontro enquanto percorro esse caminho de imperfeição.

O achado fundamental da oração apresentada no salmo 143 é que as condições não são em primeiro lugar aquilo que pode ser reunido num espesso catálogo de todos os erros, pecados, imperfeições, faltas, crimes e inimizades que os jornalistas informam diariamente e que os moralistas condenam arrematadamete. As condições relacionam-se antes de tudo com Deus, o Deus fiel e justo, de amor leal.

O catálogo de pecados do mundo é imenso, com páginas acrescentadas a cada hora. No final se percebe que não há muito que dizer sobre os homens e as mulheres neste mundo no quesito retidão: o salmista faz coro com Paulo, para garantir que captemos: "... não há ninguém que faça o bem, não há nem um sequer...", "... todos pecaram" (Sl 14:3 e Rm 3:23). As bibliotecas do mundo estão abarrotadas de provas. Vá em frente: leia e faça você mesmo sua pesquisa.

Mas a leitura não é o melhor meio de lidar com o que há de errado no mundo. Já temos abundância de documentação. Há informações facilmente a nossa disposição. Neste mundo em que o pecado dá tanto na vista, é muito comum que os homens e as mulheres fiquem obcecados por erros, pecados, crimes, inimizades. Tornam-se catalogadores de fofocas sobre pecados. Enfurecem-se contra a decadência da cultura. Ou ficam eternamente, meticulosamente, examinando a própria alma para descobrir alguma mancha.

Mas esse não é o caminho de Davi. O caminho de Davi é imergir-nos nas condições de Deus que predominam no caminho. Fazemos isso não tirando um livro da prateleira de uma biblioteca, lendo e pesquisando sobre Deus. Não, nós oramos. A oração não é uma dissertação sobre as variedades e a extensão do pecado. Em vez disso, "Estendo as minhas mãos para ti..."

> ... medito em todas as tuas obras;
> e considero o que as tuas mãos têm feito (v. 5).

Quando fazemos isso, lembrando-nos, meditando e considerando, o pecado deixa de ser notícia quente, ou fofoca impudente, ou a matéria-prima da indignação. *Deus* enche nossa mente e imaginação — lembramos, observamos, ouvimos... a Deus.

Quando oramos, muda radicalmente a proporção do que vemos acontecer no caminho. Os muitos erros e pecados que infestam nossa condição humana desmoronam em somente e nada mais que três referências a inimigos (v. 3,9,12). Agora é a presença e a ação de Deus que dominam: quatro vezes a oração se dirige a Deus; 22 pronomes relacionados a Deus mantêm o nome de Deus no centro e bem à vista. Há doze verbos no imperativo, dirigidos a Deus em pedidos de auxílio nessa estrada salpicada de pecados, em contraposição a meros três verbos que pedem a Deus que lide com os inimigos.

Assim, ainda que o pecado sirva de fundo para essa sétima oração, é Deus quem fornece o assunto e produz a ação. O que é totalmente condizente com essa última oração penitencial. A ingenuidade em relação ao pecado é perigosa à medida que seguimos a Jesus, mas uma obsessão pelo pecado é sem dúvida alguma insalubre. Cabe a Deus cuidar do pecado; cabe a nós lidarmos com Deus à medida que ele opera sua obra em nós e por meio de nós.

Nessa nossa imersão nas sete orações penitenciais que lidam com o pecado e com os pecadores, chama a atenção o fato de não haver em nenhuma delas a presença ou nem mesmo um vestígio sequer de uma resolução por "não voltar a cometer isso ou aquilo". Nenhuma resolução moral/espiritual sequer aparece nessas orações. Tratar com o pecado de modo definitivo compete a Deus, e a maneira pela qual Deus trata com a questão do pecado é o perdão.

Não queremos dizer com isso que a diligência e o esforço moral sejam inúteis ou descabidos no caminho, apenas que o pecado em si ultrapassa nosso poder de nos livrar dele, seja dentro de nós, seja nas pessoas ou nas instituições pelas quais temos responsabilidade. Ao lidar com o pecado, não o fazemos por conta própria, lidamos com Deus à medida que ele lida com o pecado. Lidar com as complexidades, as sutilezas e a difusão do pecado exige a presença de Deus em sua misericórdia. E a maneira pela qual ele faz isso de modo geral é por meio do perdão.

O caminho de Davi é o da imperfeição. A história que Davi viveu e os salmos que orou nos trazem uma imaginação que nos permite compreender as operações de Deus no processo de realizar sua obra perfeita em nós, não nossa capacidade de nos aperfeiçoar. As histórias contam-nos que nada em nós, seja bom, seja mau, é insignificante; as orações contam-nos que tudo dentro de nós, seja bom, seja mau, está relacionado com Deus. Juntas, as histórias e as orações libertam-nos de uma mentalidade de papéis e desempenhos, libertam-nos das expectativas perfeccionistas das pessoas e das ambições perfeccionistas que estabelecemos para nós mesmos. Se com fé recebemos o que nos é dado nas histórias e nas orações de Davi, ficamos vacinados contra os germes do perfeccionismo que debilitam a alma.

Esse caminho da imperfeição conseguiu ser contestado em todas as gerações, oferecendo-se no lugar um caminho de perfeição. Mas a perfeição não existe como opção. É uma sedução. É uma oferta do Diabo para que evitemos ter de lidar com o pecado usando várias estratégias verbais e comportamentais de escamoteação. A conversa perfeccionista e as ilusões perfeccionistas são geradas pelo mestre da ilusão, enganosamente sedutor, o "anjo de luz", contra o qual o apóstolo Paulo nos adverte (2Co 11:14).

O texto de Davi em histórias e orações é um baluarte poderoso contra todas as tendências perfeccionistas. À medida que lemos esse texto, aprendendo a encontrar nosso lugar no reino, nosso caminho no ato de seguir a Jesus, nosso caminho no ato de conduzir outros a seguir a Jesus, vemo-nos na companhia desse homem esplêndido (o homem que não matou o rei Saul), mas também gravemente imperfeito (o homem que devassou Paltiel), como companheiro de oração. Precisamos saber, sem equívocos nem justificações, que o caminho de Jesus encampa o caminho de Davi. O Espírito Santo não está recrutando para o caminho de Jesus uma elite, uma equipe composta exclusivamente de astros e estrelas da santidade. Jesus é capaz de "compadecer-se das nossas fraquezas" (Hb 4:15). "Ele é capaz de se compadecer dos que não têm conhecimento e se desviam..." (Hb 5:2). E precisamos saber que há dois mil anos esse seu caminho de imperfeição vem sendo confirmado e detalhado por nossos líderes católicos, ortodoxos e protestantes, maduros e experimentados.[10]

[10] V. Simon TUGWELL, O.P., *Ways of imperfection*. Springfield, Ill.: Templegate, 1985.

capítulo 5

Elias: "esconda-se perto do riacho de Querite"

Elias. Seu nome é seu testemunho profético: "Meu Deus é Yahweh" — *Eli* (meu Deus) é *Yah* (abreviação de Yahweh). Yahweh é o nome singularmente pessoal revelado por Deus a Moisés na sarça em chamas. Agora, aproximadamente quatrocentos anos depois de Moisés, o nome Yahweh é usado para formar o nome do profeta Elias, que será o profeta do yahwismo num momento crítico que ameaçava eliminar todos os vestígios ou traços do Nome.

Seis dias depois que Pedro confessou a Jesus como o Cristo em Cesaréia de Filipe e depois de Jesus falar sobre a dura realidade de sua crucificação, a qual se aproximava ("tome a sua cruz e siga-me..."), Jesus subiu um monte com três de seus discípulos, Pedro, Tiago e João (Mt 17). Ali, numa exibição particular, a aparência de Jesus se transfigurou, tornando-se deslumbrantemente brilhante na companhia de Moisés e de Elias. Os três se engajaram intensamente numa conversa. Foi um momento cheio de luz: o rosto de Jesus era como o brilho do sol, as roupas de Jesus flamejavam em luz, uma nuvem cheia de luz desceu sobre Jesus, Moisés e Elias, e então a voz de Deus falou, saindo da nuvem, "Este é o meu Filho amado [...]. Ouçam-no!". O momento acabou mal havia começado: "... erguendo eles os olhos, não viram mais ninguém a não ser Jesus".

Moisés e Elias, que figuram lado a lado em conversa com Jesus em sua transfiguração, levaram uma vida formada e definida pelo Nome, Yahweh. Trazem para aquela conversa com Jesus no monte tudo o que Jesus reúne de forma coerente e integral em sua "Palavra [que] tornou-se carne", o caminho. Os autores dos evangelhos têm a intenção de nos levar a compreender que tudo o que Deus revelou nas palavras e nas ações que precederam Jesus cumpria-se agora em Jesus. *Moisés*: o nome que associamos à palavra fundacional de Deus, a qual tornou realidade a criação, a salvação e a comunidade, é esse nome que continua a nos equipar com a linguagem que usamos desde então para escutar e orar. E depois *Elias*: o nome que associamos à recuperação dessa linguagem quando é esquecida, deturpada ou obscurecida; a palavra de Deus pregada e proclamada — profética! —, que recebe nossa atenção e nos põe de volta no caminho sempre que o abandonamos voluntariosamente ou nos desviamos dele descuidadamente.

O nome de Moisés está associado a uma ampla produção de vocábulos, espalhados nos primeiros cinco livros da Bíblia. O nome de Elias, em contrapartida, é apresentado em somente seis capítulos que contêm somente nove histórias (1Rs 17—19 e 21; 2Rs 1 e 2). Mas a influência de Elias sobre a nossa compreensão acerca dos profetas e da profecia é completamente desproporcional aos seis capítulos, às nove histórias. Alexander Whyte, o pregador escocês que, como druida escarpado, em seu púlpito profético em Edimburgo, tinha uma forte semelhança com Elias, manifestou o consenso da igreja: "O profeta Elias eleva-se como um monte em Gileade, acima de todos os outros profetas. Existe uma grandeza solitária em Elias que é toda própria dele [...] Era um homem do calibre do monte Sinai, com um coração semelhante a uma tempestade".[1]

Num período de várias centenas de anos, o povo hebreu deu à luz um número extraordinário de profetas, homens e mulheres destacados pela força e pela habilidade com as quais apresentavam a realidade de Deus — as ordens e as promessas dele, bem como sua presença viva — a comunidades e nações que viviam baseadas em fantasias e mentiras relacionadas a suas deidades.

[1] *Bible characters*. London: Oliphants, 1952, p. 362-363, v. 1.

Muitas pessoas acreditavam, ou mais, ou menos em Deus. Mas a maioria de nós faz o que pode para personalizá-lo de modo que ele se ajuste aos nossos caprichos, adaptando-o e modificando-o, tornando-o "aplicável a nossa situação". Os profetas insistem em afirmar que ou Deus é o centro da vida ou ele não é nada. Nossa tarefa é nos tornarmos pertinentes à situação dele. Insistem em afirmar que lidamos com Deus na forma pela qual ele se revela, não como imaginamos que ele seja. Digo "insistem", no presente, porque o que disseram e escreveram, canonizado nas Escrituras judaicas e cristãs e repetido século após século na pregação e no ensino da sinagoga e da igreja, continua a nos despertar para as coisas mais importantes que acontecem em nós e ao redor de nós — *Yahweh*, o deus vivo, presente, a autorrevelar-se.

Há muitos outros profetas que têm seu lugar entre o povo de Deus, alguns identificados pelo nome, outros, inominados, alguns que escrevem o que pregam, alguns (como Elias) que não escrevem nada. Mas a superioridade de Elias é incontestável.

Fiquei atraído por Elias ainda bem jovem. Creio que pode ter sido porque ele veio das colinas e das montanhas, estava à vontade num deserto semelhante às Montanhas Rochosas do estado americano de Montana, onde cresci. Imaginava-o formado em Gileade, confortável com a solitude e o silêncio, vez por outra vindo a público para desmascarar as idolatrias e as transigências do país e para testemunhar da palavra e da presença de Deus. Gostei de sua ousadia no monte Carmelo, enfrentando os sacerdotes de Baal, mas também me identifiquei com sua covardia diante da feiticeira, Jezabel. Admirei a atenção e o cuidado que ele estendeu à desconhecida viúva de Sarepta, cujo nome nem chega a ser citado na história, e sua inflamada indignação pela armação que culminou no assassinato do vizinho Nabote, desde o começo fadado à derrota. E o monte Horebe (Sinai)... ainda estou tentando absorver tudo o que aconteceu lá naquela caverna. E, embora eu me sentisse um pouco culpado com isso, não pude deixar de sentir certo prazer secreto com a deliciosa ironia em torno do destino do rei Acazias. E, depois, aquele arrebatamento final no redemoinho, com carruagens e cavalos de fogo — fogo que consumiu o altar do monte Carmelo, fogo que consumiu os soldados suplicantes de Acazias e agora o fogo que leva Elias para o céu.

Elias e o fogo.

Cresci imaginando de que maneiras o fervor de Elias foi concebido e nutrido nas montanhas de Gileade, às margens do riacho de Querite, sob a giesta ao sul de Berseba e na caverna no monte Horebe. Ele estava imerso na cultura e na política de seus dias, mas não se deixou amoldar por elas. Vivia à margem, e, quando aparecia em público, sua energia e sua imaginação não se deixavam abater por pesquisas de opinião e pelos meios-termos propostos.

Minha atração em relação a Elias se confirmou no começo de minha vida adulta, quando me vi imerso num mar de necessidades e pressões que ameaçavam obscurecer ou mesmo apagar minha identidade batismal como cristão. Quando entrei no mundo dos adultos, praticamente todos que conheci quiseram me impor seus objetivos para a vida; os elementos da lista eram em geral bem-intencionados e socialmente aprovados, mas muitas vezes implicavam a utilização de um ídolo como substituto para o Deus e Pai de nosso Senhor Jesus Cristo, numa cultura dominada por idolatrias consumistas. Como podia preservar minha identidade cristã? Cheguei à conclusão de que um modo de fazê-lo seria gastar tempo em oração na companhia de Elias.

ACABE

O primeiro sermão de Elias (1Rs 17:1) que se encontra registrado dirige-se a uma congregação de um só, Acabe, rei de Israel. Brusco e sucinto, consiste em dezessete palavras no original hebraico (26 em português). Quando escutado pela primeira vez, parece não passar de uma previsão meteorológica: haverá seca por tempo indeterminado — "nos anos seguintes". Não ficamos sabendo se Acabe deu qualquer resposta.

Mas somos informados de que Deus imediatamente mandou Elias atravessar o rio e se esconder: "Saia daqui, vá para o leste e esconda-se perto do riacho de Querite, a leste do Jordão". O que corresponderia a Gileade, a região desértica da qual Elias era originário.

Por que Deus manda que Elias se esconda? E principalmente no momento em que Acabe não demonstra nenhum sinal visível de hostilidade contra ele?

Creio que a razão é que levaria um tempo para cair a ficha da "previsão meteorológica" de Elias. Mas, uma vez que ela caísse, uma vez que Acabe percebesse o que Elias estava de fato dizendo, a vida de Elias estaria em risco.

Acabe e sua mulher, Jezabel, tinham feito da adoração do deus fenício/cananeu Baal a religião oficial de Israel. Esse deus sempre esteve de alguma forma presente na vida cultual de Israel, mas, quando Jezabel, a princesa de Tiro (centro da adoração a Baal), casou-se com Acabe, esse culto praticamente dominou. Jezabel trouxe para Israel um fervor pelo culto ao deus e reuniu a seu serviço 450 profetas de Baal e 400 profetas de Aserá (consorte de Baal) em seu serviço. Acabe construiu um templo para Baal, o deus da chuva, com um altar específico a Baal, e mandou fazer uma imagem da deusa popular do sexo e da fertilidade, Aserá, com um culto a ela que envolvia a prostituição ritualista.

Acabe pode ter demorado um pouquinho para interpretar a mensagem de Elias, mas Jezabel com certeza não. Ela teria encarado a previsão meteorológica de seca como o que de fato era: uma mensagem a Israel de que Baal era impotente, sendo sua reputação como deus da chuva uma mentira deslavada. O corolário de sua impotência seria a esterilidade de Aserá, com o ventre seco como uma cisterna rota. A seca denunciaria a esterilidade do culto de fertilidade a Baal/Aserá.

Acabe era rei de uma nação relativamente jovem, com não mais que cinquenta anos de história atrás de si quando assumiu o trono. O reino que Davi tinha unido a partir das doze tribos rachou depois da morte de Salomão. Israel formou-se como uma nação à parte. A separação aconteceu quando os anos de ressentimento reprimido, por causa das medidas arrogantes e opressivas de trabalho forçado impostas por Salomão, explodiram e despedaçaram o país. As dez tribos do norte se rebelaram. Investiram a Jeroboão, filho de Nebate, como rei. O filho de Salomão, Roboão, ficou com as sobras, as duas tribos sulinas de Judá e Benjamim.

Não demorou muito para ver que o reino não somente foi dividido em Norte e Sul da perspectiva política, mas também dividido no aspecto religioso, o Sul (Judá) adorando no templo de Jerusalém, e o Norte (Israel) adorando em santuários que Jeroboão mandou construir em suas fronteiras ao sul (Betel) e ao norte (Dã), santuários que se proliferaram por todo o país para a comodidade de todos, transformando-se em "altares idólatras", equipados com sacerdotes locais também para a facilidade de todos (v. 1Rs 12:26-33 e 13:33-34). Jeroboão sabia que precisava estabelecer uma presença religiosa rival para competir com Jerusalém como forma de continuar garantindo a lealdade do povo. Foi o estabelecimento desses bezerros e "altares idólatras" que lhe garantiu a alcunha de "o homem que levou Israel a pecar". O templo em Jerusalém, em Judá, conservava a adoração a Yahweh, mas os centros de adoração do Norte incorporaram várias idolatrias cananeias autóctones. As tribos do Norte (Israel) não exatamente repudiaram o yahwismo, mas, uma vez que o acesso ao templo de Jerusalém estava bloqueado para elas, a adoração dessas tribos tendia a abrir espaço também para outros deuses e práticas de adoração, notadamente em torno de Baal.

O pai de Acabe, o vigoroso Onri,[2] tirou Israel de cinquenta anos de instabilidade marcados por dois assassinatos reais (Nadabe e Elá) e um suicídio real (Zinri). Quando prestes a desabar em absoluto caos, ele reergueu o país mais uma vez, tanto econômica quanto politicamente, e construiu uma nova cidade, Samaria, para afrontar o prestígio da antiga Jerusalém. Tudo era melhor sob o reinado de Onri. Com uma exceção. A exceção de que, nas questões relacionadas a Deus, as coisas iam de mal a pior. À medida que o país melhorava econômica e politicamente, piorava espiritualmente — não seria a última vez que um padrão de vida melhor se faria acompanhar de uma forma de vida pior.

A alcunha de Jeroboão como o homem que "levou Israel a pecar" foi obtida com grande esforço, mas Onri foi mais longe que ele, distinguindo-

[2] O adjetivo é usado por John Bright. V. *A history of Israel* [Uma história de Israel]. Philadelphia: Westminster, 1959, p. 220. [Essa obra foi publicada no Brasil em 2003, pela Paulus, sob o título *História de Israel* (7. ed. rev. e ampl. a partir da 4. ed. original), traduzido por Luiz Alexandre Solano Rossi e Eliane Cavalhere Solano Rossi.]

se por pecar "mais do que todos os que reinaram antes dele" (1Rs 16:25). Seu filho Acabe "fez o que o SENHOR reprova, mais do que qualquer outro antes dele" (16:30), aperfeiçoando consideravelmente o legado de seu pai. Na cidade que seu pai havia construído para substituir a autoridade de Jerusalém, o templo erigido por ele a Baal substituía o templo de Salomão no que diz respeito à adoração a Yahweh. Seu altar a Baal e a imagem de Aserá, a deusa do sexo, eram uma provocação descarada ao Santo dos Santos totalmente desprovido de imagens, sendo esse altar e essa imagem uma oferta desavergonhada de religião com todos os "benefícios" da gratificação instantânea. O templo, o altar e a imagem de Acabe fazem uma declaração inequívoca: no que diz respeito à nação de Israel, o templo de Jerusalém e sua adoração a Yahweh não definem mais a adoração. Se o povo em Judá quiser adorar Yahweh, que o faça. Mas, se você vive em Israel, Baal é o deus que deve adorar.

Repentinamente, sob o reinado Acabe, o país está em crise, uma crise muito maior do que a que qualquer exército inimigo seria capaz de produzir, muito maior que a que qualquer catástrofe econômica poderia impingir. Será que Israel viverá sob a bênção e sob o comando de Yahweh — que o havia formado como povo de Deus, o havia libertado da escravidão egípcia, havia lhe dado uma terra em que manavam rios de amor e justiça como leite e mel —, numa admiração e num maravilhamento que o conduz à adoração? Ou será que se rebaixará ao mundo orgíaco do sexo e da religião, a fossa séptica moral da autogratificação que goteja do templo arrogante de Baal e da imagem obscena de Aserá presente em todas as aldeias e campos das dez tribos — os dois, templo e imagem, obra do rei Acabe?

O sermão de dezessete palavras de Elias (26 em nossas Bíblias) é um apelo, como aqueles que se fazem para que o pecador se arrependa e venha à frente.

A VIÚVA

Elias de fato vai esconder-se no riacho de Querite, em Gileade, a salvo da represália de Acabe e Jezabel. Depois que eles decifram as implicações blasfemas do sermão que ele proferiu, aí sim, sem dúvida, saem em busca dele. E Deus de fato cuida de Elias como lhe havia prometido. A cada manhã, os corvos lhe trazem um desjejum composto de pão e carne, e, a cada noite, um jantar também composto de pão e carne. E o riacho serve para ele de fonte de água fresca.

Estamos aqui em território conhecido. Se Deus pôde fornecer pão (maná) e carne (codornizes) no deserto do Sinai para um grande grupo de israelitas, não é uma grande surpresa encontrá-lo cuidando de seu profeta solitário no deserto de Gileade. Os corvos conferem um toque interessante. Em contraposição a um fundo geral em que se via a coligação Acabe—Jezabel e Baal—Aserá, tendo a seca como marca registrada, Elias desfruta da hospitalidade do Senhor com "uma mesa no deserto" (Sl 78:19), servida de manhã e à noite pelos elegantes corvos. A providência de Deus jamais é caracterizada por amplas generalidades ou por abstrações com contornos de devoção, mas sempre pelo particular, pelo pessoal, pelo reconhecimento da graça em momentos improváveis, num lugar improvável. Quem teria previsto a ajuda de corvos?

E então seca-se o riacho, e a providência se apresenta de uma nova maneira. Deus agora dirige Elias à cidade de Sarepta, em Sidom. Isso, sim, surpreende. Gileade seria um esconderijo mais ou menos lógico, uma vez que era remoto e de não tão fácil acesso. Fora do alcance de Acabe e Jezabel. Já Sarepta está situada em Sidom, no quintal de Jezabel, uma área não apenas habitada pelo povo com o qual Jezabel cresceu, mas eivado de deuses e deusas que agora ela está decidida a trazer para Israel. Aí, sim, temos uma região hostil, perigosamente hostil para um homem em fuga, um homem que agora procura ficar incógnito.

Mas Elias não é homem de ficar calculando suas possibilidades. Sabe obedecer ordens, mesmo quando as ordens não têm nenhum sentido (talvez especialmente quando as ordens não têm nenhum sentido). Vai para onde Deus o direciona e se vê cuidado, não por corvos de Gileade dessa vez, mas por uma mão da providência ainda mais improvável, uma viúva faminta. Ela lhe dá a última refeição que tinha, uma refeição que ela está se preparando para cozinhar e comer com seu filho antes de os dois morrerem juntos. Esse era o plano. Mas nada sai como o planejado. A hospitalidade que a viúva demonstra a Elias se transfigura na hospitalidade que Elias demonstra para com a viúva e seu filho. O ato de dar gera o ato de dar. O pouco torna-se muito.

Uma vez tenhamos diante de nós toda a história de Elias, perceberemos com clareza que sua vida no deserto e com a viúva, sua vida à beira do caminho, às margens de tudo o que imaginamos ser importante e significativo, é o alicerce para qualquer grau de eficácia que ele possa chegar a ter quando tiver a atenção do mundo. Na casa da viúva pobre de Sarepta, Elias é tão profeta quanto foi a sós com os corvos de Deus, às margens do riacho de Querite, no deserto em Gileade, e como será, com ainda maior fama, no monte Carmelo. No anonimato ou sob os holofotes, ele é o mesmo homem.

Não ficamos sabendo quanto tempo Elias ficou com os corvos ao lado do riacho e com a viúva em seu empobrecido lar, mas pode ter chegado a três anos, tempo transcorrido entre o momento em que Elias deixa Acabe refletindo sobre o sermão acerca da seca e o momento em que o profeta aparece outra vez para se preparar para o momento no monte Carmelo em que poria as cartas na mesa. Não seria a primeira nem a última vez que um longo período de solidão, sustentado por hospitalidades providenciais, seria necessário para construir o "caminho [...] até [...] Sião" (Sl 84:7) no coração de um homem ou de uma mulher. Herman Melville escreveu que seus anos de isolamento num navio de pesca de baleia foram "minha Harvard e minha Yale". Talvez Gileade e Sarepta tenham sido o mesmo para Elias.

BAAL

O sermão de Elias no monte Carmelo, destinado à reunião dos congregados de Israel mais os 450 profetas de Baal, é ainda mais breve que aquele que antes havia pregado ao rei Acabe — dezesseis palavras em hebraico, 24 em português (1Rs 18:21). O monte é seu púlpito. Dois altares estão preparados, um altar para Baal e um altar para Yahweh, com um novilho sacrificial colocado em cada altar. O acordo é que o Deus que responder com fogo e consumir o novilho será o Deus de Israel. O sermão de Elias exige que o povo se decida entre eles. Esse apelo dura o dia todo (1Rs 18).

O altar de Baal é presidido por 450 sacerdotes contratados por Jezabel. A ação é digna de um teatro, com a apresentação de uma dança convulsiva e cambaleante em que os participantes ruidosamente exigem que os céus tomem uma providência — Fogo! Chuva! O abismo existente entre o povo e Deus é banido por meio de rituais de participação. A majestade aterradora de Deus, sua alteridade, é diluída num fervor religioso por parte dos devotos. Desejos que inflamam a alma são ativados por danças, gritos e sacerdotes em sangria desatada. A transcendência da divindade é reduzida ao êxtase das emoções manipuladas.

A participação sensorial é uma forte característica do baalismo. São necessárias imagens — quanto mais arrojadas, quanto mais coloridas, quanto mais sensacionais, melhor. A música e a dança passam a ser meios para atrair as pessoas para fora de suas características distintas e particulares para fundi-las numa resposta massificada. A atividade sexual no culto é frequente, uma vez que possibilita de forma tão plena o alvo baalístico primordial: o mergulho extático do ser sensorial como um todo na paixão do momento religioso. A prostituição sagrada é característica comum no baalismo, com práticas mágicas e homeopáticas destinadas a assegurar um aumento da fertilidade e garantir o poder divino por meio da intimidade sexual. Os prostitutos de Canaã, homens ou mulheres (os *qadesh* e *q'desha*), eram acompanhamentos comuns da adoração a Baal (e a Aserá).

A "prostituição" é a crítica profética mais comum a respeito da adoração dos que são absorvidos pelas formas baalistas (Jr 3:1ss.; 5:7; 13:27; 23:10; 23:14; Ez 16 e 23; Os 1:2ss. e 4:12; Am 2:7; Mq 1:7). Embora a acusação profética de "prostituição" tenha uma referência literal à prostituição sagrada do culto a Baal, é também uma metáfora que estende seu significado para toda a teologia da adoração, uma adoração que busca realização por meio de uma autoexpressão, uma adoração que aceita as necessidades, os desejos e as paixões do adorador como seu ponto de partida. A "prostituição" é uma adoração que afirma "Eu lhe darei satisfação. Você quer sentimentos religiosos? Eu os darei a você. Você quer ver suas necessidades satisfeitas? Eu o farei da forma que mais o estimulará". Uma vontade divina que se oponha aos pecados-preferências e à autovalorização da humanidade é incompreensível no baalismo, sendo descartada sem nenhuma paciência. O baalismo reduz a adoração à estatura espiritual do adorador. Seus cânones são: deve ser interessante, pertinente e estimulante — que "me proporcione algo".

Ao altar de Baal no monte Carmelo não falta nem ação, nem êxtase. Os 450 sacerdotes dão uma grande exibição. Mas o apelo não atinge seus objetivos.

O altar de Yahweh é presidido por Elias, o profeta solitário. É um acontecimento sossegado, uma adoração centrada no Deus da aliança. Elias prepara o altar e ora de forma sucinta e simples. No yahwismo, algo é *dito* — palavras que chamam homens e mulheres para servir, amar, obedecer, cantar, adorar, agir responsavelmente, decidir. A verdadeira adoração significa estar presente diante do Deus vivo que permeia toda a vida humana. A proclamação da palavra de Deus e nossa resposta ao Espírito de Deus tocam tudo o que diz respeito ao fato de sermos humano: mente e corpo, pensamento e sentimentos, trabalho e família, amigos e governo, prédios e flores.

A participação sensorial não é excluída — como poderia ser se a pessoa como um todo precisa apresentar-se a Deus? Quando o povo de Deus adora, há posturas corporais, de pé, ajoelhando-se e prostrando-se em oração. As danças sagradas e os cantos antifônicos expressam a solidariedade da comunidade. A vestimenta e a liturgia desenvolvem energias dramáticas. O silêncio solene sensibiliza os ouvidos para escutar. Mas, por mais rica e diversa que seja a vida sensorial, é sempre definida e determinada pela palavra de Deus. Nada é feito simplesmente pela experiência sensorial em jogo — o que elimina toda manipulação emocional e da falsa propaganda.

Ouve-se algo com muita frequência na cultura norte-americana que não deixa de ser um sintoma das tendências baalistas da adoração: "Vamos buscar uma experiência de adoração". É a perversão baalista de "Vamos adorar a Deus". É a diferença entre cultivar algo que faz sentido para um indivíduo e agir em resposta ao que faz sentido para Deus. Numa "experiência de adoração", a pessoa identifica algo que a anima e então sai enrolando isso com embrulhos espirituais. A pessoa experimenta algo no campo da dependência, da ansiedade, do amor, da perda ou da alegria, e uma conexão é estabelecida com o que há de mais importante. A adoração passa a ser um movimento com base naquilo que enxergo, experimento ou ouço em direção à oração, à celebração ou ao debate num contexto religioso. O som dos sentimentos das pessoas abafa a palavra de Deus.

O povo de Deus biblicamente formado não emprega o termo "adoração" como designação de uma experiência, como se pudesse dizer "Posso ter uma experiência de adoração com Deus no campo de golfe". Isso significa o seguinte: "Posso ter sentimentos religiosos lembrando-me de coisas boas, coisas maravilhosas, coisas lindas quase em qualquer lugar". O que não deixa de ser verdade. A única coisa errada com a declaração é a ignorância nela presente, por se imaginar que tal experiência possa equivaler ao que a igreja cristã chama adoração.

O uso bíblico é muito diferente. Refere-se à adoração como uma resposta à palavra de Deus no contexto da comunidade do povo de Deus. A adoração nas fontes bíblicas e na história litúrgica não é algo que alguém *experimenta*, é algo que *fazemos*, sem importar quais sejam nossos sentimentos a respeito, nem se temos ou não algum sentimento a respeito. A experiência desenvolve-se pela adoração, não o contrário. Isaías viu, ouviu e sentiu no dia em que recebeu seu chamado profético durante a adoração no templo — mas não foi lá para ter uma experiência "seráfica".

No altar a Yahweh no monte Carmelo, as coisas são muito diferentes. Elias ora brevemente. O fogo cai. O apelo faz que todos caiam "prostrados". E eles se decidem: "O SENHOR é Deus! O SENHOR é Deus!". E então vem a chuva.

Se há um lugar no mundo bíblico onde sabemos que se apoiam as "experiências de adoração" é no baalismo. Quando você está aterrorizado, oferece um sacrifício; quando está ansioso quanto às colheitas, faz uma visita ao prostituto ou prostituta do templo; quando está alegre, engole o deus vinho. Você faz o que sente vontade de fazer quando sente vontade de fazer. Entre uma coisa e outra, você dá prosseguimento a sua vida comum. Os sentimentos dão o tom, sentimentos de pânico, de horror, de desejo, de entusiasmo. O baalismo oferecia lá em Canaã, e agora no mundo ocidental, também em nosso país, um rico e vasto leque de "experiências de adoração".

No yahwismo, a adoração é definida e formada pela palavra inquestionável e clara de Deus. Nada depende de sentimentos ou variações climáticas. Tudo é determinado pelas Escrituras e por Jesus. A ninguém se permite que faça o que simplesmente sente vontade de fazer. Deus revelou quem ele é e exige obediência. A adoração é o ato de atender a essa revelação e ser obediente a ela.

A avassaladora derrota e consequente humilhação de Baal no monte Carmelo foram totais naquele dia. Acabava a rivalidade de longa data entre Baal e Yahweh: Baal não é nada, Yahweh é tudo; Baal é uma ilusão, Yahweh é a realidade. Quebrou-se de uma vez por todas o feitiço de Baal e de sua consorte, Aserá. Yahweh e somente Yahweh é o Deus vivo. Serão necessários outros vinte e poucos anos (sob o reinado de Jeú) para por fim arrumar toda a desordem, mas Carmelo é o momento decisivo.

Jezabel, porém, não gosta de perder. Ela se recusa a aceitar o veredicto do monte Carmelo: a desonra e a matança de seus 450 sacerdotes, a destruição, ponto a ponto, do intricado mito de Baal. E depois, enchendo todo aquele enorme vazio, o fogo e a chuva de Yahweh.

Ela manda dizer a Elias que ela o matará. Amanhã.

Elias não espera até amanhã. Escapa para o sul, atravessando as fronteiras entre Israel e Judá, para a segurança de Berseba. Está agora na nação de Judá, tendo o templo de Jerusalém como centro da adoração a Yahweh. Ainda que a participação na adoração a Yahweh não seja totalmente sincera por aqui, ao menos em Judá não são emitidas sentenças de morte para os profetas de Yahweh.

YAHWEH

Mas Elias precisa de mais que um lugar seguro. Ele precisa recuperar sua alma profética. O monte Carmelo o havia exaurido de todo o vento profético — a vitória espetacular de Yahweh no final se mostrara vitória nenhuma. Depois que o fogo desceu do céu e desceu também a chuva que pôs fim à seca, Elias, que lutava pela causa de Yahweh, seguiu veloz e triunfantemente todo o percurso do Carmelo até o palácio real em Jezreel, à frente da carruagem de Acabe, preparando o caminho para a restauração do yahwismo. Será que ele esperava ser recebido com brados de aclamação, com palmas e confetes? Será que Jezabel se converteria a Yahweh? No final das contas, as demonstrações inegáveis do monte Carmelo nem abalaram a compostura de Jezabel. Em vez de boas-vindas a um herói, Elias se viu de cara com o assassinato. Muito diferente do que esperava.

Entretanto, como tantas vezes ocorre no caminho do Senhor, ele recebe algo não apenas diferente, mas também melhor do que esperava. Poucos quilômetros de distância de Berseba, bem no deserto, no grande vazio do ermo, Elias senta-se sob uma árvore grande e perfumada, cheia de flores brancas, uma giesta, e ali desiste de suas expectativas proféticas razoáveis e se entrega a sua enorme decepção profética. Enterra tudo isso sob a giesta. Agora ele, também, está pronto para morrer. Ele deixa claro para Yahweh que já está preparado, e assim cai no sono.

Mas ele não morre — com o que talvez deva ter se decepcionado. O anjo de Yahweh desperta-o, alimenta-o e o envia numa peregrinação que restaura sua vocação profética. O anjo manda-o para a região de Moisés, o mesmo Moisés ao qual mais tarde se juntará em conversa com Jesus na Transfiguração. O anjo envia-o a Horebe (Sinai), o monte de Deus. São quarenta dias e quarenta noites de lenta peregrinação até o Horebe, com orações na caverna em Horebe, com o "murmúrio de uma brisa suave" por meio do qual Yahweh lhe devolve a vida profética — uma ressurreição daquele cemitério sob a giesta.

A peregrinação de Elias à região de Moisés confere nova irrefutabilidade a sua vocação profética e restaura sua alma profética de modo que possa completar a obra que Deus lhe deu. Moisés e Elias são profetas em momentos críticos na vida do povo de Deus, Moisés em sua formação, Elias em sua reforma. São inúmeros os paralelos entre eles:[3]

Moisés dá início à longa linhagem de profetas de Yahweh em Israel.
Elias obtém a fama de precursor de João Batista, o último dos profetas bíblicos.

Moisés é o profeta a quem é revelado o nome singular Yahweh.
Elias é o profeta que defende o nome Yahweh contra o culto a Baal.

Moisés: Yahweh resgata Israel da opressão egípcia e forma a nação como seu povo.
Elias: Yahweh preserva os membros fiéis de seu povo num momento perigosamente precário, quando eles estão a ponto de perder sua identidade para o baalismo.

Moisés começa sua liderança fugindo em direção ao leste, para o deserto de Midiã, a fim de escapar à ira do rei.
Elias começa sua liderança fugindo em direção ao leste, para o deserto de Gileade, a fim de escapar à ira do rei.

Moisés, em sua fuga, conta com a hospitalidade da família de Jetro, em Midiã.
Elias, em sua fuga, conta com a hospitalidade da família da viúva, em Sarepta.

Moisés e os israelitas são miraculosamente alimentados no deserto.
Elias é miraculosamente alimentado no riacho de Querite e sob a giesta.

Moisés e os anciãos fazem uma refeição no monte, diante de Yahweh, em sinal de aliança.
Elias convida Acabe a ir "comer e beber", num convite para retornar a Yahweh da mesma forma que o povo acabara de fazer.

[3] Jerome T. Walsh identifica quinze paralelos entre Moisés e Elias. V. o verbete "Elijah" ["Elias"] em *The Anchor Bible commentary.* New York: Doubleday, 1992, p. 464-465, v. 2.

Mais que qualquer outra coisa, porém, o elo entre Elias e Moisés é o Nome. O Nome — Yahweh — diferencia o Deus de Israel de modo singular em relação a todos os outros deuses da cultura. Os dois montes, Horebe e Carmelo, são montes de Yahweh, montes em que o Nome se tornou o texto pregado com autoridade por Moisés e Elias. Elias, que acabara de chegar do monte Carmelo e da derrota de todos os "outros deuses", agora se acha no monte Horebe, no qual Moisés recebeu as ordens de Yahweh: nenhum outro deus e nenhuma imagem de escultura.

Tendo chegado a "Horebe, o monte de Deus" (1Rs 19:8), Elias encontrou uma caverna. Seria a mesma caverna (a "fenda da rocha", Êx 33:22) em que Moisés, depois da imensa derrota e decepção do bezerro de ouro, foi reassegurado e reconfirmado por Yahweh na obra que tinha por cumprir? Talvez não, mas é útil lembrar que Moisés, no monte Horebe, experimentou uma reversão aterradora comparável ao abatimento de Elias e à semelhança do monte Carmelo.

O texto de Moisés no Horebe era, em sua forma mais concentrada, Yahweh: estar lá, estar presente, fazer nascer ou chamar à existência. O Nome não pode ser materializado num objeto, mas deve receber nossa resposta por ser uma presença pessoal. Fazer-nos presentes diante da Presença.

Moisés pregou o Nome ao povo recém-salvo de Israel reunido no monte Horebe. Eles não estavam acostumados com isso. Haviam crescido num país com um exagero de deuses, com um acervo estonteante de estátuas de deuses e com templos de deuses igualmente impressionantes, com um sacerdócio elaborado que orientava as pessoas sobre como tirar o máximo proveito daqueles deuses. Moisés tinha a tarefa de os desmamar de todos os não deuses para os quais olhavam, os quais tocavam e dos quais tentavam receber algo, fazendo que se voltassem para um Deus que não pode ser predito nem propiciado, um Deus completamente diferente de tudo o que eles conheciam de sua cultura egípcia. Moisés proclamava um deus que devia ser obedecido e servido. Ele não tinha uma congregação fácil. Havia muita murmuração: "Que história é essa de *servir* a Deus? Pensei que os deuses estavam lá justamente para nos servir!".

Quatrocentos anos mais tarde, Elias prega exatamente o mesmo texto ao povo de Israel no monte Carmelo — Yahweh: estar lá, estar presente, fazer nascer ou chamar à existência. O Nome não pode ser materializado num objeto, mas deve receber nossa resposta por ser uma presença pessoal. Fazer-nos presentes diante da Presença.

Havia vínculos entre a congregação de Moisés e a de Elias. Mas havia também uma diferença. Elias estava pregando para o país das Dez Tribos (Israel) que se haviam separado do reino que Davi havia unido. Agora tinham seu próprio rei, seu próprio templo, sua própria capital. A rebelião política e o rompimento em relação à dinastia de Davi implicavam também uma ruptura religiosa em relação às grandes tradições yahwistas que Moisés havia estabelecido e em relação à grande adoração centrada em Yahweh no templo de Jerusalém. Essas pessoas estavam imersas numa versão cananeia daquele velho mundo egípcio do qual Moisés havia libertado seus antepassados: deuses por toda parte — sendo Baal e Aserá os de maior destaque entre eles —, os quais podiam ser manipulados e manejados. A tarefa profética de Elias repetia a de Moisés: nenhum outro deus, nenhuma imagem.

Foi tão difícil para ele quanto para Moisés.

Em sua peregrinação ao Horebe, o monte de Deus e de Moisés, ele recuperou seu foco profético.

Se tivermos escolha, e temos, entre lidar com Deus e com uma imagem de deus, preferimos mil vezes a imagem. Uma imagem de Deus é Deus personalizado às nossas exigências. Não somente nos dá prazer construir a imagem, usando nossa imaginação maravilhosa e habilidades de formas criativas, mas também controlá-la. A imagem é um deus esvaziado de Deus em sua totalidade, de modo que possamos continuar a ser os nossos próprios deuses. Há inúmeras maneiras pelas quais podemos construir um deus-imagem que se ajuste ao nosso estilo próprio de espiritualidade. As possibilidades são intermináveis, indo dos céus acima de nós, passando pela terra ao redor de nós e chegando ao mar abaixo de nós. Não é de surpreender que a construção de ídolos e a adoração de ídolos continuem a ser hoje o jogo religioso mais popular do pedaço.

Uma vez que nos traz tamanha satisfação, fica difícil perceber por que representa algo de tão errado. *É* um ato espiritual, afinal de contas. Estamos lidando com o que tem significado transcendente. Estamos adorando, que é o ato religioso por excelência, e isso, portanto, é sempre algo bom. Exceto que bem lá no fundo não há nada ali, ao menos nada de Deus.

É tanto possível quanto comum abraçar o único Deus, o Deus revelado nas Escrituras e em Jesus, e depois sair e fazer uma imagem dele que o reduza a um tamanho que se ajuste ao que queremos em Deus. Fazer uma imagem de Deus, mesmo o Deus que está falando conosco no Sinai ou na cruz, reduz Deus à ideia que fazemos dele, ou a quem queremos que ele seja, ou a uma forma pela qual possamos usá-lo. Uma vez que tenhamos uma imagem de Deus, não precisamos lidar com Deus. A imagem é impessoal, e não precisamos ter nenhum relacionamento com algo que seja impessoal.

A peregrinação cumpriu seus objetivos: o passeio lento e tedioso pelo deserto, percorrendo mais uma vez as sendas que Moisés havia trilhado quatrocentos anos antes; um momento de pausa no monte para refletir sobre a grande proclamação profética do Nome, Yahweh, o nome que libertaria a linguagem humana do ato de transformar Deus em uma coisa, de reduzir Deus a uma ideia, ou causa, ou ferramenta verbal. O pastor e acadêmico holandês Kornelis H. Miskotte continua a ser um guia sábio para todos nós que negociamos nosso caminho pelos escombros de espiritualidades mascateadas que sujam a peregrinação desde o monte Carmelo até o monte Horebe. Ele conseguiu mostrar com exatidão a importância do Nome para a *maneira* pela qual adoramos e vivemos: "O Deus de Israel afasta-se de todo tipo de conjuros; ele não pode ser invocado com esse nome inominado [Yahweh], nem obrigado a agir em subserviência a um propósito mais elevado".[4] Yahweh falou a Elias, e Elias respondeu a Yahweh. No monte e naquela caverna, Yahweh e Elias se redescobriram.

[4] *When the gods are silent*. London: Collins, 1967, p. 121.

O elemento mais interessante na conversa, no entanto, é o que não é dito: um silêncio (1Rs 19:12). O sussurro suave e tranquilo de Yahweh, "o murmúrio de uma brisa suave" (NVI), "uma voz mansa e delicada" (RA). A expressão hebraica (*qol d'mamah daqqah*) é tantalizantemente enigmática. A sugestiva expressão num poema de João da Cruz, "música silente [...] solitude sonora...", capta algo do que se procura transmitir.[5]

O silêncio é precedido por vento, terremoto e fogo, não diferentemente do trovão, dos relâmpagos, do fogo, da fumaça e dos sons de trombeta que Moisés encontrou nesse mesmo monte. Elias quase certamente esperava, depois de um prelúdio mosaico desses, que receberia um desfecho semelhante ao de Moisés, no qual "Deus lhe respondia no trovão" (Êx 19:19, RA). Mas, em vez de trovão, Yahweh encontrou-se com Elias num suspiro silencioso, inarticulado — a respiração de Deus, a vida de Deus. No lugar de uma repetição de Moisés, há uma antecipação de Jesus, que "soprou sobre eles e disse: 'Recebam o Espírito Santo'" (Jo 20:22). Elias (incapacitado pelo temor de Jezabel) e os discípulos de Jesus (incapacitados por "medo dos judeus") recebem nova vida, vida da ressurreição, soprada sobre eles para que pudessem assumir suas vocações respectivamente profética e apostólica.

Elias retoma a respiração, sua respiração profética. Agora está pronto. Deus o envia para retomar sua vocação profética ordenando três homens. Eles continuarão sua obra vitalícia de desmantelar o mundo de Baal e recentrar Israel em Yahweh. Sua tarefa: ungir Hazael rei sobre a Síria; ungir Jeú rei sobre Israel; ungir Eliseu para assumir seu lugar como profeta. Elias está mais uma vez na estrada.

Ele não verá os resultados de sua obra profética. Nenhum de nós, engajados na obra do reino, jamais verá. "Plantamos sequoias."[6]

[5] Kevin KAVANAUGH (O.C.D.), org., *John of the Cross, selected writings*. New York: Paulist, 1967, p. 223.

[6] A expressão é extraída de Wendell Berry, poeta-profeta americano na linha de sucessão de Elias. V. "Manifesto: the mad farmer liberation front" ["Manifesto: a frente de libertação do plantador enlouquecido"], em seu *Collected poems* [Poemas selecionados]. San Francisco: North Point, 1985, p. 151.

NABOTE

O rei Acabe tinha um vizinho, um vizinho bem próximo como ficou evidente: Nabote. A vinha de Nabote fazia limite com o palácio real de Acabe, no vale de Jezreel. O rei e o agricultor compartilhavam uma cerca de divisão.

Acabe quis a vinha de seu vizinho para fazê-la de horta. Fez uma proposta para lhe comprar a vinha. Nabote recusou por razões religiosas: sua terra era uma herança, uma terra prometida e dada por Yahweh a seu povo. Ele não "era dono" da terra, era um administrador de uma herança valiosa. Acabe voltou-se (outra vez)! contra Yahweh. Acabe ficou amuado.

Jezabel o resgatou de seu mau humor, animou-o e lhe disse que conquistaria a vinha para ele. E foi o que fez. Com algumas encenações bem-tramadas, ela conseguiu indiciar Nabote por blasfêmia, crime para o qual a pena era a morte por apedrejamento. Com Nabote morto, para sossego de todos, Jezabel contou ao marido que a vinha era dele, liberada e de graça.

Acabe não desperdiçou tempo. Imediatamente foi tomar posse da vinha. Mas, quando lá chegou, Elias já havia chegado para enfrentá-lo pelos crimes de assassinato e roubo, e para lhe entregar o horripilante veredicto de Deus: "onde os cães lamberam o sangue de Nabote, lamberão também o seu sangue" (1Rs 21:19). O veredicto foi executado três anos mais tarde (22:37-38).

A tarefa do profeta é proferir correta, precisa e pontualmente o nome Deus — *Yahweh*, Deus vivo, Deus pessoal, Deus presente. Aqui. Agora. Elias fez isso — de forma esplendorosa. Mas o caminho do profeta não está relacionado somente com Deus. Há também o vizinho, o próximo.

Um dos maus hábitos que adquirimos logo cedo na vida é separar as coisas e as pessoas em seculares e sagradas. Imaginamos que o secular é tudo aquilo de que mais ou menos conseguimos dar conta: nosso trabalho, nosso tempo, nosso dinheiro, nossas opiniões, nosso divertimento, nosso governo, nossa casa e terreno, nossas relações sociais. O sagrado é aquilo de que Deus se encarrega: a adoração e a Bíblia, céu e inferno, igreja e orações. Então maquinamos um jeito de separar um lugar sagrado para Deus, intencionados que estamos, segundo o que afirmamos, a honrar a Deus, mas com o real objetivo de mantê-lo em seu lugar, para que nos permita a liberdade de termos a palavra final em tudo o mais que ocorra fora dos limites daquele espaço.

Para os profetas, isso simplesmente não existe. Sustentam que tudo, absolutamente tudo, se dá em solo sagrado. Deus tem algo a dizer sobre cada aspecto de nossa vida, como sentimos e agimos na chamada privacidade de nosso coração e de nossa casa, como obtemos dinheiro e como o gastamos, as tendências políticas que abraçamos, as guerras que travamos, as calamidades que suportamos, as pessoas que machucamos e as pessoas que ajudamos. Nada fica oculto ao olhar perscrutador de Deus; nada está isento do controle de Deus; nada escapa aos propósitos de Deus. O solo é santo; as pessoas são santas; as palavras são santas: santo, santo, santo.

Os profetas fazem que seja difícil escaparmos de Deus ou fazermos desvios ao redor de Deus depois de sairmos da igreja, do templo ou da sinagoga. Os profetas instam conosco a que recebamos Deus e lidemos com Deus em cada cantinho e em cada fresta da vida. Como fica sempre evidente, na maioria desses cantinhos e frestas, há vizinhos. Para o profeta, Deus é tão real quanto o vizinho do lado; o vizinho é tão real quanto Deus. O vizinho, aliás, recebe a mesma importância — bem, talvez não a mesma, mas com igual seriedade — que Deus. Elias traz a mesma rígida intensidade à causa de Nabote que sempre conferiu à de Yahweh.

Na história de Nabote, a rainha Jezabel, defensora de Baal, assume o papel de adversária desempenhado por seus 450 sacerdotes de Baal no monte Carmelo. E ela recebe destino semelhante: os 450 sacerdotes foram mortos no riacho de Quisom; a rainha foi devorada por cães numa rua em Jezreel (2Rs 9:36-37).

Quando você tem um deus que não passa de um objeto, um deus que você pode usar — uma coisa —, os vizinhos também são coisificados, algo para usar, meros objetos. Com um deus impessoal, você acaba tendo também um vizinho impessoal. Foi certamente o que aconteceu com Jezabel.

Para os defensores de Baal, fossem sacerdotes, fosse a rainha, Elias não deu trégua. No monte Carmelo, Elias defendeu Yahweh, o nome de Deus; no vale de Jezreel, Elias defendeu Nabote, o nome do vizinho. Elias foi no vale o mesmo profeta que fora no monte. Elias levou a vida às margens — da religião popular de sua época, do poder político de sua época. Por viver às margens, não o impressionava muito o que estivesse no centro: a impressionante experiência de adoração encenada pelos 450 sacerdotes de Baal no monte, a demonstração impressionante de desprezo hibrístico da protetora de Baal para com um vizinho no vale. No final das contas, foi a partir das margens que Elias recentrou a vida de Israel tanto na adoração de seu Deus, Yahweh, quanto no respeito por seus vizinhos. Para todos aqueles que são versados na imaginação bíblica, o fascínio por números como sinal de eficácia, como demonstração da bênção de Deus, é na verdade de estranhar. Praticamente todos os homens e mulheres que prepararam o caminho do Senhor, que se tornou o caminho de Jesus, trabalharam às margens de suas sociedades e culturas. Elias chama a atenção, mas de modo algum é um caso isolado. A história de Elias é narrada a partir de nove locais. Somente um, o monte Carmelo, forneceu um palco público para uma multidão de pessoas. Todos os outros se encontravam em vias secundárias e à margem.[7]

Não havia nada de fácil em Elias. Não era uma personagem popular. Nunca alcançou *status* de celebridade. Sem dúvida era pouco simpático ao temperamento e à disposição do povo com o qual vivia. Os séculos não o abrandaram. Gostamos dos líderes, especialmente os líderes religiosos, que entendem nossos problemas — "que andem ao nosso lado" é a expressão que usamos —, líderes com um toque de magnetismo, líderes que se saiam bem em cartazes e na televisão.

A realidade nua e crua é que nem Elias, nem a grande sucessão de profetas depois dele enquadra-se em nosso estilo de vida.

[7] As oito "margens": riacho de Querite (1Rs 17:1-7), Sarepta (17:8-24), a giesta (19:1-8), Horebe (19:9-18), a fazenda de Eliseu (19:19-21), a vinha de Nabote em Samaria (21), Elias no alto de uma colina (2Rs 1), o rio Jordão (2:1-12).

Para um povo que está acostumado a "adequar Deus" em sua vida, ou, como gostamos de dizer, "abrir espaço para Deus", Elias é difícil de engolir e fácil de banir das páginas da Bíblia. Mas tanto o Deus de Elias quanto o vizinho de Elias são grandes demais para se enquadrarem em nossa vida. Se queremos ter algum relacionamento com Deus, precisamos nos adequar a ele e aos homens e mulheres que ele coloca ao nosso lado.

Elias não é "razoável", ajustando-se à cultura. Não é diplomático, cheio de tato para firmar um acordo que permita a Acabe, a Jezabel ou a qualquer um de nós uma "participação" nos resultados. O que ele faz é conduzir-nos sem cerimônia a uma realidade grande demais para ser definida por nossas explicações e expectativas. Ele nos faz mergulhar em mistério (Carmelo! Horebe! Jezreel!), imenso e desconcertante.

ACAZIAS

Acabe foi ferido numa guerra imprudente com a Síria em torno de Ramote-Gileade, e morreu aquela noite em seu carro, numa poça de sangue. Seu filho Acazias tornou-se o novo rei (1Rs 22). É muito intrigante para mim que os três filhos de Acabe e Jezabel que são citados pelo nome no texto (havia muitos outros que não foram citados) foram batizados com nomes compostos em que um dos elementos da composição era Yahweh: dois filhos, Acaz-*ias* ("Yahweh prende") e *Jo*-rão ("Yahweh é exaltado"), e uma filha: Atal-*ia* (talvez "Yahweh é justo" ou "criança robusta de Yahweh" — essas etimologias não são plenamente atestadas).

Ao dar nome aos filhos, parece que Acabe tentava manter suas opções abertas, deixando um pé no território de Yahweh, enquanto acompanhava o fervor baalístico de Jezabel por razões conjugais ou políticas. O ato de enxertar o nome Yahweh no nome dos três filhos era uma maneira de manter uma mente religiosamente aberta. Mas isso não funcionava; o enxerto não vingou.

Em seu grande apelo no monte Carmelo, Elias exigiu que se fizesse uma escolha: "Até quando você vão oscilar para um lado e para o outro? Se o SENHOR é Deus, sigam-no; mas, se Baal é Deus, sigam-no" (1Rs 18:21).

"Decidam-se! Chega de ficar em cima do muro! Escolham!"[8] Muitos se decidiram. Mas nem todos. A julgar pelas consequências, deve ter havido um grande número de pessoas que não agiram com a pressa necessária, procrastinadores indecisos até no monte. Os filhos de Acabe cujos nomes lhes tinham sido dados em homenagem a Yahweh — Acazias, Jorão e Atalia —, seriam os representantes por excelência. Se estavam no monte naquele dia, não parece ter feito nenhuma diferença para a vida deles.

Acazias é o único desses três filhos de Acabe que sabemos ter lidado pessoalmente com Elias (2Rs 1). Conta a história que, não muito depois de se tornar rei, logo após a morte do pai, ele caiu da sacada de seu quarto no palácio e ficou gravemente ferido. Doente e acamado, dali mesmo enviou mensageiros ao sul, a Ecrom, para consultar os sacerdotes de Baal no lugar em que o deus Baal levava o nome Baal-Zebube, "Senhor das Moscas". (O nome certo desse deus entre os verdadeiros adoradores de Baal era Baal-Zebul, que significaria "Baal, o Príncipe, uma vez que Zebul significava Príncipe". Baal-Zebube era uma paródia depreciativa do nome.)

Elias interceptou os mensageiros e os enfrentou: "Voltem ao rei que os enviou e digam-lhe: 'Assim diz o SENHOR: Acaso não há Deus em Israel? Por que você mandou consultar Baal-Zebube, deus de Ecrom? Por isso você não se levantará mais dessa cama e certamente morrerá!'".

Então os mensageiros voltaram a Acazias. O rei exigiu saber por que razão não haviam concluído sua missão, por que tinham voltado. Disseram-lhe que um homem os encontrara e dissera: "Voltem ao rei que os enviou e digam-lhe: 'Assim diz o SENHOR: Acaso não há Deus em Israel? Por que você mandou consultar Baal-Zebube, deus de Ecrom? Por isso você não se levantará mais dessa cama e certamente morrerá!'".

Acazias ficou curioso — mas já apreensivo.

— Fale mais desse homem... Como era sua fisionomia?

[8] Um apelo quase idêntico ao que Moisés, o grande predecessor de Elias no caminho do Senhor, fez a sua congregação: "... coloquei diante de vocês a vida e a morte, a bênção e a maldição. Agora escolham a vida..." (Dt 30:19).

— Peludo. Com um cinto de couro.

— Sabia! — disse Acazias. — Tem de ser Elias, o tesbita.

Ali mesmo, Acazias teve uma conversão do tipo que ocorre no leito de morte. Desesperado agora e suspeitando que Baal-Zebube fosse um impostor, mudou de Deus ali mesmo — talvez seu deus xará, afinal de contas, tivesse algo mesmo a lhe oferecer. Talvez valesse a pena no tempo que lhe restava dar uma verificada nas vitrines, e considerar Yahweh como uma possibilidade. Enviou uma guarnição de cinquenta homens que deveria chamar Elias para vi até seu leito de enfermidade. Tiveram de escalar uma colina para chegar até ele. Parece de alguma forma condizente que o eremitério de Elias fosse no topo de uma colina — isolado, longe do trânsito, relativamente inacessível. Abraham Heschel faz o seguinte comentário sobre o eremitério de Elias no topo da colina: "Teria alguma coisa de importância no reino do espírito jamais sido alcançada sem a proteção e as bênçãos da solitude?".[9]

Mas o esforço dos homens para subir aquela colina não lhes garantiu nada. Elias recusou-se a ir. Pior, a presunção de Acazias custou a vida deles — fogo do céu os incinerou. O rei enviou outra guarnição de cinquenta, mas com os mesmos resultados. E depois uma terceira. O capitão da guarnição então já está agora de joelhos, suplicando: "... tem consideração por minha vida...". Dessa vez Elias, tocado por um anjo, desceu a colina e foi até o leito de enfermidade de Acazias. Mas a mensagem era a mesma: "Assim diz o Senhor: [...] certamente morrerás". Não o que imaginamos ser uma visita pastoral correta a doentes e moribundos.

E assim foi. Acazias morreu.

Uma vez tendo experimentado a adoração intoxicante de Baal, não é fácil abandoná-la. Nem Jorão, o irmão de Acazias, o próximo rei, a abandonou; dez anos mais tarde, foi morto por Jeú numa faxina implacável que este rei fez de todos os resquícios de Baal que haviam sobrado (2Rs 9:21-26). A mãe de Acazias, Jezabel, não a abandonou; foi morta na mesma purificação

[9] *Prophets*. New York: Harper and Row, 1962, p. 399.

de Jeú (9:30-37). E a irmã de Acazias, Atalia, não a abandonou. Tendo-se casado em Judá com um homem da casa real de Davi, tornou-se uma missionária de Baal em Judá, tão fervorosa e assassina quanto a mãe, Jezabel, edificando um templo ao deus e instaurando em Jerusalém um sacerdócio de Baal, quase substituindo, embora não totalmente, a adoração a Yahweh pelo culto a Baal e, depois, quase por um triz não aniquilando toda a linhagem da casa real de Davi (11:1-20). Depois, então, foi morta (11:1-16). Era o fim do legado de Acabe—Jezabel—Baal—Aserá.

Há um quê de viciante em Baal. Abrir mão de Baal significa abandonar o desejo de exercer controle sobre Deus. Abrir mão de Baal significa que não contamos mais com toda aquela vasta parafernália espiritual a nosso inteiro dispor. Abrir mão de Baal significa abandonar qualquer esperança de exercemos influência sobre Deus, de conseguirmos nos impor a ele. Abrir mão de Baal significa deixar para lá as ilusões confortantes que nos permitem viver uma desonestidade livre de culpas. Abrir mão de Baal significa que não mais poderemos usar a religião para assustar, subornar ou intimidar outras pessoas. Abrir mão de Baal significa que precisamos crescer. E crescer não é uma opção atraente para homens e mulheres acostumados a uma cultura que lhes dá passagem livre para uma religião dos contos de fada, de divertimento e êxtase.

Elias era "uma figura de força absolutamente primitiva",[10] mas ao mesmo tempo seu caminho se achava às margens: adotou o caminho marginal. Não tinha cargo, levou uma vida solitária e no anonimato, aparecia de tempos em tempos, sem alardes, e desaparecia dos olhares do público sem prévio aviso. É inescapável, irreversível o impacto formativo que exerceu na maneira pela qual, como povo de Deus, compreendemos responsabilidade e testemunho. Nunca sai de moda e pela graça soberana de Deus repete-se em cada geração. A essência do caminho de Elias é que segue na contramão do caminho do mundo, o caminho da cultura. Precisamos de

[10] Gerhard VON RAD, *Old Testament theology*. New York: Harper and Row, 1965, p. 18, v. 2.

constante ajuda para permanecer alertas e conscientes em relação às condições em que cultivamos vida fiel e obediente diante de Deus, pois os caminhos da cultura predominante, seja americana, seja chinesa, polonesa ou indonésia — suas suposições, seus valores, seus métodos de executar o trabalho que tem para executar —, nunca estão do lado de Deus. Nunca.

O que Elias fez, e o que os seus descendentes proféticos de nossos dias fazem, é purgar de nosso imaginário essas pressuposições do mundo sobre como se deve viver, sobre o que importa na vida. Vez após vez, Deus, o Espírito Santo, usa profetas para separar seu povo das mentiras e das ilusões às quais se acostumaram e nos põe de volta no caminho simples da fé, da obediência, da adoração de Deus e Pai de nosso Senhor Jesus Cristo, a despeito de tudo o que o mundo admira e recompensa. Elias e sua vasta companhia de profetas, agora vários séculos mais aprofundada e disseminada por todo o mundo, ensinam-nos a discernir a diferença entre os caminhos do mundo e os caminhos de Jesus, mantendo-nos presentes diante da Presença de Deus.

capítulo 6

Isaías de Jerusalém: "o Santo"

Se Elias de Gileade, o tesbita, é nosso profeta arquetípico, Isaías de Jerusalém é nosso profeta mais abrangente — nosso profeta da renascença, digamos assim, fluente na linguagem da revelação e ousado na ação da salvação, a delinear uma vida que incorpora uma fidelidade obediente à palavra de Deus. Quando os métodos e meios pelos quais Deus opera interpenetram os métodos e meios pelos quais atuamos, temos um nome para isso: *Santo*. O nome característico de Deus em Isaías é "o Santo".

"Santo" é a melhor palavra que temos para a vida de Deus que a tudo encerra, que a tudo inclui, e que nos transforma num povo formado e separado de maneira singular. Santo jamais é uma abstração com contornos de devoção. Jamais é uma qualidade que possa ser compreendida dissociadamente dos corpos que habitamos, ou dos bairros em que vivemos, ou separadamente do Deus que nos fez, nos salva e abençoa. É algo *vivido*. É a vida de Deus soprada em nossa vida, a revitalizá-la, a enchê-la de vigor. Levítico — "sejam santos porque eu, o SENHOR, o Deus de vocês, sou santo" (Lv 19:2) — insiste num vínculo entre quem Deus é e os homens e as mulheres que nos tornamos.

Quando Jesus ora com e por seus discípulos na última conversa com eles antes de sua crucificação, ele ora simplesmente assim: "Pai *santo* [*hagie*] [...] *Santifica* [*hagiason*]-os [...] para que também eles sejam *santificados* [*hęgiasmenoi*]..." (Jo 17:11,17,19). A repetição tripla de "santo" (ou seus cognatos) fica impercebida em nossa tradução para o português, mas está lá no original: primeiro como adjetivo em relação a Deus ("Pai santo"); depois como verbo no imperativo, numa ação de Deus que nos torna santos ("Santifica-os"); e depois numa construção em voz passiva que nos apresenta como aqueles que sofrem a ação de ser feitos santos ("santificados") por meio da obra de Deus. "Santo" está entre nossas palavras mais preciosas. Dá nome à trinitária vitalidade, de Deus, do Espírito e de Jesus, que aos poucos, mas de modo seguro, se forma do interior da vida de homens e mulheres que oram: "santificado seja ['santo seja': *hagiasthçto*] o teu nome"

Em nossa cultura, porém, a santidade está fadada à banalização. A santidade se reduz a uma brandura, especialidade de grupos sectários que reduzem a vida a comportamentos e a clichês que podem ser certificados como seguros: a bondade numa camisa de força, a verdade esvaziada de seu mistério, a beleza desfigurada em penduricalhos de cerâmica. Sempre que me ponho numa corrida contra essas coisas, lembro-me do que escreveu Ellen Glasgow de modo extraordinário em sua autobiografia. Escrevendo sobre seu pai, presbítero da igreja presbiteriana cheio de retidão e rígido com o dever, ela disse: "Era completamente altruísta, e em sua longa vida nunca cometeu um prazer".

Mas a santidade está em feroz e acirrada oposição a toda essa banalidade e brandura. A vida de Deus não pode ser domesticada nem usada — só é possível passar a desfrutá-la quando nos submetemos a suas condições. A santidade não torna Deus menor, de modo que possa ser usado em projetos administráveis para meu benefício; ela nos faz crescer para que Deus possa distribuir vida por meio de nós, profusamente, espontaneamente. O santo é um fogo interior, uma paixão por viver em Deus e para Deus, uma capacidade para a exuberância na presença de Deus. Há mananciais bem no nosso interior e ao nosso redor de onde podemos beber e cantar Deus.

Há mais ou menos trinta anos, Frederick Buechner aceitou a tarefa de repensar a santidade para a nossa geração, e que trabalho maravilhoso nos legou em seus romances! Começando pelo improvável, mas finalmente irresistível Leo Bebb, passando por Godric e Brendan e depois, com um floreado final, chegando a Jacó, o Filho do Riso, Buechner nos faz mergulhar em histórias convincentes, contagiantes sobre o santo que exsudam vida — histórias da santidade que dá vida, que aumenta a vida, que aprofunda a vida.

Para os cristãos, a fonte de incontestável autoridade para entender o santo de modo que possamos participar do santo é a Escritura Sagrada, inspirada pelo Espírito Santo. Apenas um pouco depois do ponto central da Escritura Sagrada, encontramos a cena de Isaías em adoração no templo de Salomão, em Jerusalém (Is 6). O fato de essa cena estar situada a meio caminho nas Escrituras não tem, naturalmente, nenhuma importância exegética, mas, sem dúvida alguma, oferece uma imagem da centralidade e da energia radiante do Santo por toda a Escritura. Enquanto presta sua adoração, Isaías sente abalarem-se os alicerces debaixo dele e ouve os anjos cantarem acima:

> Santo, santo, santo
> é o SENHOR dos Exércitos,
> a terra inteira está cheia da sua glória.
>
> Isaías 6:3

A cena de adoração não podia ser mais extraordinária: Deus entronizado, o templo cheio de fumaça e glória, os extraordinários serafins de seis asas acima do trono, o extraordinário hino "Santo, santo, santo", a ordenação extraordinária, na qual o carvão em brasa tirado do altar purifica os lábios de Isaías e o lança em sua vocação profética. Extraordinário, sem sombra de dúvida.

O hino dos serafins foi retomado pelos anjos apocalípticos de João de Patmos, os quais cantavam ao redor do trono de Deus (Ap 4:8). Reginald Heber permitiu aos cristãos escoceses do nono século e, desde essa época, a todos os demais cristãos que pudessem cantar essas palavras.[1]

É o momento decisivo na vocação profética de Isaías.

"NO ANO EM QUE MORREU O REI UZIAS"

Mas antes de ser narrada a história do Santo, há uma advertência em letras garrafais: *Uzias*. Todos do mundo de Isaías saberiam o que aquele nome significava: "Cautela. Perigo adiante. Cuidado por onde anda".

[1] Peterson refere-se aqui ao hino popular no mundo todo (e não menos no Brasil). Foi traduzido para o português por João Gomes da Rocha e publicado em muitos hinários brasileiros: *Hinário evangélico* (1995, nº. 22), *Cantor cristão* (1995, nº. 9), *Hinário para o culto cristão* (1997, nº. 2), *Salmos e hinos* (1990, nº. 247), *Cancioneiro do Exército de salvação* (1999, nº. 16). A tradução da primeira estrofe segue assim (HCC): "Santo, santo, santo! Deus onipotente!/ Cedo, de manhã, entoamos teu louvor./ Santo, santo, santo! Nosso Deus triúno,/ és um só Deus, excelso Criador". (N. do T.)

Uzias foi rei por 52 anos em Jerusalém (sua história é narrada em 2Crônicas 26). Foi um bom rei segundo todas as informações — subjugou os filisteus, criou um forte sistema de defesa e um exército impressionante e bem-equipado, desenvolveu o país economicamente e aprendeu com seu pastor, Zacarias, o temor do Senhor: "Ele foi tremendamente ajudado, e assim tornou-se muito poderoso e a sua fama espalhou-se para longe" (2Cr 26:15).

Foi então que fez algo terrível: profanou o santo templo. Seu poder subiu à cabeça e um dia, arrogantemente, entrou no templo e assumiu seu controle em benefício próprio. Decidiu tomar conta de sua própria espiritualidade, administrar sua própria religião, fazer Deus atender a seus caprichos. Foi para o santo altar de incenso (o mesmo altar de onde um dos serafins tomaria uma brasa para santificar os lábios de Isaías) e continuou a tocar as coisas segundo suas próprias preferências e desejos. O sacerdote Azarias, acompanhado por oitenta outros sacerdotes, veio atrás dele, chocado, para impedir que cometesse o sacrilégio (somente os sacerdotes tinham a permissão de oferecer sacrifícios). Uzias já estava com o incensário nas mãos e estava prestes a fazer a oferta sagrada. Perdeu a compostura e zangadamente mandou que Azarias e seus sacerdotes se retirassem. Ele engrossou as fileiras daqueles que "fecham o coração insensível e com a boca falam com arrogância [...] cuja recompensa está *nesta* vida" (Sl 17:10,14, grifo nosso). Era rei, afinal de contas — um rei muito bem-sucedido com uma longa lista de realizações —, e lidaria com Deus como e quando quisesse, como de um soberano para outro.

A profanação teve repercussões imediatas: Uzias ficou leproso. A horrenda enfermidade que no imaginário hebreu simbolizava o pecado pôs a nu, diante de todos, sua profanidade interior.

O que na mente de Uzias era prerrogativa real era na realidade sacrilégio indesculpável. Seria como se um de nós entrasse em nossa igreja com um *spray* preto e pichasse o púlpito e a mesa da ceia, o batistério e a cruz: "Sob nova direção. De agora em diante, eu é que mando por aqui!".

Uzias, com um histórico de muitos anos honrosos de serviço ao povo de Deus, mas agora orgulhoso, zangado e voluntarioso, assumiu o controle do santo templo para usá-lo como bem entendia. Vandalismo régio. Violenta profanação.

Uzias passou o resto de sua vida no isolamento, banido por sua lepra, não somente do santo templo, mas de todo contato com a comunidade do povo santo. Era ainda rei, mas não mais em contato, nem com o templo, nem com o povo. O rei de Judá é um leproso. O governo de Judá estava nas mãos de um homem que profanara o santo templo de Deus. Toda a sociedade e cultura de Judá vivia sob a sombra da impiedade, da profanação — com a atmosfera social, política, cultural e religiosa conspurcada pela lepra do rei; Judá governada por um rei leproso.

Uzias faz uma advertência muitíssimo necessária: vagar em torno do santo, do sagrado, é algo muito arriscado. O solo santo é solo perigoso. Jamais, em hipótese alguma, o santo pode ser algo que possamos tomar de Deus como se o possuíssemos e pudéssemos usá-lo para nossos propósitos.

Há poucos anos, um urso-cinzento atacou um homem que estava numa trilha não longe de nossa casa e o feriu gravemente. Esse homem tinha ouvido falar da maravilha e da beleza das montanhas de Montana e atravessou o país de carro desde a Carolina do Norte para ter ele mesmo a experiência. Sendo entrevistado em seu leito, no hospital, ele disse: "Nunca mais volto a este lugar!". Ele não sabia que maravilha e beleza também podem ser perigosas.

Uma semana depois daquele ataque de urso, estávamos na mesma trilha eu e Jan, junto com nosso filho e sua mulher, mais outra amiga com seu filho de dois anos. No começo da trilha foi colocado um sinal: "Perigo: ursos-cinzentos nesta trilha. Não nos responsabilizamos por danos físicos". Nenhum dos outros tinha conhecimento do ataque da semana anterior, e eu não disse nada. Apreciei a alta repentina da adrenalina. O perigo a que a vida se expõe aprofunda o senso da vida. A beleza e a maravilha em que estávamos imersos, o amor e a afeição que tínhamos uns pelos outros, não eram nossa segurança.

Algumas horas mais tarde, chegamos ao nosso destino, um lago como uma joia, alimentado por geleiras. Ficamos à margem do lago admirando as cinco quedas que saíam da encosta da montanha, escutamos e observamos alguns tordos cantarem e comerem insetos. Solo santo. E então notei um movimento a uns noventa metros mais ou menos, às margens do lago. Procurei e mirei com meu binóculo: um urso-cinzento com seu filhote, brincando e refestelando-se na água. Percorri o entorno com o binóculo; todos tivemos a oportunidade de olhar bem. E então Amy, nossa nora, com cinco meses de gestação e, portanto, especialmente consciente da fragilidade e do alto valor da vida, disse: "Quero sair daqui". E foi o que fizemos. Solo santo, mas solo perigoso.

A santidade é a qualidade mais atraente, a experiência mais intensa que podemos ter na *vida* — uma vida autêntica, pura, recebida da fonte original, não uma vida observada e desfrutada de longe. Vemo-nos participantes das operações do próprio Deus, não conversando sobre elas, não lendo sobre elas. Mas, no exato momento em que nos encontramos inseridos em algo muito maior que nós, percebemos que é muito possível que cheguemos a nos perder. Não podemos domesticar o Santo. Moisés, em Midiã, não tirou uma fotografia da sarça em chamas para mostrar à mulher, Zípora, e aos filhos Gérson e Eliézer. Os serafins cantores de Isaías não estavam acompanhados de um oratório de Handel que ele gravou num CD para escutar e apreciar mais tarde. João de Patmos não reduziu sua visão de Jesus em gráficos para usá-los com o propósito de entreter consumidores religiosos com visões sensacionalistas do futuro.

"... nosso 'Deus é fogo consumidor!'" (Hb 12:29), não fogo com que se possa brincar. Santo, santo, santo não é tapeçaria cristã, um gostoso passatempo.

"... EU VI O SENHOR ASSENTADO NUM TRONO..."

Ao contrário de Uzias, que foi ao templo para *usar* o Santo para fins próprios, Isaías estava no templo para orar e adorar. Não estava lá para receber algo para si, mas para se fazer presente diante da Presença, o Santo. Isaías estava para ser consagrado a sua vocação profética no mesmo altar de incenso em que Uzias tinha se tornado um rei leproso. O templo não era definido por Uzias; os tempos não eram definidos por Uzias; a cultura não recebeu sua marca de Uzias. Uzias não era a presença definidora na vida de Isaías. E como sabemos? Porque "No ano em que o rei Uzias morreu", Isaías estava orando, adorando no templo que antes tinha sido profanado por Uzias.

Os tempos em que vivemos não definem nossa vida. Os reis e presidentes que nos governam não têm a última palavra (e certamente não têm a primeira!) sobre como devemos viver. A tecnologia não define nossa existência. O pós-moderno não determina como vivemos. O psicologismo não explica quem somos. A "superfície dura da secularidade" (expressão cunhada por Karl Barth)[2] é uma tentativa provisória e desalinhada de dar sentido a nós e ao mundo ao redor.

Num lugar ímpio, Isaías foi mergulhado no santo. Recebeu uma visão santa, o Senhor reinando em santidade, os cânticos dos santos serafins enchendo o ar com sons santos: "Santo, santo, santo é o SENHOR dos Exércitos, a terra inteira está cheia da sua glória".

MIDIÃ E PATMOS

Isaías não foi o único em Israel ou na igreja, nem o primeiro, nem o último, a ver e ouvir o Santo. Sua visão no templo teve precedentes; teve também outras visões que a seguiram. O Santo não é exclusivo do templo. Isaías, como somos bem informados em seus escritos, vivia num mundo grande e de elevada visão, um mundo formado pela obra de Deus no passado e um mundo que vivia na expectativa da obra de Deus no futuro.

O Santo precisa ser visto com toda essa abrangência. Quero construir um cenário que tenha o precedente de Moisés de um lado, a visão seguinte de João de outro, com Isaías no centro. Sem esse amplo horizonte descortinado, tendo Moisés e João ladeando Isaías, corremos o risco de confinar o Santo ao que acontece no santuário num horário programado.

Moisés foi surpreendido pelo Santo em Midiã. Midiã era uma região austera, e Moisés era um exilado lá. Midiã não era um lugar atraente, e Moisés não estava realizando uma obra atraente. Uma região árdua, uma

[2] *Church dogmatics*. Edinburgh: T&T Clark, 1956, pt. 2, p. 63, v. 1.

obra árdua, uma vida árdua. Moisés tinha sido criado no luxo de uma das culturas mais elevadas do mundo, sendo também uma das civilizações mais desenvolvidas. Moisés estava acostumado ao poder político, às conversas de contornos intelectuais e ao esplendor arquitetônico. E agora Moisés estava em Midiã — sem livros, sem templos, sem servos, sem influência.

É nesse momento que, sem aviso, ele se viu imerso no Santo: a Presença santa de Deus flamejando de uma sarça em chamas. Moisés é chamado pelo nome: "Moisés, Moisés!". Ele responde: "Eis-me aqui". Moisés é chamado a adorar: "Tire as sandálias dos pés, pois o lugar em que você está é terra santa" (Êx 3:5). Moisés é chamado pelo próprio Deus e recebe uma obra para realizar. Há 104 ocorrências do radical da palavra traduzida por "santo" (*qadosh*) nos livros de Moisés.

Anjo santo, terra santa, Deus santo, palavra santa que forma um povo santo e delineia uma história santa. E tudo isso, dentre todos os lugares possíveis, justamente em Midiã.

João foi surpreendido pelo santo numa ilha prisional, Patmos, um lugar tão estéril e inóspito quanto Midiã. E João, assim como Moisés em Midiã, estava lá em exílio. Naquele lugar de rejeição e severidade, ele recebeu uma visão santa. Em lugar da sarça em chamas de Moisés, João recebeu a Jesus flamejante com o Santo, proferindo as palavras que o Espírito Santo usou para formar um povo santo fiel e persistente em tempos ímpios.

A palavra "santo" (*hagios*), seja como substantivo, seja como adjetivo, ocorre 26 vezes no Apocalipse de João. Podemos extrair várias coisas desse último livro de nossas Escrituras, mas sabemos que estamos diante de algo enorme, de grande força e vigor, germinando bênção, a salvação e a glória de Deus: Santo, Santo, Santo.

Agora temos um contexto apropriado para a visão de Isaías: Moisés em Midiã, de um lado, e João em Patmos, de outro, com Isaías no centro, no santuário de Jerusalém. Precisamos de toda a Escritura, de toda a história, de toda a experiência, para termos um horizonte grande o suficiente para acolher o Santo. O Santo não pode ser pressionado e enfiado numa caixa de sapato. O Santo não pode ser percebido por meio de uma vigia.

Para Isaías naquele dia, o templo profanado estava a ponto de estourar de santidade, a terra profanada estava cheia de glória. *Essa* é a realidade em que vivemos: Santo, Santo, Santo; Glória, Glória, Glória. Não importa o que Uzias faça ao santuário, não importa o que os assírios façam ao mundo (estavam saqueando o Oriente Médio nos dias de Isaías), há santidade no lugar de culto e glória na terra. Santidade no deserto estéril de Midiã; santidade na penitenciária austera de Patmos. E, sim, santidade em todas as igrejas corrompidas dos Estados Unidos e do mundo; santidade em cada cidade, estado e província moral e fisicamente poluída. Santidade, porque Deus ainda está presente na criação e na história, ainda criando, ainda salvando. Precisamos romper o hábito ignorante e infiel de deixar que os jornalistas do nosso tempo nos informem o que está acontecendo. Ao menos precisamos dispensar a mesma atenção a Isaías: Santo, Santo, Santo.

Uma vez, no verão, Jan e eu estávamos numa trilha nas Montanhas Rochosas de Montana. Era um dia frio, úmido e sombrio — um dia não muito bom para trilhas nas montanhas. Mas fazia semanas que estava chuvoso, úmido e frio, e queríamos respirar, ainda que fosse ar frio e úmido. Já vínhamos por algumas horas nos arrastando pela trilha em meio a pés frondosos de abeto Englemann e de pseudotsugas, quando de repente demos num declive que tinha sido queimado num imenso incêndio florestal ocorrido havia mais de sessenta anos, quando eu tinha dez anos de idade. Em todos aqueles anos, jamais voltou a crescer.

Aquela repentina abertura nos possibilitou uma imensa vista panorâmica — de um lado, picos cobertos de gelo que se agigantavam sobre nós; de outro, um vale como um grande chão atapetado de cereais dourados e serpenteado pelo azul de rios. Depois, localizamos um revoar minúsculo, mas suficientemente brilhante de um pássaro, num tronco morto a uns 25 metros de distância. Olhamos pelo binóculo, mas não conseguimos identificar. Então, enquanto olhávamos, ele voou — um beija-flor! Mas de um tipo que nunca havíamos encontrado antes, um beija-flor castanho avermelhado. A minúscula explosão de laranja brilhante e meio cobre naquela trilha encharcada da chuva era mais impressionante que um crepúsculo matutino. O pássaro minúsculo, emoldurado pelas montanhas e pelo vale, servia de centro ao cenário majestoso. Mas o pássaro raro e delicado precisava de uma moldura tão grande quanto aquela para que pudéssemos apreciar satisfatoriamente suas cores e seus adejos. Qualquer coisa menos que isso teria restringido a imaginação.

Isaías 6 é um beija-flor castanho avermelhado no grande deserto aberto, emoldurado por Moisés em Midiã e por João em Patmos.

"... TOCOU A MINHA BOCA"

Isaías não era um mero espectador do santo; era um participante. Um aspecto singular do santo é que não pode ser conhecido nem compreendido sem que entremos nele, sem que sejamos formados pelo Santo. Não é um assunto que aprendemos num livro, ou numa palestra, ou seminário. Nós precisamos adentrá-lo. Ele acontece em nós da mesma forma que aconteceu em Isaías. Algumas coisas não mudam. E não há atalhos.

Em geral, inicia-se com um senso esmagador de precariedade, de pecado, de falta de merecimento: "... Ai de mim! Estou perdido! Pois sou um homem de lábios impuros e vivo no meio de um povo de lábios impuros" (Is 6:5). Se tomamos o cuidado de nos isolar do Santo e viver em harmonia com o nosso entorno, fica fácil supor que nossa vida vá muito bem, obrigado. Mas medir nossa vida pelos padrões estabelecidos por nossos cães, gatos e vizinhos é lamentável. Preciso do Santo para perceber minha impiedade. O excesso de vida me leva a perceber o meu déficit de vida. Estamos perdidos desde que saímos do Éden, vagueando pelo mundo, procurando nosso lar e, enquanto essa busca se desenrola, nos sujando muito.

Mas perceber o pecado não é um fim em si mesmo; é uma abertura para a misericórdia e para o perdão: purificação. Nossos lábios são tocados com fogo purificador (6:6-7). É nossa necessidade básica, fundamental, mais premente. Sem o Santo, achamos que podemos melhorar nossa vida simplesmente avançando, obtendo um pouco disso e depois daquilo. Mas, como uma flecha lançada sob péssima pontaria, quanto mais longe seguimos, mais erramos o alvo. Essa orientação na direção errada não é um lapso fortuito.

Denunciamo-nos toda vez que falamos. O pecado e a impureza se manifestam assim que abrimos a boca, sempre que abrimos a boca, mesmo em nossas conversas mais polidas e decorosas. Deus responde purificando nossa linguagem, dando-nos condições de dizer "sim" ao seu "Sim". O anjo, a testemunha flamejante (*seraph* significa, literalmente, "incandescente") da santidade de Deus, queima as impurezas, o pecado, o ego presente em nossa fala, de modo que possamos falar de coração para coração. A obra primordial de Deus em nós não é condenação, mas perdão. "Pois Deus enviou o seu Filho ao mundo, não para condenar o mundo, mas para que este fosse salvo por meio dele" (Jo 3:17). Aceitação, não rejeição. Conversa, não uma longa diatribe. A santidade não mais fora de nós, mas dentro de nós. Se não permanecemos perto do Santo tempo o bastante para primeiro perceber e depois experimentar aquela brasa viva em nossos lábios, passaremos a vida em trágica ignorância a respeito de Deus e de seus caminhos.

Com aquele toque purificador, dá-se início à conversa. A palavra de Deus é proferida: "Quem enviarei?" (6:8). Deus fala em contornos vocacionais; há uma obra a realizar. Santidade sempre envolve a palavra de Deus: Deus falou a Moisés na sarça em chamas; Deus falou a João na visão de Patmos; Deus falou a Isaías no templo de Jerusalém. A ebulição, o transbordar da vida presente na santidade não é algo para ser açambarcado, mas algo para ser entregue, espalhado ao redor, comunicado e posto em funcionamento. A santidade não pode ser limitada a uma experiência emocional, devocional, que cultivamos a fim de "nos sentirmos espirituais". Ela traz em si um conteúdo de comando. A santidade não é uma experiência de sublimação que nos abstrai do mundo do trabalho; é um convite para entrarmos naquilo que Deus está fazendo e pretende que se realize no mundo. E é para todos — não é um texto voltado para uma elite ou uma aristocracia espiritual.

A conversa, iniciada pela palavra de Deus, continua em como respondemos: "Eis-me aqui. Envia-me!" (6:8). Aceitamos o convite de Deus, preparando-nos para obedecer a tudo que ele ordena. Arregaçamos as mangas e nos aprontamos para o trabalho. Mas não é um trabalho imposto; o chamado de Deus é proferido em forma de pergunta, convidando a uma resposta; temos a liberdade de dizer "sim" ou "não". Por mais que essa palavra seja impulsionadora para alguns de nós, nunca é coerciva. Somos *convidados* a ingressar.

O encontro de Isaías, sua participação na santidade que procede de Deus, transborda e toca nossa vida — fornece uma história confiável e acessível contra a qual podemos testar a autenticidade de nossas histórias. A participação no Santo é algo complexo, mas estes elementos, em variadas sequências e proporções, parecem normativos: a abolição da autossuficiência ("Ai de mim! Estou perdido!"), a experiência do perdão misericordioso (a brasa viva: "a sua culpa será removida..."), o convite de Deus a um trabalho de servo ("Quem enviarei?") e a resposta humana de se fazer presente diante de Deus em fé e obediência ("Eis-me aqui. Envia-me!"). Não posso me lembrar de nenhuma exceção nas Escrituras ou na igreja na qual esses elementos não estejam presentes, seja explícita, seja implicitamente.

Esses elementos que formaram a vida de Isaías, e a nossa, no Santo, não podem ser retirados de seu contexto. Não podemos entregar nenhum dos elementos a um dos técnicos espirituais que estejam em voga em nossos dias e esperar que ele os administre para nós. O contexto é o Deus vivo: Santo, Santo, Santo no templo; e Glória, Glória, Glória em toda a terra. Nada em Deus nem em nossas relações com Deus pode ser secularizado para atender a nossas expectativas, personalizado para as nossas condições, administrado para nossa comodidade. Adquirimos prontidão e percepção em relação ao Santo adorando a Deus, o Santo, e praticando a postura e os fundamentos da adoração onde quer que estejamos — Midiã, Patmos ou Jerusalém, assentados num banco de igreja ou no volante, lendo um livro ou observando uma nuvem, escrevendo uma carta ou selecionando uma flor-do-campo. Onde quer que estejamos, o que quer que estejamos fazendo, existe *mais*, e o mais é Deus, revelando-se em Jesus pelo Espírito, o *Santo* Espírito. Esse *mais* não tem nenhuma relação com operações plásticas. A santidade é transformadora, embora raramente repentina. E o *mais* nem sempre é óbvio; aliás, na maioria das vezes, difícil de perceber. A vida santa começa nas vidas, nos lugares e nos momentos desconsiderados e desprezados pela ambição e pelo orgulho.

Mas a questão é esta: o menor traço de santidade tem o poder de desencadear em qualquer um de nós essa reação em cadeia de um viver santo. Sem dúvida é perigoso. Certamente perderemos nossa vida do jeito que imaginamos que seria. Mas isso é só o começo. O Santo nos impulsiona, em geral somente nas extremidades distantes de nossa consciência, em cada fibra de nosso ser criado por Deus, salvo por Jesus. Deus, o Deus vivo, é aquilo de que nós homens e mulheres mais profundamente temos fome e sede, e o Santo, passando (ou explodindo!) pelos compartimentos em que habitualmente confinamos e depois etiquetamos a vida, abre nosso apetite.

DEUS SANTO E TRONCO SANTO

A visão de Isaías é de tirar o fôlego, corretamente honrada, estudada e pregada como uma das principais cenas da Escritura. Mas a visão contém muito mais que o trono, a fumaça e a glória, mais do que o hino seráfico, mais do que a impressionante purificação da linguagem de Isaías pelas brasas do altar, mais do que Deus perguntando ao profeta "Quem enviarei?". Existe também Deus instruindo Isaías sobre o que exatamente ele fará como profeta de Deus, simplesmente em que se engajará no restante de sua vida.

A primeira parte da visão, Deus presente a Isaías (v. 1-8), é celebrada por muitos, e não poderia ser diferente; a segunda parte, a mensagem de Deus a Isaías (v. 9-13), é desconsiderada muito mais do que devia — se não desconsiderada, ao menos lida e comentada sem que se leve em conta seu lugar na visão como um todo.[3] Talvez seja a passagem menos interpretada corretamente, menos tratada como deve nas Escrituras. Os gloriosos serafins dominam a visão de abertura; um tronco num campo de troncos domina a conclusão da visão. A frase final, em que se resume o sentido da

[3] A passagem é interpretada com seriedade por alguns teólogos, mas principalmente como um texto relacionado ao que Calvino chamou os "assombrosos decretos", os quais tratam da questão da predestinação e, em especial, do ato de predestinar pessoas para a condenação. V. *Institutes of the Christian religion*, ed. John T. McNeill, traduzido para o inglês por Ford Lewis Battles. Philadelphia: Westminster, 1960, p. 955, v. 2. [Publicado no Brasil em 2006 pela Cultura Cristã sob o título *As institutas*, tradução e leitura de provas de Odayr Olivetti. Existe também uma versão anterior, publicada em 1985 pela Casa Editora Presbiteriana, sob o título *As institutas, ou Tratado da religião cristã*, traduzido por Waldyr Carvalho Luz.]

visão como um todo, é "a santa semente será o seu tronco" (v. 13). Tronco — com certeza não uma palavra capaz de inspirar um profeta recém-ordenado para que, como dizemos, possa "fazer coisas grandes para Deus".

A visão de Deus que Isaías teve (v. 1-8) e a mensagem de Deus que Isaías recebeu (v. 9-13) são aspectos da mesma revelação. Compõem uma só visão. As duas partes da visão, do versículo 1 ao 8 e do 9 ao 13, não podem ser tratadas isoladamente uma da outra. Preciso insistir na unidade de Isaías 6 e honrar o elo que há entre o Deus santo e o tronco santo. Por mais que dispensemos atenção aos serafins, nunca poderemos compensar qualquer desatenção ao tronco. Não desconsideramos o tronco sem correr graves riscos. Nunca compreenderemos corretamente o Santo se passarmos por cima do tronco.

O Deus santo dá nome ao conteúdo da pregação de Isaías; o tronco santo define as condições em que a mensagem se dará. O Deus santo no templo tomado pelo hino seráfico e o tronco santo na terra desolada precisam ser interpretados numa tensão um em relação ao outro. Assim, seguindo os passos de Isaías, colocamos o Deus santo e o tronco santo lado a lado, e observamos o que acontece.

Tudo o que Isaías pregou e escreveu "tem em seu cerne a santidade de Yahweh".[4] Uma vez que Isaías 6 confere um foco tão aguçado a essa santidade e às consequências dessa santidade, tenho interesse em saber como a experiência e a participação de Isaías em relação ao Santo dão forma ao nosso entendimento sobre os métodos e meios incorporados no caminho de Jesus e como eles nos influenciam à medida que o seguimos. O tronco num campo de troncos é absolutamente essencial para o nosso entendimento e participação, na mesma proporção que o Santo, Santo, Santo do templo.

Isaías é o maior pregador a ser representado em nossas Escrituras. É também o fracasso que mais chama atenção. Por quarenta anos ele fez pregações poderosas, eloquentes, intrépidas. Ninguém escutava. Ele pregou

[4] Walter BRUEGGEMANN, *Isaiah 1–39*. Louisville: Westminster/John Knox, 1998, p. 12.

arrependimento e a salvação de Jerusalém e de Judá. O povo não se arrependeu e foi levado para o Exílio.

O texto que Isaías recebeu na visão para pregar ("Vá, e diga a este povo:") foi o seguinte:

> Estejam sempre ouvindo,
> mas nunca entendam;
> estejam sempre vendo,
> e jamais percebam.
>
> Isaías 6:9

Um texto excessivamente estranho para ser entregue a um pregador. Mas o texto precisa primeiro nos desnortear, para não corrermos o risco de o abandonarmos rápido demais. O texto é cheio de detalhes: "Torne esse povo imbecil, com as mãos nos ouvidos e vendas nos olhos, para que não enxerguem nada, não escutem uma só palavra, e assim não terão a mínima ideia do que está acontecendo, e, exatamente, desse modo não se voltarão e não serão restaurados à integralidade" (tradução do autor).

Isaías ficou tão aturdido quanto nós com a mensagem. Ele perguntou: "Quanto tempo isso vai durar?". A resposta de Deus não trouxe muita tranquilidade: "Até mesmo as cidades são esvaziadas, sem nenhuma alma deixada nas cidades — as casas esvaziadas de pessoas, o campo esvaziado de pessoas. Até que eu, Deus, me livrei de todo o mundo, enviando-os para fora, deixando a terra totalmente vazia. E, ainda que alguns sobrevivam, digamos que um décimo, a desolação se iniciará novamente. O país parecerá como uma floresta de pinho e carvalho, com todas as árvores cortadas — cada árvore transformada num tronco. Um enorme campo de troncos. Mas há uma semente santa nesses troncos" (tradução do autor).

Como devemos entender tudo isso? Nosso maior pregador recebe um texto para pregar que diz, na realidade, o seguinte para sua congregação: "Escutem bem, mas não vão compreender; olhem bem, mas não perceberão". Isaías recebe a ordem de pregar para uma congregação que *não* vai ouvir a Palavra de Deus, *não* vai ver o que Deus está fazendo. E não se trata de uma estratégia temporária de retórica, uma tática de choque para garantir a atenção deles, para depois então o que estiver ao seu alcance para conseguir que ouçam e vejam a Deus. Esse texto definirá a mensagem dele por toda a sua vida.

Isaías agiu segundo foi orientado, e tudo aconteceu como lhe foi informado. Mais ou menos cem anos depois de seu último sermão, seu país, tanto literal quanto figuradamente, era um campo de troncos.

Então, com antecedentes como esses, por que Isaías é importante? Por que ainda mantemos seu livro em nossas Bíblias, continuamos a pregar os textos que se mostraram tão ineficazes quando ele os pregou?

Deus santo

Começamos com o Deus santo: Deus, alto e exaltado, a quem e sobre quem os serafins cantam "Santo, Santo, Santo". O *Santo*. "O Santo", como nome para Deus, realça que Deus é outro, está acima, é majestoso. Deus não pode ser entendido a partir do chão. Deus não pode ser explicado por aquilo que imaginamos que ele seja. Deus não pode ser imposto a alguém para que essa pessoa creia nele com base em argumentos racionais da filosofia. Deus não pode ser explicado nem interpretado por noções que adquirimos coletando sentimentos de reverência por ocasos, salpicados com algumas histórias de milagres, e depois legitimados com alguns comentários que colhemos de entrevistas de celebridades. Deus não pode ser incluído nas categorias que usamos para classificar e para ordenar nossa experiência. *Santo* alerta-nos para uma consciência de que Deus "é diferente, de que, a seu modo, ele é ele mesmo, embora não longe, antes bem perto, na esfera do presente, inflamando e amenizando a convenção".[5] Deus se *revela*. Em virtude daquilo que Deus é, *o Santo*, precisamos deixar que o próprio Deus nos diga quem ele é. Se insistimos em usar *nossas* ideias para formar nossa imagem de Deus, não vamos ter a imagem correta.

A visão que Isaías teve de Deus aconteceu no templo de Salomão, um lugar deliberadamente desprovido de qualquer imagem de Deus, e isso sem mais explicações. A energia extravagante e a vitalidade penetrante do Santo aconteceram num recinto destinado a impedir qualquer sinal de que

[5] Kornelis H. MISKOTTE, *When the gods are silent*. London: Collins, 1967, p. 183.

podemos "engendrar" a santidade por conta própria, ou fantasiar em que ela consistiria utilizando-nos para isso dos materiais fornecidos pelo nosso imaginário. O Santo dos Santos, o cerne santo do templo, era um lugar vago, um vazio entre os dois querubins acima e o propiciatório. Vincent Gillespie e Maggie Ross escreveram que "Essa 'grande ausência de fala entre as imagens' significava tanto o repúdio de Israel pelas representações terrenas da divindade quanto o espaço físico sem imagem ao qual buscavam vir por meio da oração e da devoção. No Novo Testamento, o túmulo vazio é semelhantemente eloquente em sua ausência da presença".[6]

A tarefa de Isaías era pregar Deus como Deus se revelara, na forma e nas condições em que Deus se revelara. Se ele tomasse as ideias e as imagens de deus presentes em sua cultura, as purificasse e as reorganizasse para depois utilizá-las com o objetivo de atrair o interesse autocentrado do povo de obter um deus que lhes servisse, "Deus" deixaria de ser *o Santo*. E, se Isaías se recusasse a usar os desejos-deus, as "fomes espirituais", comuns naquela cultura, eles não saberiam do que ele estava falando. Quase seguramente não veriam nem ouviriam o que tinha para lhes dizer ou mostrar. E foi o que de fato aconteceu.

O *Santo* não é um Deus "mercantizável".

Isaías é informado de que passará a vida toda falando a pessoas que são consumidores de deus, que na maioria dos fins de semana dirigem-se aos brechós de deus. Se Isaías não pregar a eles como eles querem, tudo o que disser os confundirá — não verão, nem ouvirão, nem entenderão. Então o que ele fará?

De saída, ele precisa lembrar onde recebeu a visão — no vazio do Santo dos Santos. E, lembrando-se disso, o que ele ouviu no texto que lhe foi designado para pregar seu sermão foi algo mais ou menos assim: "Agora, Isaías, você sabe com que está lidando — com *o Santo*. Você é minha testemunha e intérprete. Isso não será fácil. Simplesmente por pregar o Santo, você fará que os olhos deles se ofusquem. Não saberão do que você está

[6] The apophatic image, cit. Belden LANE, *The solace of fierce landscapes*. New York: Oxford University Press,1998, p. 63.

falando. Pior ainda, entenderão mal o que você está falando e suporão que é totalmente sem pertinência a tudo que lhes importa. Métodos e meios convincentes e tentadores lhe ocorrerão, serão sugeridos a você, lhe serão recomendados por alguns dos outros profetas da cidade, métodos e meios que põem de lado o Santo para pôr no lugar algo muito mais compreensível e acessível. O fato é que os homens e as mulheres não amam nem apreciam o Santo — querem um Deus que lhes sirva do jeito deles, não um Deus a quem eles sirvam do jeito dele. Não se deixe desviar: a tarefa de pregar a verdade da salvação não é auxiliada pela clareza de comunicação — a comunicação clara requer que se usem as palavras e a sintaxe que as pessoas estão familiarizadas, que é parte de seu cotidiano. Mas o Santo não faz parte de algo que estejam acostumados. É toldado pelo pecado; é uma vaga lembrança da imagem em que foram criados. A pregação do Santo não é promovida por técnicas ou estratégias. O Santo não é um problema a ser resolvido. E, se você transigir na mínima coisa, você me trairá. Também trairá esse povo. Não importa quanto eles respondam a você, não importa quanto eles possam aplaudir seus sermões, você acabará por defraudá-los de uma vida santa, uma vida do alto, uma vida *curada, restaurada, resgatada, perdoada* — pel*o Santo*".

Tronco santo

Quando Isaías é propelido para um viver santo e se acha engajado num trabalho santo, ao mesmo tempo é informado de que não terá grandes resultados. Será um pregador, mas um pregador que chama a atenção somente pelo fracasso. Pregará com incrível poder e eloquência, e as pessoas dormirão no meio de seus sermões. Terá acesso direto a todos os reis de seus dias, Jotão, Acaz e Ezequias, penetrará os meandros das operações políticas, e seu conselho sábio e religioso será desprezado. O resultado final de uma vida inteira de pregação ordenada por Deus e abençoada por Deus é que o país será destruído — "totalmente devastados" (6:11). Os assírios atacarão e devastarão o local. Parecerá uma floresta que foi dilapidada por lenhadores vorazes — feia, desfigurada, estéril —, com todas as árvores abatidas e levadas embora, não sobrando nada senão troncos, um país todo de troncos. Este foi o sermão que Deus entregou a ele no dia de sua ordenação: "Isto é o que acontecerá, Isaías, depois de uma vida inteira a meu serviço. Este é o resultado de sua imersão em santidade, sua confissão sincera e fala purificada, sua vocação nas santas ordens. Troncos. Uma nação de troncos" (cf. 6:9-13).

A ausência de qualquer imagem de Deus no Santo dos Santos terá por equivalente a ausência de tudo o que seja humano no país. O aparente vazio no santuário terá por correspondente um aparente vazio no país. E os dois vazios ficarão cheios daquilo que somente Deus pode fazer e ser, o Santo — a presença santa no santuário e o tronco santo no país.

Esses vazios e preenchimentos mutuamente correspondentes precisam ser estudados e assimilados muito mais do que são, especialmente por cristãos que estão intoxicados por histórias de sucesso e deslumbrados com a conversa fiada e a escamoteação dita evangélica.

A exatidão do que Isaías viu e ouviu no templo se torna imediatamente evidente à medida que a história continua nos capítulos de 7 a 9. George Adam Smith, aquele pregador e acadêmico incomparável do texto de Isaías, insiste em afirmar que devemos aceitar a realidade como Isaías a escreve. Comentando sobre a aparência do filho de Isaías, Emanuel Smith escreve:

> Nasce o Filho, que é a esperança de Israel; recebe o nome divino, e nele se encontram todos os traços da salvação ou da glória. Ele cresce não para um trono, nem para a majestade retratada no salmo 72 — os presentes de Sebá e os reis de Sabá, o milho de sua terra florescendo como o fruto do Líbano, ao mesmo tempo que os da cidade prosperam como a relva da terra —, mas para o degrau mais baixo da privação, para a visão de seu país devastado por seus inimigos e transformado numa vasta massa, adequada somente para pastagem, para a solidão e para o sofrimento. Em meio à desolação geral, sua figura se desvanece, desaparecendo de nossa vista, e somente seu nome permanece a assombrar, com sua melancolia infinita do que poderia ter ocorrido, as vinhas sufocadas por espinhos e as cortes cheias de grama em Judá.[7]

[7] *The book of Isaiah*. London: Hodder and Stoughton, 1889, p. 117, v. 1.

Então encontramos a frase final e pungente do sermão de ordenação de Deus a Isaías: "... a santa semente será o seu tronco" (6:13).

É mesmo? A palavra "santo" mais uma vez, mas desta vez aplicada a um substantivo aparentemente pouco apropriado. Não os hinos santos dos anjos enchendo o templo com música magistral, transformando o mundo de Isaías e transformando o próprio Isaías em seu mundo. Não o santo que flameja de uma sarça no deserto, ou que explode numa visão diante de um prisioneiro em árduo exílio. Não o santo que fica evidente nas palavras e nos atos de Jesus, os quais revelam a vida abrangente, cheia de energia e graça da Trindade em direção a nós.

Nada disso agora. Em vez disso, um tronco acachapado. Mas o tronco traz em si mais do que qualquer pessoa pudesse supor: "... a santa semente será o seu tronco". O tronco, por mais improvável que pareça e contra tudo o que representa, é a semente santa de onde a salvação crescerá. Cinco capítulos mais tarde em Isaías, chegamos a esse tronco mais uma vez, mas agora com certo refinamento:

> Um ramo surgirá do tronco de Jessé,
> e das suas raízes brotará um renovo.
> O Espírito do SENHOR repousará sobre ele,
> o espírito que dá sabedoria e entendimento,
> o espírito que traz conselho e poder,
> o espírito que dá conhecimento e temor do SENHOR.
>
> Isaías 11:1-2

Você já sabe como isso depois se cumpriu: para encurtar a história, Jesus. E assim cantamos com alegria e gratidão os louvores de nosso Senhor santo. Por mais que cantemos esses louvores alto e bom som, cheios de júbilo, jamais será o suficiente, mas ao fazê-lo não podemos perder o contato com aquele tronco. Pois com muita frequência aquele tronco, e nada mais que aquele tronco, caracterizará e dominará nossa vida. Não para todos nós, com certeza, mas para muitos. Nunca, nunca se esqueça daquele santo tronco.

O mundo, a carne e o Diabo estão todos trabalhando em tempo integral para encher nossa mente e emoções com imagens e desejos de uma chamada vida "melhor" que desconsidera o Santo, de uma vida abundante que em nada se relaciona com Deus. Essa trindade anti Deus não somente controla os meios de comunicação que propagam suas mentiras e lhes conferem todo o encanto; também se infiltrou em grandes partes da igreja, interpretando a vida cristã para nós de tal forma que somos treinados a evitar ou a desprezar tudo o que não nos prometa gratificação. Quero fazer frente a essas mentiras fascinantes junto com Isaías e seu tronco santo. Parece uma contradição? Santo... tronco? Mas tudo nas Escrituras e no evangelho nos diz que isso é a verdade, a realidade de Jesus e de nossa vida em Jesus e com ele. Santo. Vida que brota da morte. Beleza que começa na feiura. O mesmo Santo, Santo, Santo que encheu o templo é uma semente santa num campo de troncos.

A mais ou menos 16 quilômetros ao norte da pequena cidade em que fui criado, no estado de Montana, há uma cidade menor que, antigamente, era conhecida pelo apelido de Cidade Tronco. A paisagem na cidade era extraordinária, protegida sob os musculosos ombros das grandes Montanhas Rochosas. Mas teve a má sorte de ter sido escolhida como importante pátio de manobras ferroviárias por Jim Hill, que estava construindo a Grande Ferrovia do Norte, que atravessaria todo o continente. Jim Hill era tão voraz e brutal como qualquer dos assírios de Isaías. Ou intimidava, ou subornava todos os que tentassem impedi-lo de levar avante a Ferrovia. Os leitos ferroviários exigem enormes quantidades de dormentes, e, assim, cada árvore desse pequeno povoado precisou ser cortada para fazer os tais dormentes, deixando os troncos à mostra. Essa vila não serviu para mais nada, no final, senão para construir o grandioso império ferroviário. Quando eu era menino, era ainda um lugar feio, uma cidade reduzida e um aglomerado de cortiços para vagabundos e vadios de ferrovia — e troncos. Eu e meus amigos nos referíamos a ela com certo ar de superioridade, e às vezes com desdém: Cidade Tronco.

Trinta anos atrás, meu irmão foi pastorear uma igreja lá; e depois, dez anos atrás, meu filho se mudou para lá. Entre meu irmão e meu filho, comecei a ouvir as histórias narradas e a ver o desdobramento de possíveis panoramas cheios de vida, de beleza e de Deus, nos quais o santo pode ser discernido. "Cidade Tronco" não é mais um termo de desprezo. Hoje é mais como uma promessa de bênção, beleza e salvação. "... a santa semente será o seu tronco."

Isaías fornece uma abundância de metáforas e visões para que possamos reconhecer o caminho do Santo em circunstâncias improváveis, as circunstâncias do deserto, entre vizinhos que são surdos, mudos e sem coração, num campo de troncos. O Santo, a vida inadministrável, mas irreprimível de Deus, está sempre presente e oculto dentro de nós e ao nosso redor. Imprevisivelmente, mas com toda a certeza, de tempos em tempos irrompe em nossa percepção: a sarça arde, os céus se abrem, o templo estremece, o tronco dá um rebento verde. Santo, Santo, Santo.

O SANTO NÃO NEGOCIÁVEL

Todos nós, ainda que inconscientemente, estamos numa busca pelo santo, por uma vida que não possa ser reduzida a nossa aparência, nem ao que fazemos, nem ao que os outros pensam de nós. Somos às vezes lembrados dessa busca pelas lendas ainda vivas da busca pelo Santo Graal — o cálice do qual Jesus, em sua última refeição com seus discípulos, bebeu juntamente com eles o vinho que se tornou sua promessa e ordenança, sua vida neles. É o santo cálice de onde bebemos, a santa vida, a vida que Jesus propôs diante de nós quando disse: "... eu vim para que tenham vida, e a tenham plenamente" (Jo 10:10). Plenamente. O advérbio, *perisson*, passou a ser um dos favoritos de Paulo — o que não surpreende, dada a sua exuberância. (Em suas mais variadas formas, tem pelo menos dezoito ocorrências.) Há inúmeras variações da busca pelo Santo — cálice santo, lugares santos, homens e mulheres santos e, o que talvez mais maravilhe, as santas Escrituras. Muitas das histórias de busca estão agora completamente secularizadas, mas a busca por algo que ultrapasse músculos e dinheiro continua a reaparecer em formas improváveis. A busca pelo Santo está arraigada em nós — um dia os pesquisadores biológicos talvez descobrirão em nós um cromossomo de busca em nossa estrutura genética. Estamos atrás de algo — mais vida do que a que obtemos simplesmente por comer três refeições por dia, nos exercitando um pouco e tendo um bom emprego. Estamos atrás de uma vida originada em Deus e formada por Deus: uma vida santa.

Todos os quatro escritores dos evangelhos apresentam Jesus citando a segunda parte da visão de Isaías (e nada da primeira parte) para explicar a maneira pela qual ele ensinava e o equívoco por parte de tantos em relação a seu ensino, bem como a rejeição instransponível que muitos lhe estenderam. Mateus, Marcos e Lucas mostram que Jesus, quando começa a ensinar, usa as palavras da mensagem de Deus a Isaías para responder à pergunta dos discípulos, que queriam saber por que ele não falava de modo que as pessoas pudessem entender o que ele dizia — "Por que falas ao povo por parábolas?" (cf. Mt 13:10-15; Mc 4:10-12; Lc 8:9-10). João mostra Jesus usando a passagem de Isaías perto do fim de sua vida para explicar os olhos cegos e o coração empedernido das pessoas a quem ele pregava (Jo 12:39-40). E Paulo, depois de não conseguir nenhum avanço na visão, na audição e no coração dos líderes religiosos que tinham vindo ouvi-lo pregar em sua prisão domiciliar em Roma, lembra-se das palavras de Deus a Isaías e as cita. É a penúltima história que Lucas relata acerca de Paulo — um pregador fracassado na companhia de um Isaías fracassado.

Por que os quatro evangelistas e Paulo acham importante sublinhar a importância dessas palavras vaticinantes proferidas a Isaías? Por que Jesus e Paulo acham necessário citar Isaías para explicar a parede de tijolos contra a qual se bateram ao pregar e ensinar o Caminho? Talvez como uma maneira de dizer àqueles de nós que seguimos a Jesus que não há como eliminar o Santo do caminho de Jesus. Talvez como uma maneira de deixar claro para os de dentro e os de fora igualmente que, por mais complicado que seja, por mais atordoante que seja e por mais decepcionante que seja a qualquer um que estivesse esperando que o caminho fosse pavimentado com recompensas de consumo, o Santo não é negociável.

capítulo 7

Isaías do exílio: "Como são belos nos montes"

O celeiro pegou fogo —
agora
posso ver a lua.

MASAHIDE

Um profeta hebreu cujo nome desconhecemos pregou na Babilônia lá por volta de meados do sexto século a.C. No final de tudo, os sermões que pregou, como às vezes acontece com os sermões, reformaram radicalmente como o povo de Deus, o Israel de Deus, se via. Ele os convenceu, contra tudo o que os jornais e os rumores da rua afirmavam, que o que lhes havia acontecido não era uma catástrofe, mas, na realidade, *evangelho* — palavra que na pregação do profeta assumiu vida própria e se desenvolveu chegando a ser uma das palavras mais importantes entre os que seguem a Jesus. Os sermões então penetraram o subterrâneo, algo que os sermões também conseguem fazer.

Aproximadamente 550 anos mais tarde, "quando chegou a plenitude do tempo" (Gl 4:4) e Deus se encarnou em Jesus, os sermões, já profundamente arraigados no imaginário de pelo menos parte do povo, forneceram a linguagem precisa para nomear e reconhecer o caminho pelo qual Jesus, o Messias de Deus, conquistou a salvação de toda a raça humana e passou a ser "luz para os gentios" (Is 42:6; 49:6).

EXÍLIO

Esta é a história. Pouco mais de cem anos depois da vida e da pregação de Isaías de Jerusalém, o exército babilônio, tendo liquidado o exército assírio que ameaçara Jerusalém por tanto tempo, invadiu Israel, sitiou e depois destruiu Jerusalém. Eles arrebanharam dez mil hebreus, fazendo-os atravessar 1.100 quilômetros de deserto para passar o resto da vida deles no exílio.[1] A devastação não foi tão catastrófica quanto às vezes se imagina — os hebreus não eram escravos na Babilônia, e tinham a permissão de preservar alguma aparência de vida comunitária. Alguns até mesmo prosperaram.[2] Mesmo assim, era lembrada como um absoluto infortúnio: a cidade que o Senhor amava "mais do que qualquer outro lugar de Jacó" (Sl 87:2) destruída; o glorioso templo de Salomão que por quinhentos anos tinha dado forma arquitetônica esplêndida à adoração deles destruído; somente "alguns dos mais pobres do país" (2Rs 25:12) foram deixados para trás; o rei Zedequias, capturado numa tentativa inútil de escapar de sua cidade sitiada, algemado e obrigado a observar seus filhos serem mortos diante de seus olhos — a última coisa que viu antes de seus olhos serem arrancados —, marchou depois cego, cambaleante em seu trajeto até chegar por fim a uma sepultura na Babilônia.

Um poeta hebreu compôs um lamento elaborado e artístico para deixar o horror do acontecimento — essa calamidade, esse holocausto — profundamente encravado na memória e no coração do povo. O lamento abre assim:

> Como está deserta a cidade,
> antes tão cheia de gente!
> Como se parece com uma viúva,
> a que antes era grandiosa entre as nações!
> A que era a princesa das províncias
> agora tornou-se uma escrava.
>
> Lamentações 1:1

[1] A quantidade é apenas aproximada; v. 2Reis 24:14,16, em que o total é consideravelmente maior que os 3.023 relatados por Jeremias (Jr 52:28). Alguns são de opinião que a contagem de Jeremias devia excluir as mulheres e as crianças. O professor William F. Albright acredita que uma enorme mortalidade no percurso talvez explique a diferença. V., de Louis Finkelstein, org., *The Jews: their history, culture and religion.* New York: Harper and Brothers, 1949.

[2] V., de Iaian Provan, V. Philips Long e Tremper Longman III, *A biblical history of Israel.* Louisville: Westminster/John Knox, 2003, p. 232-233.

O lamento, conhecido entre nós como as Lamentações de Jeremias, percorre o infortúnio, repetidamente, cinco vezes, verso por verso, em pormenores excruciantes: estupro, humilhação, zombaria, sacrilégio, fome e, o que é o pior de tudo, canibalismo (mães cozinhando seus bebês para o jantar!). A matança desesperada de crianças inocentes mostrava a completa perda de esperança no valor humano; o assassinato zangado dos sacerdotes mostrava a absoluta perda de respeito pela vontade divina. O pior que pode acontecer ao corpo e ao espírito, à pessoa e à nação aconteceu aqui — um nadir de sofrimento. O lamento continua a ser cantado ainda nas orações da comunidade judaica a cada ano, no mês de agosto (9 de abe no calendário hebraico), no aniversário do horrendo acontecimento.

Uns setecentos anos antes, sob a liderança de Moisés, Israel tinha sido liberto com grande dificuldade da escravidão egípcia e tornara-se povo de Deus, "um reino de sacerdotes e uma nação santa" (Êx 19:6). Por todos aqueles sete séculos, desde o Êxodo egípcio até o Exílio babilônico, Deus tinha usado seus profetas e sacerdotes, juízes e reis, para guiar e ensinar Israel a viver numa fé obediente no Deus que se revelou como Salvador, a adorar esse Deus com todo o seu coração, alma, mente e força, a aprender os inconfundíveis "métodos e meios" adequados à vida de salvação. Não tinha sido fácil — houve altos e baixos, houve momentos de bênção e de juízo, houve pecado e houve retidão. Tinham muito que aprender e eram tardios para aprender. Mas tinham sobrevivido. Eram ainda "povo de Deus", um povo criado, definido e formado pela palavra de Deus.

Tudo isso agora estava acabado. Não havia mais nenhuma nação, nenhum "reino de sacerdotes". O rei deles era um régio desastre, manquejando cego pelas areias do deserto, com o rangido nos ouvidos dos carros abarrotados dos tesouros do templo de Deus, conduzindo para fora do país a pilhagem que enriqueceria os templos babilônicos pagãos. Para eles, seu Deus os havia abandonado. Jeremias, seu pastor-profeta no momento desse infortúnio, os havia abandonado, preferindo ficar para trás nas ruínas de Jerusalém com um refugo de pessoas que nem sequer poderiam se qualificar como exilados.

O fim de Israel. O fim do "povo de Deus". Tinham tido a oportunidade deles — Muitas oportunidades! — e essa seria a última. E como poderia haver outra? Havia desaparecido cada sinal, cada fragmento de evidência da identidade deles. Não eram nada. O infortúnio ia muito mais longe que a destruição da terra, do templo, do palácio e do povo. Havia algo muito mais profundo, com implicações muito maiores: humilhação, a mais terrível humilhação que se podia imaginar. A fé de Abraão, as palavras de Moisés, a humanidade de Davi, o fogo de Elias, o "santo, santo, santo" de Isaías de Jerusalém — tudo isso e muito mais deixara de existir. Ausência. Silêncio. Cinzas.

Quando chegaram a Babilônia, era nítido o contraste entre a religião fracassada deles e a religião bem-sucedida de seus conquistadores. Haviam deixado para trás uma cidade sob escombros, um templo em ruínas, o gosto na boca, ressaibo de seus bebês canibalizados. Viviam agora em cidades que faziam Jerusalém parecer o vilarejo campestre que agora era. O horizonte era agora pontilhado por riqueza e templos, ultrapassando de longe tudo de Salomão que havia maravilhado a rainha de Sabá. Guerreiros esplêndidos rondavam as ruas, um exército poderoso que se apressava para estabelecer Babilônia como a superpotência mundial. "Era um mundo vasto em que os horizontes se alargavam. Mas que lugar havia ali para Yahweh, o antes protetor de uma pequenina nação devastada, cujo templo em ruínas escancarava-se em direção ao céu num monte em Judá?"[3]

Se a guerra entre Judá e Babilônia era entendida como uma competição entre deuses rivais e formas rivais de vida (como muitos, talvez a maioria, a veriam), os resultados eram decisivos: Marduque da Babilônia tinha derrotado Yahweh de Israel, sem nenhuma dificuldade. O fim de Israel. A vida de fé, como ficou evidente, era uma violeta delicada, maravilhosa, mas frágil, esmagada por coturnos babilônicos, mal-equipada para sobreviver no mundo "real". Nada. *Nada*. Essa palavra de origem latina entrou no vocabulário inglês pela poesia de João da Cruz, monge carmelita da Espanha do século XVI. Ele mesmo viveu e denominou para o restante de nós — ao

[3] John BRIGHT, *The kingdom of God*. New York: Abingdon, 1953, p. 129.

menos todos nós que estamos dispostos a abandonar nossas débeis identidades autocriadas e a rejeitar os papéis "camisa de força" impostos pela cultura e criados para nós pelos outros — a experiência do *nada*, o senso esmagador da inexistência — vazio, ausência, nudez, silêncio, noite — que acontece entre o momento em que nos despimos "do velho homem" e nos revestimos "do novo".[4]

Segundo os comentários que Rowan Williams, hoje arcebispo da Cantuária, faz com o objetivo de sintetizar para nós o monge carmelita, João, simplesmente pela própria integridade e fidelidade, desmascarou os enganos do mundo religioso competente e bem-sucedido. Ele morreu na desonra, depois de uma longa história de relações tensas e amargas com sua ordem. [...] Ele nos apresenta um tratamento tipicamente longo e cuidadoso do que poderia comumente ser considerado experiências "iluminadoras" — visões, "locuções", clarividência —, seja de origem imaginativa, seja de origem intelectual, espiritual, sobrenatural ou natural. Trata-se de uma compilação ponderadamente devastadora, exibindo uma sensibilidade quase singular diante dos riscos do autoengano na vida espiritual. As conclusões são absolutas: *nenhuma* experiência "espiritual" de qualquer sorte pode oferecer uma clara segurança, um sinal inequívoco do favor de Deus.[5]

Nesse "entremeio", o intervalo entre o momento em que a maioria das pessoas supôs, ainda que sem pensar, que "Deus está no seu céu e vai tudo bem com o mundo" (Robert Brownings) e aquele momento em que o veredicto nietzschiano — YAHWEH ESTÁ MORTO — ganhou as manchetes do Diário Babilônico do sexto século a.C., um grande número dos chamados "eleitos" de Deus decidiu que a eleição tinha sido uma fraude e assim passou para o lado de Marduque, o deus associado com a prosperidade consumista e o militarismo desenfreado.

O Exílio babilônio mantém-se ainda imbatível como o *nada* paradigmático para um povo biblicamente instruído. Afora Lamentações, temos

[4] As metáforas do despir-se de uma muda de roupa e vestir-se de outra, com a implicação de uma nudez transitória (um *nada*), são de Paulo. V. Colossenses 3:1-17.

[5] *Christian spirituality*. Atlanta: John Knox, 1980, p. 159, 169.

apenas alguns fragmentos de testemunho daquilo por que o povo passou: alguns salmos, principalmente o salmo 137 ("Junto aos rios da Babilônia nós nos sentamos e choramos..."). Temos uma carta que Jeremias escreveu aos exilados (Jr 29), insistindo com eles que aceitassem sua perda e extraíssem o melhor dela, vivendo responsavelmente: "Parem de ficar assentados por aí, sentindo pena de si mesmos; não deem ouvidos aos pregadores mentirosos que estão vendendo para vocês falsas esperanças; construam casas, plantem jardins, casem-se, tenham filhos, orem a favor da integralidade da Babilônia e façam tudo o que puderem para desenvolver essa integralidade". Temos também a grande profecia visionária de Ezequiel, mas ele não era tanto um pregador-pastor, mergulhando nas condições do povo na época, quanto era um escritor, preparando a imaginação do povo para uma esperança futura. Mas os poucos fragmentos de escrita que temos relatando as condições do exílio são suficientes para nos mostrar que o exílio passou a ser a "metáfora dominante para todo o judaísmo posterior [...] o abismo definidor da vida e da fé de Judá".[6]

Depois desses poucos salmos, da carta de Jeremias e de Lamentações, o mergulho na escuridão exílica foi acompanhado por um longo silêncio. Foi um silêncio longo o suficiente para desmascarar a estupidez da arenga metálica e da propaganda enganosa dos pregadores mentirosos (sabemos o nome de três deles — Zedequias, Acabe e Semaías — com base em Jeremias 29), que estavam espalhando a ilusão de que as coisas não estavam tão mal quanto pareciam: "Tudo vai ficar bem, pessoal". Quando a linguagem é desvalorizada, barateada por gerações de propaganda enganosa, o silêncio é o único contexto em que pode ser purificada de seus poluentes. Não sabemos quanto tempo esse silêncio durou; uns cinquenta anos seria uma suposição com base nas informações que temos.

Então, como que do nada, uma voz. Uma voz poderosa, persuasiva, convincente. A voz de um pregador faz o povo ficar novamente em pé. A voz de um pregador que lhes deu um Deus vivo trouxe as palavras de Deus para

[6] Walter BRUEGGEMANN, *Isaiah 40–66*. Louisville: Westminster/John Knox, 1998, p. 8-9.

a vida deles, de tal maneira que eles perceberam que ainda, apesar de todos os insultos babilônicos, eram o povo de Deus. A voz desse pregador usando nada senão palavras e espírito, linguagem e oração contrabalançou a desolação do exílio e a substituiu pela esperança. Em grande medida pelas pregações desse único profeta, cujo nome nunca chegamos a saber, os anos de exílio, que começaram como o arauto da morte de Deus, tornaram-se um tempo de ressurreição.

A voz não era exatamente do nada. Alguns da comunidade podiam ainda lembrar-se das histórias e das orações de seus antepassados. Mas aquelas histórias e orações provavelmente não tinham muito sucesso em transformar a percepção dos exilados de que a Babilônia e Marduque, e não Israel e Yahweh, definiam o mundo no qual agora tinham de aprender a viver. Cento e cinquenta anos antes do exílio, Isaías de Jerusalém tinha pregado para os avós e bisavós dessas pessoas. Ele, também, era bom com as palavras, uma voz do Espírito de Deus. Mas, embora tivesse um púlpito de destaque em Jerusalém, e por um período de quarenta anos tenha tido uma sucessão de quatro reis em sua congregação (Uzias, Jotão, Acaz, Ezequias), não recebeu muita atenção. As pessoas basicamente o desconsideravam — estavam absortas demais, levando a viva como bem entendiam.

Em vez de deixar que Isaías de Jerusalém interpretasse a vida para elas como filhos de Deus, escolheram deixar que as ambições de seus líderes e os métodos de dominação mundial dos impressionantes assírios determinassem como entenderiam a forma pela qual deveriam portar-se no mundo. Isaías vociferou. Eles fecharam os ouvidos. Isaías percorreu a lista das nações circunvizinhas a que tanto admiravam e nas quais tanto se espelhavam: Assíria, Babilônia, Filístia, Moabe, Damasco, Etiópia, Egito, Tiro. Desmascarou a falta de consistência de suas pretensões. Invocou o juízo de Deus sobre as idolatrias e as imoralidades delas. Eles o desprezaram. Repetidas vezes ele apelou com eles, usando linguagem que seria capaz de despertar mortos. Repetidas vezes eles tamparam os ouvidos.

Mas ele não apenas vociferava juízo. Ele também calmamente e obstinadamente plantava sementes de salvação. Ele apresentou as imagens de

Deus operando por trás dos bastidores, de Deus efetuando sua obra de salvação quer quisessem estar inseridos nela, quer não. A imagem acumulava-se no consciente coletivo da nação. Yahweh, quando chamou Isaías para ser o profeta da nação, também foi franco com ele, avisando que ninguém em sua geração ia escutar sua pregação. A nação acabaria como um vasto campo de troncos, mas (tome nota disto!) haveria uma "santa semente" nos troncos (Is 6:13). Depois, ele desenvolveu a imagem dessa santa semente: "Um ramo surgirá do tronco de Jessé, e das suas raízes brotará um renovo" (11:1).

Isaías introduziu mais imagens de esperança que mais tarde os carregariam: Jerusalém como "morada pacífica" (33:20), o deserto que florescerá "como a tulipa" (35:1), um futuro em que "os que o SENHOR resgatou retornarão" (35:10) e um remanescente sobrevivente "lançará raízes na terra e se encherão de frutos os seus ramos" (37:31). Nos anos desobedientes e infiéis depois da pregação de Isaías, essas metáforas e visões relacionadas à semente foram soterradas e ficaram adormecidas no solo de Jerusalém.

Cento e cinquenta anos mais tarde, sob a pregação de nosso Profeta do Exílio, cujo nome desconhecemos,[7] as metáforas e as visões começaram a brotar no solo babilônico. E ainda quinhentos anos mais tarde, Jesus trouxe aquelas sementes a plena colheita: "Digo-lhes verdadeiramente que, se o grão de trigo não cair na terra e não morrer, continuará ele só. Mas se morrer, dará muito fruto" (Jo 12:24).

[7] O consenso a respeito da autoria de Isaías é que o profeta citado pelo nome é responsável pelos capítulos de 1 a 39 do livro. Um profeta cujo nome é desconhecido assumiu no Exílio a partir do ponto em que o primeiro Isaías parou e deu continuidade à história (caps. de 40 a 55). Para facilitar, eu o chamo simplesmente o Profeta. Isaías de Jerusalém pregou uma mensagem de advertência e juízo, tentando sem sucesso despertar o povo de uma preocupação idólatra consigo mesmo. A recusa do povo em escutar, arrepender-se e obedecer resultou na devastação impingida pelo Exílio. Isaías do Exílio, o Profeta, assumiu a tarefa de consolar o povo e de conduzi-los a uma vida obediente de confiança e cânticos à medida que a salvação estava sendo efetuada entre eles. Um terceiro profeta, também não identificado pelo nome, é responsável pelas mensagens pós-exílicas (caps. de 56 a 66). Considerando que houve três pregadores e levando-se em conta o longo tempo em questão (para arredondar, duzentos anos), a maioria dos leitores (este ao menos) se maravilha de ver como as partes se encaixam de forma tão coerente e impressionante.

Como isso oconteceu? Não sabemos. Sabemos que aconteceu. E que acontece. Aconteceu muitas vezes e continua a acontecer. Elie Wiesel é uma testemunha contemporânea do fato de que o milagre que ocorreu no Exílio babilônico continua a ocorrer.

Vários anos atrás, estava lendo o jornal numa manhã de terça-feira, no café da manhã. Li uma nota informando que Elie Wiesel faria uma preleção naquela noite em Baltimore, na Goucher College. Fazia anos que eu vinha lendo seus livros, e sentia uma ligação profunda com ele. Decidi que iria assistir à palestra. Reorganizei meus compromissos da noite e dirigi por 65 quilômetros para descobrir mais sobre essa pessoa que por vários anos me havia interessado e intrigado.

Cinco anos antes, li meu primeiro romance escrito por Elie Wiesel, *A noite*. Trata-se de uma história poderosa e comovente de um adolescente judeu que foi levado, com todos os demais judeus que viviam na pequena aldeia húngara de Sighet, para o campo de concentração nazista em Auschwitz. Mais tarde, depois de uma transferência para Buchenwald, o rapaz viu seus pais e sua irmã mais jovem, junto com a maioria das pessoas com quem ele havia crescido, entrar nas câmaras de gás para nunca mais voltar. Ele escreveu:

> ... a primeira noite no acampamento, que transformou minha vida numa longa e demorada noite, sete vezes amaldiçoada e sete vezes selada. Nunca esquecerei aquela fumaça. Nunca esquecerei o rostinho das crianças, cujos corpos vi transformados em grinaldas de fumaça sob um céu azul silencioso. Nunca esquecerei aquelas chamas que consumiram minha fé para sempre. Nunca esquecerei aquele silêncio noturno que me privou, por toda a eternidade, do desejo de viver. Nunca esquecerei aqueles momentos que assassinaram meu Deus e minha alma e transformaram meus sonhos em pó. Nunca esquecerei essas coisas. [...] Nunca.[8]

Mais tarde descobri que o romance era na maior parte autobiográfico. Wiesel cresceu cheio das histórias e das crenças do judaísmo, uma infância

[8] New York: Avon, 1969, p. 9. [Publicado no Brasil em 2006 pela Ediouro (3. ed.), traduzido por Irene Ernest Dias a partir do original francês *La nuit*.]

alegre de estudo, cânticos e fé. Mas seus anos de adolescência em Auschwitz e em Buchenwald lhe deixaram o coração cheio de cinzas; as histórias tinham sido rasgadas de seu coração, a fé exterminada de seu espírito.

Ele escreveu sua história repetidas vezes, cada vez num romance diferente, mas a mesma história. Ele mudava o cenário e as personagens, reorganizava a trama. Mas sempre a mesma história: os judeus — essas pessoas tão estranha e insistentemente ligadas à ideia de Deus — mortos. Seis milhões deles. Assassinados no continente mais civilizado da terra; as ordens de execução emitidas por pessoas que tinham sido educadas na grande tradição filosófica de Immanuel Kant, que cantavam os hinos de Lutero na igreja aos domingos e escutavam a música de Mozart à noite. Cada romance tem um desfecho semelhante: "Meus olhos se abriram e eu estava sozinho — terrivelmente só num mundo sem Deus e sem homem. Sem amor ou misericórdia. Tinha cessado de ser qualquer coisa a não ser cinzas".[9]

Ficava profundamente tocado ao ler essas histórias. Mas, dois anos antes de assistir àquela palestra em Baltimore, encontrei outro livro escrito pelo homem e o li. Esse era diferente, *muito* diferente. *Almas em fogo*[10] reconta as lendas assídicas com as quais Wiesel tinha crescido, as histórias notáveis dos líderes espirituais do judaísmo que surgiram na Europa oriental no século XVIII e floresceram por cem anos nas aldeias e nos guetos. *Almas em fogo* foi uma total surpresa. Por que cargas d'água um homem que não acreditava em Deus, um homem para quem Deus estava morto, contaria histórias sobre pessoas apaixonadas por Deus? Depois acabei lendo *Mensageiros*[11] e o descobri contando histórias da Bíblia, as narrativas de Abraão e Moisés, José e Jó. O que estava acontecendo?

Foi por isso que fiz questão de ver e ouvir Wiesel. Estava cheio de curiosidade. O que acontecera entre *A noite* e *Almas em fogo*? Como foi que essa figura trágica, lazarenta, tinha deixado de contar histórias da morte dos

[9] Idem, p. 10.
[10] São Paulo: Perspectiva.
[11] Publicado no Brasil em 1975 por Roswitha Kempf (São Paulo). Tradução, a partir do original francês *Célébration biblique*, de Luba Jaffe, adaptação literária de Lucia Aizim.

judeus e da morte de Deus para contar histórias sobre pessoas que vivem exuberantemente com fé em Deus?

Ele se dirigiu à plataforma naquela noite em Baltimore, ficou atrás de uma estante de música e começou a ler Gênesis 15, a história de Abraão. Sem preâmbulos fiados, sem explicações ou desculpas, por uma hora nos conduziu no que era essencialmente um estudo bíblico. Tudo o que disse poderia ter sido transcrito de uma reunião vespertina de oração de quarta-feira numa igreja batista. Anotei esta frase: "Nada vale a pena comparado a isto: examinar a Escritura, fazer perguntas ao texto, buscar a verdade da palavra de Deus". Era apaixonado, mas sem exageros teatrais. Era intenso sem erguer a voz. Fez várias referências à oração. Pareceu-me um homem calmamente cheio de fé no Deus vivo.

Nada disse sobre o que tinha acontecido nem sobre como tinha acontecido essa ressurreição de *A noite* de Auschwitz/ Buchenwald, o cemitério de Deus e das pessoas, para agora esse estudo bíblico em Baltimore sobre a fé viva de Abraão. Mas era um claro testemunho do fato de que *havia* acontecido, que ele *de fato* acontece. Uma pessoa pode passar pelo pior, ter cada camada de fé descascada da alma, deixando-a desnuda e tremendo de frio num mundo em que toda a evidência dá provas de que Deus está morto, e ainda assim se tornar uma pessoa de fé, viva para o Deus vivo. Eu sabia que estava na presença de uma pessoa em quem a ausência, o vazio, havia, ao longo dos anos, gradualmente se tornado uma presença — mas uma presença desprovida de ilusão e pretensão.

Várias vezes durante a preleção, Wiesel usou a palavra *midrash:* "Se somos pessoas realistas, pessoas honestas, pessoas atentas, então *midrash* entrará em nossa vida". A palavra significa "buscar". *Midrash* é a atividade de uma pessoa que *procura* o significado da palavra de Deus. *Midrash* compreende as histórias contadas e os comentários feitos por pessoas que *procuram* a verdade de Deus na Escritura.

O Profeta era o pregador do exílio em cuja vida a *midrash* havia feito morada. Ele tinha buscado o significado das palavras pregadas de Isaías de Jerusalém e depois então as repregou aos exilados desolados. Ele levou a sério a pregação de Isaías de Jerusalém, suas metáforas e imagens, depois então as regou e cultivou no solo da Babilônia, e ficou a postos para ver as sementes brotarem e o ramo crescer: "Naquele dia as nações *buscarão* [*yidroshu*, raiz verbal do substantivo *midrash*] a Raiz de Jessé, que será como uma bandeira para os povos, e o seu lugar de descanso será glorioso" (Is 11:10). João Calvino é sucinto: "Buscar a Deus significa em cada parte da Escritura lançar todas as nossas esperanças nele".[12]

A metáfora e a visão pregadas por Isaías são a própria semente que o Profeta viu brotar dos cemitérios da Babilônia. É também a semente brotada da qual a vida e os escritos de Elie Wiesel dão testemunho.

O SEU DEUS

A única coisa que sabemos sobre o Profeta do Exílio é que era um pregador magnífico. Não conhecemos um único detalhe pessoal ou circunstancial a respeito dele, somente as palavras que saíam de sua boca, palavras escritas ou por ele, ou por outra pessoa. Não sabemos onde vivia, nenhuma informação sobre sua família nem como se sustentava, nada sobre sua aparência. Nenhuma palavra sobre ele, somente as palavras que proferiu. E Deus era o assunto de quase todas as palavras que proferiu. Como profeta, ele emprestava sua voz a Deus.

Nós que crescemos num mundo em que uma tecnologia sem voz domina nosso imaginário temos a tendência de denegrir aquilo a que às vezes nos referimos como *meras* palavras. Palavras saídas de uma máquina. Palavras dissociadas de uma voz pessoal, uma torrente à la Babel de palavras destituídas de tudo o que seja relacional, de tudo o que seja animado — determinado homem, uma mulher citada pelo nome, Deus revelado em Jesus. Quando pensamos da perspectiva do fazer acontecer, normalmente pensamos em máquinas e bombas, tamanho, cavalo-vapor e dinheiro — impressionantemente eficaz, mas ao mesmo tempo completamente impessoal. O que são meras palavras num agrupamento assim? As palavras ocorrem, claro, mas principalmente para dar informação e instrução. Quando

[12] *Commentary on Isaiah*. Grand Rapids: Associated Publishers and Authors, s.d., p. 178.

queremos que algo seja *feito*, queremos fazer diferença na história, enviamos um foguete à lua, lançamos uma bomba sobre uma cidade, construímos um arranha-céu, um estádio, um hospital ou uma escola. Mas, quando passamos um tempo na companhia do Profeta, aquele adjetivo diminuidor "meras" passa a ser cada vez menos útil, ao menos em relação às palavras. Na companhia do Profeta nos aproximamos "dAquele em quem a palavra abraça o ato em si".[13] Palavras empregadas da maneira em que o Profeta as empregava não são *meras* palavras, são *mais que* palavras — palavras trazem à existência aquilo que elas afirmam. São palavras na linhagem de Gênesis: "Disse Deus: 'Haja luz', e houve luz" (Gn 1:3); palavras vinculadas a Jesus, que falou ao paralítico: "Levante-se" e ele se levantou (Mc 2:11-12).

Foi isto que o Profeta fez: deu voz à voz que "falou, e tudo se fez" (Sl 33:9). Ele disse: "Aqui está o seu Deus [...] [Is 40:9] — Olhem! Escutem!". E foi o que fizeram. Pessoas que estavam cegas para Deus olharam; pessoas que estavam surdas para Deus escutaram. Por meio da pregação do Profeta, pessoas que segundo todas as aparências pareciam um não povo de novo passaram a ser povo de Deus. E ainda são, nós entre eles, vivendo na prática essa identidade de povo de Deus, continuamente sustentados e aprofundados por uma pregação que é designada pelo Profeta como evangelho (*boa notícia* ou *boas-novas*).

A pregação do Profeta instalou o termo "evangelho" como palavra-chave no vocabulário hebreu/cristão. O Profeta não cunhou a palavra, mas com certeza a empregou de uma nova maneira. No mundo semítico de seu tempo, era comumente utilizada com respeito aos relatos, bons ou maus, o tipo de reportagem fornecido ainda hoje pelos jornalistas. Mas o Profeta usa a palavra como algo que vai muito além de um relato de notícias internacionais ou fofoca de vizinhos. Ele condensa a proclamação da presença ativa de Deus em nossa vida em algo concentrado, não somente em nosso coração, mas em nossa história, não apenas relatando notícias, mas "alegremente proclamando os grandes feitos de Yahweh como confissão e com o objetivo

[13] Kornelis H. MISKOTTE, *When the gods are silent*. London: Collins, 1967, p. 421.

de despertar a alegria religiosa"[14] — evangelho. É mais que um anúncio. Traz-nos para uma consciência participativa daquilo que proclama — o próprio Deus ativo e presente em sua palavra, e nós *envolvidos*, quer queiramos, quer não. É uma palavra que contém uma mensagem: a notícia de que Deus age, não somente *é*, mas *está agindo* — agora mesmo.

Basar é a palavra hebraica. (Em grego é *euangelizo*, de onde extraímos "evangelho" e "evangelista".) O Profeta usa a palavra cinco vezes (duas vezes em 40:9; uma em 41:27; duas em 52:7). Quinhentos anos mais tarde, Marcos usará a palavra (*euangelion*) como título de seu relato sobre a vida, a morte e a ressurreição de Jesus. As primeiras palavras que saem da boca de Jesus no evangelho de Marcos são as palavras abrangentes que designam o reinado de Deus que Jesus inaugura: "reino de Deus". "Evangelho" tornou-se a palavra usada para dar nome ao relato que Marcos faz acerca da vida e da obra de Jesus que estabelecem o reino de Deus na terra (como no céu). Mais tarde a mesma palavra foi usada como título para o que Mateus, Lucas e João escreveram ao recontar a mesma história: Deus entre nós, Deus salvando-nos. Paulo usou a palavra, tanto como substantivo quanto como verbo, mais do que qualquer outro escritor bíblico: sessenta vezes (das 76 ocorrências no Novo Testamento). Mas foi o profeta que deu início ao seu uso, lançou "evangelho" em seu sentido proclamatório, querigmático, da voz de Deus, da criação de Deus, da salvação de Deus.

O uso excessivo e abusivo exaurem a palavra de sua força isaiânica e apostólica. Por exemplo, quando no inglês a palavra é usada como adjetivo, praticamente se destrói sua utilidade (como em quarteto *gospel*, música *gospel*, tabernáculo *gospel*). Seria melhor que mergulhassem na poesia e na pregação do Profeta.

A primeira tarefa do Profeta era recuperar para seus companheiros de exílio um senso do Deus vivo, presente, o Deus da salvação deles: "Aqui está o seu Deus!" (Is 40:9). Por muito tempo o povo de Israel tinha patinhado com os deuses cananeus e assírios, primeiro tentando esse, depois

[14] O. Schilling, in: G. Johannes Botterweck & Helmer Ringgren, orgs., *Theological dictionary of the Old Testament*, traduzido para o inglês por John T. Willis. Grand Rapids: Eerdmans, 1975, p. 315, v. 2.

aquele. Agora, no exílio deles, estão imersos em deuses babilônios, templos babilônios, mitos babilônios sobre Deus. É hora de lançar um belo olhar, demoradamente, em adoração para o Deus de seus pais, o Deus que se revelou como o "Deus que está presente, o Deus que está bem perto" (*Yahweh:* estou aqui, estou presente para você).

F. Dale Bruner esclarece a singularidade de *proclamar* (pregar) o evangelho como algo diferente de apenas ensiná-lo: "Evangelho [...] é a notícia da sociedade de Deus e da vinda de Deus junto com ela. [...] concentra-se na atividade de *Deus* ou no anúncio dessa atividade".[15] O ensino nos informa o que precisamos saber e fazer; é sobre nós. A pregação nos informa quem Deus é e o que faz; é sobre Deus. E é isso que o Profeta faz. Ele não fala *sobre* Deus, explica Deus, argumenta a favor de Deus. Nem ele explica para nós mesmos quem somos, dando conselho sobre como sobreviver ao exílio, orientações para melhorar de vida. Ele *prega o evangelho:* informa que Deus está vivo, presente e salvificamente ativo nos lugares em que estamos vivendo e entre as pessoas com as quais estamos vivendo. Há implicações, naturalmente, para a maneira como vivemos, mas somente se entendemos que a realidade viva que nos importa é *Deus* aqui e entre nós. A pregação que é principalmente sobre nós não é pregação do *evangelho*; aliás, nem pregação é. Seria má notícia, não boa notícia.

A estratégia de pregação do Profeta abrange três elementos: numa proclamação sem precedentes e ainda não superada por ninguém, ele fornece imagens de Deus para o povo de Deus, imagens que são pessoais, relacionais, e têm por objetivo nossa salvação. Intercalada nessas imagens, ele lança uma zombaria dinâmica, ridicularizando a insensatez da idolatria que está à mostra de forma tão esplendorosa e pretensiosa ao nosso redor. E, por fim, para que essas imagens não se turvem, transformando-se em meras imagens e para que os ídolos não acabem sendo meras caricaturas de desenho animado, ele apoia sua proclamação do evangelho com referências aos primórdios deles, lá no Gênesis e no Êxodo, o grandioso precedente criacional e histórico para aquilo que agora está acontecendo no atual Exílio deles.

[15] *The Christbook, Mateus 1–12*. Waco, Tex.: Word, 1987, p. 130.

As imagens de Deus

A eficácia da pregação do Profeta não estava em sua argumentação a favor da realidade de Deus, nem em sua advertência acerca das consequências de não seguirmos a Deus, mas na maneira pela qual ele transmitia o fato de Deus estar aqui de forma presente e viva. Sua maneira de fazer isso era por meio do uso profícuo e hábil da metáfora.

As duas imagens mais frequentemente usadas são Criador e Salvador (Redentor é um sinônimo aproximado). Deus é Criador. Vez após vez, primeiro por este ângulo e depois por aquele, o Profeta proclama Deus no ato da criação, usando imagens que já conhecemos de Gênesis. E não é de admirar. O Exílio também era "sem forma e vazio", mas, era importante que soubessem, Deus estava naquele exato momento movendo-se "sobre a face das águas" (Gn 1:2). O que Deus fez em Gênesis, está fazendo de novo agora mesmo. "Olhe ao redor — há provas da criação para onde quer que você olhe!"

> Ergam os olhos e olhem para as alturas:
> Quem criou tudo isso?
>
> Será que você não sabe?
> Nunca ouvir falar?
> O SENHOR é o Deus eterno,
> o Criador de toda a terra.
>
> Isaías 40:26,28

Ao menos doze vezes, a obra da criação é especificamente citada para interpretar o que Deus está fazendo entre eles no momento: Isaías 40:12-17,21-31; 41:17-20; 42:1; 43:1; 44:2; 44:24; 45:8,12-18; 48:7-13; 51:13,16; 54:5.

Salvador (ou Redentor) recebe igual atenção na pregação do Profeta. O exílio não era apenas um lugar de nada, "trevas" sobre "a face do abismo" (Gn 1:2). Era um lugar de sofrimento e privação. O Exílio era um cativeiro, e o povo necessitava de um Redentor; o Exílio era uma morte viva e eles necessitavam de um Salvador. O Profeta anuncia que Deus está presente para ser precisamente isso.

Então todo mundo saberá que eu,
o SENHOR, sou o seu Salvador,
seu Redentor, o Poderoso de Jacó (Is 49:26).

As citações de Deus como Redentor e Salvador são tão frequentes quanto as citações sobre Criador/criação: Isaías 43:1-7,11-21; 43:25-28; 44:6,22-24; 45:17-22; 46:12-13; 47:4; 48:17-20; 49:7,22-26; 51:4-8; 52:3,7-10; 54:5-8.

Deus cria. Sua criação fornece o contexto, a forma, pela qual ele trabalha. Deus salva. Sua salvação fornece o conteúdo que explica tudo o que se passa no mundo, tudo o que se passa em nossa vida. Karl Barth fornece o debate abrangente de que necessitamos para perceber a conexão necessária e indissolúvel entre a criação do céu, da terra e de "tudo o que neles há" (Gn 2:1) e a aliança de redenção e de salvação que é história: "Voltem-se para mim e sejam salvos, todos vocês, confins da terra; pois eu sou Deus, e não há nenhum outro" (Is 45:22).

A criação é como a construção de um templo, perfeitamente planejado para a vida de adoração e de salvação a cujo fim deve servir. A criação é o teatro; a aliança é a salvação que é encenada no teatro. Criador e Salvador são o exterior e o interior de Yahweh. O significado de criação é preparar um lugar em que a vontade de Deus será feita. A criação é a base externa para a aliança; a aliança é a base interna da criação.[16]

O Profeta empilha as imagens de Deus Criador e Deus Salvador, as embaralha, as reorganiza, as mistura e confunde: "Vocês pensavam que a criação tinha acabado e deixara de existir quando se esculpiram os montes, quando os rios foram postos a fluir e os cedros do Líbano foram plantados? Vocês pensavam que a salvação não passava de uma data nos livros de história e em algumas histórias que vocês ouviram de seus avós? O Criador ainda está criando, aqui na Babilônia! O Salvador ainda está salvando, aqui na Babilônia!".

Outras metáforas são introduzidas pelo caminho, enriquecendo a imaginação, captando nuanças. Deus é Guerreiro e Pastor: "O Soberano, o

[16] V., de Karl Barth, *Church dogmatics*. Edinburgh: T&T Clark, 1958, p. 228ss, v. 3.

Senhor, vem com poder! [...] Como pastor ele cuida de seu rebanho" (Is 40:10-11). A força de um guerreiro poderoso que liberta da opressão é aliada à ternura misericordiosa de um pastor que apascenta, arrebanha e dirige suas ovelhas. Deus é Ajudador, não apenas fazendo as "grandes" coisas implicadas na criação e na salvação, mas também presente de modo pessoal para fazer o que não conseguimos fazer por nós mesmos. Você se sente como um verme à sombra dos templos da Babilônia, um inseto, um objeto de desprezo dos soldados babilônicos? Não tem problema; "'Não tenha medo, ó verme Jacó, ó pequeno Israel, pois eu mesmo o ajudarei', declara o SENHOR" (41:14). Deus é Mãe, talvez a imagem mais fundamental para transmitir cuidado e intimidade: a mãe com um filho no peito, o qual ela trouxe ao mundo por muitas dores de parto. "Haverá mãe que possa esquecer seu bebê que ainda mama?" (49:15).

E muito, muito mais. Os ouvidos dos exilados ficaram cheios dos sons — uma sinfonia de sons! — que tornavam seu Deus presente. Os olhos dos exilados viram Deus em ação, em imagens coloridas, caleidoscópicas. Deus, ainda criando. Deus, ainda salvando. E tudo acontecendo imediatamente — impossível até distinguir os elementos, organizá-los alfabeticamente e selecionar o que queremos —, uma vasta simultaneidade na qual ficamos absortos.

Os ídolos

Intercaladamente a essas imagens sérias do Deus vivo da salvação, o Profeta de vez em quando ridiculariza os não deuses que poluem a paisagem babilônica. Sua zombaria é fulminante, implacável.

"Todos aqueles que fazem ídolos não deuses no final não são coisa alguma, e aquilo a que se dedicam tão arduamente não redunda em nada. Seus pequenos deuses-fantoche nada veem e nada sabem — um vexame total! Quem se incomodaria em fazer deuses que não podem fazer nada, que não podem ser 'deus'? Observe como todos os adoradores dos não deuses escondem o rosto de vergonha. Observe como os criadores dos não deuses saem de fininho, humilhados, quando seus ídolos falham com eles. Chame-os aqui para fora. Leve-os a encarar a realidade de Deus.

"O ferreiro faz seu não deus, trabalha nele em sua forja, martelando-o em sua bigorna — quanto trabalho árduo! Ele trabalha muito, fatigado, com fome e sede.

"O marceneiro faz esboços de seu não deus, depois o traceja num bloco de madeira. Ele lhe dá a forma humana com cinzéis e planas — uma linda mulher, um homem bonito, pronto para ser colocado numa capela. Primeiramente ele corta um cedro, ou talvez escolhe o pinho ou o carvalho. Deixa que cresça forte na floresta, nutrido pela chuva. Então pode servir a um duplo propósito: parte dele ele usa para se aquecer e fazer pão; da outra parte ele faz um deus que ele adora — esculpe-o na forma de deus e ora diante dele. Com metade da árvore, ele faz fogo para se aquecer e preparar seu jantar. Come quanto lhe baste e senta-se para trás satisfeito com seu estômago cheio e seus pés aquecidos pelo fogo: 'Ah, isso que é vida'. E ele ainda usa a outra metade para fazer um deus, esculpido segundo seu projeto pessoal — um não deus prático, acessível para adorar sempre que estiver inclinado a isso. Sempre que a necessidade o ataca, ele ora ao seu deus: 'Salva-me. Tu és meu Deus'.

"Que estúpido! Não é o que você diria? Será que eles não enxergam? O cérebro deles será que funciona? Será que não lhes ocorre dizer: 'Usei metade dessa árvore como lenha: assei pão, fiz carne assada e comi uma boa refeição. E agora usei o restante para fazer um abominável não deus. Aqui estou eu orando para um pedaço de madeira!'?

"Esse amante do vazio, do nada, está tão afastado da realidade, tão distante, que nem sequer consegue olhar para o que está fazendo, nem consegue olhar o não deus de madeira em sua mão e dizer: 'Isto é loucura'" (Is 44:9-20, tradução portuguesa não oficial de *A mensagem*).

O Profeta diverte-se, parece, ao fazer isso. É contundentemente engraçado quando satiriza esse embuste babilônico de deus (v. tb. Is 40:19-20; 41:5-7,21-24; 42:17; 45:20-21; 46:1,2,6,7; 47:12-14). Fico me perguntando se não havia algum babilônio que achasse graça.

O Êxodo

Mais uma coisa era necessária. Para que esse senso recuperado de Deus, como "o seu Deus", funcionasse como evangelho, o Profeta tinha de enraizar sua pregação de salvação numa percepção sólida da criação e da história. Não uma criação idealizada, nem uma história romantizada, mas uma história *vivida* numa criação *ancorada*, a história que a congregação do Profeta, mesmo enquanto se dirigia a eles, estava vivendo no sexto século a.C. na Babilônia.

Teria sido possível — é sempre possível na vida religiosa — que as pessoas "espiritualizassem" a pregação do Profeta, que a subjetivassem, que a particularizassem, tornando-a numa verdade confortante, "guetizando"-a, tribalizando-a. Era possível compartimentar Deus e a pregação do Profeta a respeito de Deus em algo muito desvinculado da Babilônia e das condições babilônicas em que viviam. Mas a criação e a história não podem ser reduzidas ao particular, ao místico, ao mental — ocorrem numa arena de acontecimentos públicos: o Êxodo egípcio, o Exílio babilônico e a crucificação do Gólgota "sob Pôncio Pilatos".

Mas, apesar do inegável testemunho das Escrituras em contrário, um número surpreendente de pessoas fica pouco à vontade com esse testemunho e faz o que estiver ao alcance para espiritualizar tanto a criação quanto a história: espiritualizam a terra e os mosquitos da criação e depois se matriculam num curso de arranjos de flor; espiritualizam os acidentes e os desastres de trem da história, reduzindo-os a datas de um compêndio. Espiritualizar nesse sentido implica a reinterpretação da vida em algo que não a exponha a perigos: excrescências cancerosas, vizinhos difíceis, uma economia corrupta. Reduz o vasto mundo da criação e o complexo mundo da salvação a uns poucos versículos bíblicos memorizados, um ou dois livros devocionais úteis para trazer inspiração e um punhado de verdades ou princípios que nos mantenham na linha. Por bem ou por mal, a espiritualização insiste em desconstruir uma forma de vida segundo o evangelho, transformando-a num sentimento, numa ideia ou num projeto. A espiritualização prospera quando torna a oração mais palatável, transformando-a em clichês santarrões, e, por um cordão de isolamento, impede que a Escritura faça parte do fluxo do tráfego. A espiritualização prospera à proporção que evita lidar com a Babilônia e com as condições da Babilônia. Espiritualizar o evangelho significa que amamos a Deus, mas não o mundo que "Deus tanto amou".

Para se guardar contra essa rejeição espiritualizadora do cotidiano da política, dos negócios e da religião da Babilônia, o Profeta pregava de tal forma que o povo compreendesse que o que Deus estava fazendo com eles em seu exílio tinha seu precedente no que Deus fizera em Gênesis e no Êxodo e assim lhe correspondia:

> Não foste tu que despedaçaste o Monstro dos Mares,
> que traspassaste aquela serpente aquática?
> Não foste tu que secaste o mar,
> as águas do grande abismo,
> que fizeste uma estrada nas profundezas do mar
> para que os redimidos pudessem atravessar?
> Os resgatados do SENHOR voltarão.
> Entrarão em Sião com cântico...
>
> Isaías 51:9-11

Monstro dos Mares (Raabe) é o nome do mais importante dragão das águas abismais dos antigos contos semíticos (v. Sl 89:10; Jó 9:13; 26:12). O Monstro dos Mares é também usado como metáfora do Egito, o "dragão" que oprimiu Israel por quatrocentos anos (v. Is 30:7; Sl 87:4). Na grande obra da criação, Deus derrotou o caos quando despedaçou o Monstro dos Mares. Na grande obra da salvação, ele fez "uma estrada nas profundezas do mar para que os redimidos pudessem atravessar" e derrotou o opressor egípcio. O Profeta faz uma fusão dos dois dragões: Deus subjuga as forças rebeldes do mal e opera sua salvação na Babilônia mesmo enquanto o Profeta está pregando para sua congregação no Exílio, proclamando que os "resgatados do SENHOR voltarão".

O Profeta prega vigorosamente, dando ao povo imagem após imagem, metáfora após metáfora de Deus criando, de Deus salvando. Busca despertar a imaginação deles para outra vez verem "o círculo de terra" no qual se encontram, para ouvirem de novo a história do êxodo da redenção deles que os situa na história. O Êxodo e o Exílio se correspondem — os israelitas haviam sido salvos daqueles séculos e daquelas condições aparentemente sem Deus da escravidão egípcia e estão sendo salvos outra vez das condições de devastação do Exílio babilônico, em que Deus é tido como morto. O que aconteceu antes está acontecendo outra vez.

O Profeta é inflexível: uma criação santa está acontecendo em solo babilônico; uma história santa (salvação) está acontecendo nas ruas babilônicas. Mas, se caímos no mau hábito de espiritualizar a criação e espiritualizar a história, não enxergaremos. Teremos cortado o "céus" de "céus e terra", ficando tão-somente com "terra".

Deus governa no céu. Não resta dúvida. Deus tem o seu trono "sobre os querubins" (Sl 80:1), é "rei", "o louvor de Israel" (Sl 22:3). Não resta dúvida. Deus não se esquece "dos necessitados" (Sl 10:12). Maravilha. Deus não me abandona "no sepulcro", mas me faz conhecer "a vereda da vida" (Sl 16:10-11). Sim. Mas Deus também — Nunca se esqueça disso! — "despedaça os cedros do Líbano" e "faz tremer o deserto de Cades" (Sl 29:5,8). Ele "abriu os céus e desceu" e "Montou um querubim e voou" (Sl 18:9-10). Ele "lançou ao mar o cavalo e o seu cavaleiro" (Êx 15:1).

Deus trabalha em nós, mas não em nós abstraídos da criação e da história. Deus toca o coração humano; Deus também toca as montanhas de modo que fumeguem (Sl 144:5). Em nosso coração se encontram os caminhos aplanados de Deus (Sl 84:5), mas o seu caminho também foi "Pelo mar" e não se lhes descobrem os vestígios (Sl 77:19). Não podemos reduzir Deus a nossa experiência ou entendimento dele. A criação é imensa; a salvação é abrangente. A pregação do Profeta formou uma imaginação participativa em sua congregação capaz de abraçar Deus em contornos os mais magnânimos.

O MEU SERVO

A *salvação* está a caminho! Mas como será efetuada? Quais são os meios? A resposta é sucinta; é também surpreendente: *o meu servo.*

"O seu Deus" é o termo que dá início à tarefa designada ao Profeta de reconstruir no imaginário da congregação exilada a percepção da criação/salvação (Is 40:9). Suas imagens vigorosas do Deus vivo, Deus pessoal, expandem-se num mundo magnífico: homens e mulheres salvos, mulheres e homens salvos — do Exílio! Isso é impressionante, mas nenhuma grande surpresa. De certa forma, esperamos algo assim do Profeta, o mais importante pregador em Israel do evangelho do Caminho.

Mas "o meu servo" é uma surpresa. À medida que o Profeta discorre sobre os meios que Deus usa para construir o "caminho para o SENHOR" (40:3) no meio do deserto babilônico, as "estradas" (49:11) que está construindo, ele cita "o meu servo" como o meio. George Adam Smith escreveu: "Depois do próprio Yahweh, o Servo se mostra a figura mais importante da profecia. Assim como o profeta insiste em afirmar que Deus é a única fonte e suficiência da salvação de seu povo, com igual ênfase ele introduz o Servo como agente escolhido por Deus em sua obra".[17]

Quatro cânticos que apresentam um servo são intercalados pelo Profeta no decurso de sua pregação do evangelho: Isaías 42:1-9, 49:1-7, 50:4-9 e 52:13—53:12. Os servos — desprezíveis servos, acredite se quiser — são a escolha de Deus para implementar o grande ato da salvação. Começamos pelo próprio Profeta, que entende a si mesmo sob a designação "servo". O Profeta que *pregava* a sua congregação "Aqui está o seu Deus" também *escutou* Deus dizendo a ele: "Aqui está o *meu* servo". A pregação profética é inútil se não for acompanhada por uma escuta profética.

Os quatro cânticos são empregados para garantir que o Profeta, ou Israel, ou qualquer um de nós não ponha no lugar algo que nos pareça um meio mais adequado, algo que imaginamos estar mais de acordo com a glória de Deus. O servo é chamado e definido por Deus; o servo entende-se exclusivamente dentro das condições estipuladas por Deus. George Adam Smith outra vez:

> ... cristãos limitados e imperfeitos são lembrados de que não podem colocar no lugar da fé em Deus as próprias ideias de como Deus deveria agir; de que não devem limitar suas operações às concepções deles a respeito de como ele se revelou no passado; que Deus nem sempre opera mesmo de acordo com seus próprios precedentes; e que muitas outras forças além da convencional e da religiosa (Exatamente. Mesmo as forças destituídas do caráter moral ou

[17] *The book of Isaiah*. London: Hodder and Stoughton, 1889, p. 253, v. 2.

religioso, como o próprio Ciro parece ser um exemplo!) estão igualmente nas mãos de Deus e podem ser usadas por ele como meio de graça.[18]

À medida que o Profeta expõe o caminho e os caminhos do servo nos quatro cânticos, ele fornece detalhes suficientes para assegurar que não transformemos a palavra num clichê, uma mera etiqueta que impessoalize o ricamente pessoal, transformando-o em alguma abstração sem cor. Esses cânticos, como se perceberá, são a contribuição mais inconfundível que o Profeta faz para o nosso entendimento do evangelho, o caminho de Jesus. São também, pode-se dizer, o aspecto mais difícil em sua mensagem de assimilar e praticar. Ninguém aspira a ser servo. Temos uma opinião mais elevada acerca de nós mesmos.

Mas o Profeta, com muito mais detalhes que qualquer profeta antes dele, abraçou a imagem do servo para identificar e desenvolver os métodos e meios humanos pelos quais Deus reequipa e redefine tanto a si mesmo quanto a seu povo para que este participe na vida de salvação que lhe está preparada. "Servo" não era uma nova imagem, mas no Exílio é bem possível que tenha perdido muito de sua força e impacto. Mas, se a imagem estava morta, estava morta somente da mesma forma que uma semente está morta: aparentemente morta, mas pronta para romper em verde vitalidade quando as condições estiverem favoráveis. O *nada* do Exílio fornecia essas condições.

Setecentos e cinquenta anos antes do Exílio, quando Moisés conduziu o povo de Israel da escravidão no Egito, "servo" era uma imagem fundamental tanto para Moisés ("Moisés, seu servo", Êx 14:31) quanto para o povo que ele conduzia. Haviam sido escravos no Egito (algo ruim); agora eram servos de Yahweh (algo bom). E agora o Profeta do Exílio (Poderia ser ele o "profeta como" Moisés previsto em Deuteronômio 18:15,18?) está proclamando a realidade, a presença, a atividade salvífica de Yahweh na história dos primórdios de Israel, sua criação como povo de Deus, e na história da salvação em relação à escravidão egípcia, Deus ativo outra vez no Exílio babilônico.

[18] Idem, p. 174.

"Servo" não é um termo novo para designar o povo de Deus. Já no começo, o termo "servo" formava o âmago do autoentendimento desse povo. A grande salvação do mar Vermelho que pôs Israel em liberdade em relação ao cativeiro egípcio não fez deles um povo livre, mas servos de outro Mestre: "pois os israelitas são meus [de Deus] servos [*'abadim* = escravos], os quais tirei da terra do Egito. Eu sou o SENHOR, o Deus de vocês" (Lv 25:55). Foram libertos da escravidão egípcia, mas não estavam livres de Deus. "A mensagem presente no Êxodo não é de liberdade no sentido de autodeterminação, mas de *serviço*, o serviço ao Deus amoroso, redentor e libertador de Israel, em vez de ao estado e seu rei orgulhoso", escreve Jon Levenson.[19]

Quando Moisés negociou a liberação dos escravos israelitas, usou a palavra "servo" várias vezes. Deus instruiu Moisés: "... e lhe dirás: O SENHOR, o Deus dos hebreus, me enviou a ti para te dizer: Deixa ir o meu povo, para *que me sirva* no deserto" (Êx 7:16; 8:1,20; 9:1,13; 10:3, RA). Os servos do faraó, fartos que estavam do acúmulo de pragas recaídas sobre a terra, disseram a seu senhor: "Deixa ir os homens, para que sirvam ao SENHOR, seu Deus" (Êx 10:7, RA). Exasperado, Faraó finalmente se entrega e diz a Israel, não uma vez, mas quatro vezes: "Ide, servi ao SENHOR, vosso Deus" (Êx 10:8,11,24; 12:31, RA). E eles foram. Mas, tão logo Faraó os deixou partir, mudou de ideia e tomou providências para trazê-los de volta. Quando os carros egípcios trovoavam atrás deles, os israelitas perceberam que estavam presos e sem saída nas praias do mar Vermelho. Moisés os conduzira a um beco sem saída. Eles demitiram Moisés como líder deles ("Deixe-nos em paz!") e estavam preparados para retornar como escravos sob o domínio de Faraó: "Antes ser *escravos* dos egípcios" (Êx 14:12). Um dia depois, Moisés os viu na outra margem, gritando e cantando — salvos! Mas Moisés era ainda um servo, como era o povo que ele conduzira. A condição de servo de Moisés não mudou: "Israel pôs nele [no SENHOR] a sua confiança, como também em Moisés, seu *servo*" (Êx 14:31).

[19] *The Hebrew Bible, the Old Testament, and historical criticism*. Louisville: Westminster/John Knox, 1993, p. 144.

Tanto o povo quanto Moisés eram ainda escravos. O que mudara, a única coisa que mudara, era que tinham um Mestre diferente, Yahweh, o Senhor da vida, em vez de Faraó, o tirano da morte. (A mesma palavra em hebraico, *'ebed*, é traduzida para o português como escravo ou servo, dependendo do contexto: se a servidão é forçada, você é escravo; se a servidão é escolhida, você é servo. O mesmo acontece com a palavra grega *doulos*, do Novo Testamento: "servo" ou "escravo".)

"Servo" nos surpreende por ser tão incongruente com o *caminho* em si, o caminho da salvação, "um caminho reto para o nosso Deus" (Is 40:3). O "caminho [no deserto]", com "riachos no ermo" (43:19), é algo extraordinário, extremamente sublime. Mas os agentes que Deus escolhe para executar essa obra gloriosa são servos inglórios. Os servos não têm nenhuma credencial, nenhuma condição especial, nenhuma realização que os qualifique para uma grande obra.

Será a forma pela qual Deus deseja dar testemunho da obra da salvação? Será assim que o Deus todo-poderoso que "se assenta [...] acima da cúpula da terra" espera ser reconhecido? Talvez esperássemos coisas maiores: lutadores pela liberdade, talvez, guerreiros endurecidos pelas batalhas, estadistas politicamente espertos, hábeis em negociar acordos. E por que não acrescentar uma hoste de anjos? Servo é uma posição sem distinção, a travessa mais baixa da escada do trabalho. E aqui estão eles, meros servos — esses exilados, esses exilados sem-terra, sem-rei, sem-Deus (como tantos supunham) —, os homens e mulheres que mesmo ali Deus estava usando para efetuar a salvação deles.

Entre as pessoas imbuídas da Palavra de Deus, servo sempre foi nossa identidade herdada. Servimos a Deus; Deus não nos serve. Deus dá as ordens, Deus faz as estipulações para o nosso serviço; nós as cumprimos. Deus é um Mestre bom e misericordioso, mas Deus não nos serve.

O caminho de Deus, sempre, é usar servos. Servos: homens e mulheres sem posição, sem realizações, sem influência. O elemento essencial da identidade de um servo é *não* ser Deus, não estar no comando, não tomar a iniciativa. Ou, para expressarmos a mesma verdade de maneira positiva, o servo entra no que já foi decidido por outro, o que já está acontecendo, atento aos gestos e aos comandos do Mestre (Sl 123). O servo não sabe toda a história, não sabe o fim desde o começo. A tarefa do servo é ser competente nos negócios imediatos relacionados àquilo que ele sabe a respeito dos desejos de seu Mestre. O tempo todo ele também está ciente de que muito mais está acontecendo, tanto de bom quanto de ruim, do que tem conhecimento. Ele vive, em outras palavras, num mistério, mas nunca em confusão. Um bom servo está sempre ávido de confiar em Deus, de lhe obedecer e honrá-lo como o soberano que é sempre pessoal e presente — *Yahweh:* Deus aqui e agora.

Os quatro cânticos do Servo

As quatro passagens designadas "Cânticos do Servo" são de especial interesse à medida que o Profeta identifica o servo e/ou servos que Deus usará para salvar seu povo de seu Exílio babilônico.

Está claro por agora que a designação "servo" é variável (há um enorme consenso entre os leitores da Bíblia a esse respeito): às vezes é uma pessoa citada pelo nome (como Moisés ou Davi). Mais tarde, os escritores do Novo Testamento apresentarão Jesus como aquele que se entendia como um servo conforme está definido nos quatro cânticos do servo. Paulo identificava-se com a mesma palavra. Mas ao mesmo tempo inclui cada um de nós, sem ressalvas ou diluições — todo o povo de Deus. "Servo" é a palavra mais elevada e mais precisa que pode ser usada a nosso respeito. Somos todos servos. Qualquer um de nós, se retirado aleatoriamente de uma congregação, aos olhos de Deus pode desempenhar o papel de servo tão bem, em cada aspecto, quanto qualquer um daqueles identificados pelo nome (Moisés e os outros). Mas a maioria dos servos não é identificada pelo nome. Isso é de especial interesse para aqueles de nós interessados em Jesus como o caminho, desejando saber de que *forma* Jesus é o caminho que somos chamados a trilhar.

O Profeta usou a expressão "Aqui está..." para chamar atenção e para marcar a urgência dessa pregação do evangelho da salvação — sete repetições de *Aqui está* (ou seus equivalentes *Veja, Vejam só*) em *staccato:* Isaías 40:9-10,15 e 41:11,15,24,29. "Veja só! Escute a palavra de Deus." Na hora de introduzir os cânticos do servo, ele usa a mesma palavra: "Eis..." (42:1). "Vejam só! Escutem esses cânticos do servo. Vocês precisam prestar atenção a quem Deus é na vida de vocês" ("Aqui está o seu Deus!"). "É igualmente importante que vocês conheçam os métodos e meios, a saber, o *servo* por meio de quem Deus trabalha na vida de vocês" ("Eis o meu servo..."). O primeiro e o quarto cânticos do servo começam com "Eis o meu servo.../Vejam, o meu servo..."; o terceiro cântico encerra-se com a expressão duas vezes "Eis que..." (RA), como que para dizer: *marque isto — isto é muito importante!*

Isaías 42:1-9. No primeiro cântico, o servo é "escolhido" para uma missão: ele "trará justiça às nações". Uma grande tarefa. Mas a forma pela qual ele a executa é tudo, menos grandiosa: trabalhará calma e suavemente, sem gritos, sem imposições, nenhuma intimidação. É significativa a congruência entre o fim e os meios. E, apesar da aparente insuficiência dos meios, seu êxito é garantido — "não fracassará".

Isaías 49:1-7. O segundo cântico descreve o servo como formado "no ventre". Não se trata aqui de uma tentativa desesperada, de última hora, de salvar um empreendimento que está fracassando. Não é uma decisão de última hora. Tem estado em preparação por muito tempo. Mesmo assim, não será fácil: o próprio servo sente a inutilidade de seu trabalho, e Deus reconhece que ele será "desprezado e detestado pela nação". Mas a grandeza da tarefa não é ajustada, como se faz com uma roupa, para se adequar a sua insuficiência: "farei de você uma luz para os gentios". E o resultado será satisfatório: "Reis o verão e [...] se encurvarão".

Isaías 50:4-9. O terceiro cântico reafirma o trabalho do servo de testemunhar e pregar, trabalho esse que será recebido com escárnio e desprezo: "Ofereci minhas costas àqueles que me batiam [...] não escondi a face da zombaria e dos cuspes". Mas o servo não vacila, não se acovarda: "eu me opus firme como uma dura rocha". A vitória continua a ser garantida: "É o Soberano, o Senhor, que me ajuda" (v. 9).

Isaías 52:13—53:12. O quarto cântico no final é o cântico principal para o qual os três primeiros são uma introdução. Continua a dar testemunho de que o servo é escolhido, preparado e designado por Deus para executar a obra de Deus de justiça e salvação; continua a situar sua obra em condições de rejeição e sofrimento; continua a assegurar que esses meios, ainda que improváveis, realizarão seu fim. Mas há um novo elemento que diferencia esse cântico de maneira notável, um caminho que acaba por mostrar-se definitivo para compreendermos o evangelho e dele participarmos, a notícia que permanece notícia. Esse caminho definitivo implica sofrimento sacrificial, sofrimento pelas pessoas e junto com elas.

Esse último cântico do servo tem dois interlocutores: os trechos de abertura (52:13-15) e de encerramento (53:11*b*-12) são expressos por Deus; a voz central (53:1-11*a*) é expressa na primeira pessoa do plural ("nós"), representando as pessoas que relatam o sofrimento e a morte do servo e seu significado para a sua salvação. Esse "nós" é o âmago do cântico, mas é tão penosamente contrário ao que costumamos pensar que significa cuidar daquilo que está errado em nós, tão ofensivo ao nosso senso do que é certo e justo que exige pesados suportes de livros para assegurar que é isso de fato o que Deus pretende. De um lado, "Vejam, o meu servo agirá com sabedoria" (52:13); de outro, "meu servo justo justificará a muitos" (53:11*b*). Esse é o caminho, o caminho do sofrimento sacrificial, pelo qual Deus lida com aquilo que está errado com Israel — e o que está errado no mundo. O prólogo substancial (52:13-15) e a conclusão confiante (53:11*b*-12) mantêm o centro firmemente no lugar, de modo que podemos contemplá-lo sem vacilar.

Esse servo é a peça central do cântico: "raiz saída de uma terra seca [...] não tinha qualquer beleza [...] desprezado e rejeitado [...] nós o consideramos castigado por Deus, por Deus atingido e afligido [...] foi eliminado da terra dos viventes [...] Foi-lhe dado um túmulo com os ímpios". Um servo sofredor.

Mas a questão é que esse sofrimento não é apresentado como trágico, como um infortúnio, como uma interrupção do que deveria ter acontecido. O sofrimento é o meio *escolhido* para a salvação: "tomou sobre si as nossas enfermidades [...] foi esmagado por causa das nossas iniquidades

[...] o castigo que nos trouxe paz estava sobre ele [...] o SENHOR fez cair sobre ele a iniquidade de todos nós [...] por causa da transgressão do meu povo ele foi golpeado [...] o SENHOR [fez] da vida dele uma oferta pela culpa". O servo fica firme por nós, toma o nosso lugar. Bernd Janowski, num estudo exegético dos mais cuidadosos sobre Isaías 53, destila em uma frase a essência da importância do servo: "uma pessoa, por uma ação ou sofrimento, toma o 'lugar' de outras pessoas que não estão dispostas a tomá-lo por si mesmas, nem podem fazê-lo".[20] É o que às vezes chamamos de sofrimento vicário.

O servo serve a Deus. Isso nem precisaria ser dito. Mas o aspecto inconfundível que ganha destaque no quarto cântico é que o servo serve a Deus servindo o pecador, tomando o lugar do pecador, tomando as consequências do pecado, fazendo pelo pecador aquilo que ele é incapaz de fazer por si mesmo.

Esse é o caminho proposto pelo evangelho para lidar com o que está errado no mundo, lidar com esse pecado-câncer multifacetado que nos mutila e incapacita. As variações daquilo que está errado são multiformes: incredulidade, errar o alvo, maldade, rebelião, transgressão, voluntariosidade, indiferença, violência, arrogância, e a lista segue infindável. Mas quer o mal seja intencional, quer inadvertido, o servo nem o evita em repulsa, nem o ataca pela força das palavras ou das armas. Em vez disso, o servo abraça, aceita, *sofre* no sentido de se submeter às condições e de aceitar as consequências. O servo pessoalmente *leva* o malfeitor e o mal cometido ao altar do sacrifício e faz uma oferta do malfeitor ou do mal cometido. O servo diz a seus irmãos e irmãs: "Somente Deus pode salvá-los. Vocês não acreditam que possam ir até ele? Eu irei por vocês". Ou, ao menos, "Deixe-me ir junto com vocês".

Tem-se gastado muito tempo, e ainda é assim, com a busca pela resposta à pergunta: "Quem é esse servo?". Poucas passagens da Escritura re-

[20] Bernd JANOWSKI, in: Bernd JANOWSKI & Peter STUHLMACHER, orgs., *The Suffering Servant:* Isaiah 53 in Jewish and Christian sources, traduzido para o inglês por Daniel P. Bailey. Grand Rapids: Eerdmans, 2004, p. 53-54.

ceberam um tratamento tão meticuloso em busca de saber com precisão quem é essa pessoa e esse acontecimento que formam o âmago da nossa compreensão do evangelho da salvação. O consenso da igreja estabelece Jesus, o Cristo, Deus encarnado, realizando a salvação de forma cabal, tanto presente na criação (o "Cordeiro que foi morto desde a criação do mundo", Ap 13:8) quanto assumindo o papel central da história: Jesus na cruz é o meio da salvação.

Mas, embora o sofrimento e a morte de Jesus sejam definitivos e completos, há mais — e esse mais está relacionado com nossa participação naquilo que Jesus cumpriu em seu sofrimento e morte. Há mais no servo que Jesus: há também os seus servos. A relutância do próprio texto em fornecer uma identificação definitiva do servo é provavelmente proposital. Talvez as linhas de definição estejam turvadas de modo que fiquemos impedidos de designar o ofício exclusivamente ou a uma pessoa anônima no exílio, ou, de modo absoluto, a Jesus. Estamos inseridos nisso, e não podemos nos desqualificar. A preocupação geral e penetrante do texto é que cada seguidor do evangelho abrace a identidade de servo exatamente segundo as condições em que o Profeta do Exílio o apresenta: "Sou o servo, assim como Moisés era o servo (e, para aqueles de nós que já antegozam o que está por vir, Jesus é o Servo Completo); cada um de vocês é também o servo". Por mais que tentemos escapar da questão ou rodeá-la, simplesmente não há como seguir a Jesus sem sofrimento, rejeição e morte. Isso sem exceção.

No êxodo, Moisés foi exatamente esse servo no Egito: quando o povo foi infiel no episódio do bezerro de ouro e corria o risco de deixar de existir, ele se ofereceu "no mistério da substituição por Israel, mas também por Deus"[21] em lugar do povo: "risca-me do teu livro que escreveste" (Êx 32:32). Mas não de modo exclusivo — muitos de seus seguidores também assumiram a identidade de servo.

No tempo do exílio, o Profeta talvez tenha sido exatamente esse servo na Babilônia: "levou o pecado de muitos, e pelos transgressores intercedeu"

[21] MISKOTTE, *When the gods are silent*, p. 385.

(Is 53:12). Quebrou os círculos viciosos da incredulidade e da desobediência, e não, como Walter Brueggemann nos lembra, "por força, por poder, por coerção, pois a coerção vigorosa somente se impõe e suscita mais elementos contrários. O servo, esse ninguém sem recursos, quebra os ciclos da morte e da dor precisamente por uma vida de vulnerabilidade, penetra a violência e destrói sua tirania".[22] Mas não de modo exclusivo — muitos na congregação dele também abraçaram a vida de servo.

E Jesus. Todos os escritores do Novo Testamento entendem que Jesus viveu em plena luz do dia detalhes que eles discerniram em fragmentos e indícios presentes na linguagem exílica de Isaías 53: o sofrimento, a humilhação, o silêncio diante de seus acusadores, o cordeiro [de Deus] levado à matança, os açoites cruéis, o julgamento diante de Pilatos e Caifás, a morte, o abandono da parte de Deus. Jesus abraçou cada detalhe do servo do qual o Profeta dá testemunho. O que Moisés e seus seguidores fizeram em parte, o que o Profeta e sua congregação fizeram em parte Jesus fez no todo, completamente. Jesus era ao mesmo tempo Deus e servo. Ele reuniu todos os elementos da proclamação de Deus, e a maneira pela qual o fez foi como servo, "por nós e para nossa salvação". Esse é um tremendo mistério que desafia a compreensão, mas o mistério não impede que dele participemos.

Mas nem Jesus o fez de modo exclusivo. Ele o fez de modo singular, com toda a certeza, pois não há nada que possamos fazer para acrescentar algo ao que Jesus fez e faz, nem para lhe retirar qualquer coisa. A cruz no Gólgota, o lugar onde todas essas imagens de Isaías 53 ganham foco, é irrepetível — mas não o ato de *carregar* a cruz. A singularidade representada por Jesus não nos exclui, impedindo-nos de participar em seus caminhos de servo. Podemos — *devemos* — participar da obra de Jesus como Jesus mesmo a executou e a executa, e somente da maneira pela qual Jesus a executou e executa, servos obedientes e jubilantes à medida que seguimos nosso Salvador servo que não "veio para ser servido, mas para servir e dar a sua vida em resgate por muitos" (Mc 10:45).

[22] BRUEGGEMANN, *Isaiah 40—66*, p. 147.

Não é o que fazemos quando *nos* oferecemos "em sacrifício vivo" (Rm 12:1)? Não nos tornamos parceiros em seus caminhos de servo quando levamos "os fardos pesados uns dos outros" (Gl 6:2)?

O evangelho que o Profeta pregou na obscuridade e no anonimato do Exílio finalmente encontrou seu púlpito de maior destaque no Gólgota, tendo Jesus como seu pregador. Mas, por maior destaque que tenha aquele púlpito e por mais poderoso que seja aquele pregador, o caminho do servo raramente, talvez nunca, foi um caminho muito trilhado na comunidade cristã.

Essa forma de lidar com o que há de errado nas pessoas, com o que há de errado no mundo, a qual se baseia na experiência do servo sofredor e sacrificial, é tão diferente dos caminhos aos quais a nossa cultura nos habituou. Os procedimentos operacionais modelares praticados fora da órbita da Escritura e de Jesus tentam livrar-se do que há de errado no mundo, ou ao menos reduzi-lo, principalmente pelo método do ensino e da imposição: *ensine* as pessoas o que é correto, *force-as* a fazer o que é certo. O professor e o policial representam os dois caminhos, a instrução e a garantia de aplicação da lei. Mandamos as pessoas para a escola para *ensiná-las* a viver correta e responsavelmente; se isso não funcionar, *forçamo-las* a cumprir o que precisam cumprir por meio de um sistema de recompensas e punições, mesmo que signifique prendê-las numa cela.

Nenhuma forma parece fazer muita diferença. O caminho do ensino, da maneira pela qual é conduzido nas escolas e nas universidades, não é uma explosão de sucesso. Salafrários e traidores, ladrões e defraudadores, suicidas e violadores vicejam nas melhores profissões e negócios. À medida que a instrução sobeja, o pecado sobeja ainda mais. Nem o caminho da coerção, da forma pela qual é conduzido nos presídios e nas penitenciárias, parece fazer muita diferença. Retiramos uma pequena porcentagem de malfeitores das ruas por um tempo, mas mesmo assim nossa população prisional parece às vezes competir com o número daqueles que frequentam a escola. Distribuímos revólveres e bombas a todos os que concordem em usá-los para servir "a Deus e ao país" e passamos a ameaçar ou a matar qualquer um que "perturbe a paz", quer no país, quer no exterior. Nada disso parece ter grande sucesso em diminuir a quantidade de mal.

Isaías 53 é o último prego no caixão que enterra todas as falsas expectativas, todas as seduções do Diabo, todas as revisões falsamente piedosas da história bíblica que tornam Jesus e seus seguidores em sucessos ocidentais.

Entrementes, aquele púlpito no Gólgota ainda se situa no centro da história. E aquele Pregador ainda profere a única palavra que salvará o mundo.

BELEZA

Uma palavra exige comentário antes de concluirmos nossa conversa sobre o Profeta do Exílio: trata-se da palavra "belo". O Profeta a usa uma única vez, mas é a única palavra que mais exata e completamente reúne tudo o que o Profeta tem colocado diante de nós. Exige comentário porque simplesmente não fica evidente a irrefutabilidade da palavra, dadas as condições presentes na Babilônia da época: arrogância sem Deus, desespero exílico, Deus glorioso e servo sofredor, salvação e enganos associados à deidade, o que você vê e ouve e o que você não consegue ver e ouvir, o que aconteceu, acontece e acontecerá. A palavra usada pelo Profeta para tudo isso é "belo". Sim, precisamos parar e comentar sobre isso.

A beleza é comumente banalizada em nossa cultura, quer secular, quer eclesial. É reduzida a mera decoração, equiparada à insipidez do "bonito" ou "agradável". Mas a beleza não é um a mais, não é um extra, não é um enfeite supérfluo. A beleza é fundamental. A beleza não é aquilo a que nos entregamos depois de cuidar do assunto sério de ganhar a vida, ou de aceitar a Jesus, ou de construir uma carreira. Ela evidencia e testemunha a integralidade e a bondade inerentes de quem Deus é e de como age. É a vida além do que podemos administrar ou controlar. Chega por meio de uma atenção continuada e adoradora a tudo o que encontramos no caminho: uma marcha forçada por um deserto, uma pedra, uma flor, o Monstro dos Mares, um rosto, um farfalhar entre as árvores, o "cálice do vacilo", uma tempestade se debatendo entre as montanhas, feridas e machucados de todo tipo, o gesto de um idoso, um cordeiro levado ao matadouro, uma brincadeira de criança, um apelo para ir à frente receber oração, uma boa morte, asas como águias, as Escrituras, Jesus.

Minha esposa e eu passamos algumas horas num museu na Carolina do Norte que estava realizando uma exibição da obra de Auguste Rodin. Uma vez que as esculturas do Rodin invadem sua imaginação, é impossível olhar para um homem andando ou a uma mulher amando e os despedir como triviais ou insignificantes. Em qualquer pose ou ação, Rodin encontrava as pessoas, ele via o que só pode ser chamado, penso eu, beleza; e a beleza dava testemunho de algo extático, algo a mais, a própria vida simplesmente.

Descobri lendo as informações do programa que ele muitas vezes instruía seus alunos: "Não procure um modelo bonito, um espécime perfeitamente proporcional — tome qualquer um que lhe cruze o caminho. São todos belos".

Essa é uma beleza que foge a todas as definições de dicionário. Implica uma reconstrução, uma reforma de todas as palavras que por hábito empregamos para satisfatoriamente chegarmos aos shoppings, mantendo intactas nossas identidades distorcidas pelo pecado. Todas as nossas palavras bíblicas, aliás, exigem isso — insistem em ser redefinidas do ponto de vista da reconstrução de uma vida de obediência fiel que recebe sua forma plena e final em Jesus. "Como são belos nos montes", diz o Profeta, "os pés daqueles que anunciam boas novas" (Is 52:7), os pés do mensageiro que está proclamando o evangelho da salvação efetuado pelo servo sofredor.

Mas certamente não é o tipo de beleza a que estamos habituados: "sua aparência estava tão desfigurada, que ele se tornou irreconhecível como homem [...] não tinha qualquer beleza ou majestade que nos atraísse, nada havia em sua aparência para que o desejássemos" (52:14 e 53:2). A beleza na própria pessoa e circunstância nas quais não vimos "nenhuma beleza". Essa é uma beleza que desafia nossas ideias estereotipadas de beleza, mas, uma vez que a acolhemos e começamos a vivê-la, vai muito além de todos os cartazes de viagem, propagandas de moda e poses glamorosas. O Profeta está nos formando numa estética teológica que se contrapõe a quase tudo, tanto na Babilônia quanto em nosso mundo ocidental de hoje.

Com tudo isso tão claro diante de nós, por que tantos rejeitam tão teimosamente qualquer uso da palavra "beleza" que se distancie ainda que um milímetro da fórmula "Deus abençoe os Estados Unidos" ou "De ti, ó meu Brasil, país de encantos mil/ [...] te cerque o bom Senhor e Rei, Jesus"?[23] Precisamos que esse Profeta alimente nossa imaginação com introspecção e competência numa beleza que não é mera *boniteza*, mas a *forma* assumida pela plenitude da divindade ao tomar a si os pecados de muitos na *Shekinah* que se manifesta diante de nós mesmo em nosso bairro. Se insistirmos em aprender sobre a beleza com os designers de máquinas e com os cabeleireiros dos salões de beleza, nunca teremos a menor ideia do que torna *belos* os pés daquele mensageiro sobre os montes.

O que há de diferente na beleza é que ela *revela*, revela as profundezas daquilo que está sob a superfície, e vincula o distante com o presente. Mas "revelação" é uma palavra sem sentido para os que pensam que estão no controle de toda visão, audição, toque, olfação e degustação. "Provem, e vejam como o Senhor é bom" — é *belo* (Sl 34:8). (A palavra hebraica *tob* pode ser traduzida tanto por "bom" quanto por "belo".) Mas a frase não tem sentido algum a todos aqueles que já concluíram de antemão que "Senhor" é uma palavra sem sentido. A beleza que é salvação é praticamente irreconhecível aos que são indiferentes à transcendência, às conexões orgânicas entre os céus e a terra, entre o longe e o perto. Feio é o veredicto daqueles que se recusam a seguir o Caminho. Pouco surpreende que os contemporâneos do Profeta não tenham conseguido enxergar as feições do Salvador no servo, vendo-o antes "Como alguém de quem os homens escondem o rosto [...] e nós não o tínhamos em estima". Muitos no nosso tempo fazem o mesmo.

A beleza não impõe nada que ou Deus, ou nós mesmos, o mundo de Deus ou as nossas circunstâncias pareçam melhores. A beleza já está lá: por meio da oração, do amor ou da adoração (todos mistérios), enxerga-

[23] *Hinário para o culto cristão*, nº 600.

mos a verdade, a realidade, a bondade, a salvação: Deus. A beleza dá forma à coinerência (para usar o vocabulário de Charles Williams). Não explica nada. Revela o que está implícito em cada detalhe da criação e da salvação, o que esteve sempre lá, desde o começo: numa libélula, num acidente, num ciclone, em Jerusalém, na Babilônia. Ali está: *bela*. Reconhecemos que tem uma relação orgânica com quem Deus é e com a forma pela qual Deus opera — não uma intromissão, não uma violação. Deus emprega servos em diferentes roupagens para nos mostrar o que está acontecendo — artistas, pastores, arquitetos, professores, poetas, escritores, jardineiros, cozinheiros, compositores, dramaturgos, escultores, mães e pais, filhos, netos —, para revelar o que está bem ali diante de nós, o interior e o exterior, o lá e o aqui, de modo que possamos ser participantes dele. Beleza.

A beleza é o resultado de os disformes assumirem forma, de Deus criar o céu e a terra a partir do "sem forma e vazia". Onde antes víamos "trevas sobre a face do abismo" agora vemos luz brotando desses mesmos abismos: uma luz que Deus chamou de boa (*tob* outra vez: bela!). Ela dá nome à reunião de cacos e lascas de vidas quebradas, almas esmagadas pelo pecado, o paciente ingresso na desordem do caos e a formação de uma nova criação que *não deixe nada de fora*, que leva "o pecado de muitos" e os usa como material para a salvação.

O pecado não é redimido por meio de uma esfrega, para que deixe de existir, mas quando alguém o toma para si como sacrifício que "justificará a muitos". É, sem dúvida alguma, o que Jesus fez. Nós, naturalmente, não somos Jesus; não podemos fazer isso por nós mesmos. Mas podemos participar do que Jesus faz com os pecados do mundo, os pecados na igreja, os pecados em nossa família, à medida que ele os toma e os sofre. Podemos entrar no caminho da cruz de Jesus e tornar-nos participantes na reconciliação que Jesus operou do mundo. Salvação não é escapar do que está errado, mas um abraçar profundo e reconciliador de tudo o que está errado.

Esse é o abandono radical da condenação do pecado e de pecadores — atitude hedionda na melhor das hipóteses. Não mais ficamos à volta como espectadores em encantamento ou desaprovação em relação aos pecados ou problemas dos outros, mas nos tornamos cossofredores e participantes na vida sacrificial de Jesus à medida que tomamos os pecados de nossos filhos, os pecados de nossos presidentes, os pecados de nossos pastores, os pecados de nossos amigos, nossos pecados — nomes no jornal, homens e mulheres da vizinhança.

A mensagem que quero ressaltar é que, para nos mantermos na companhia de Isaías 53, precisamos rever radicalmente nossas imaginações e memórias, a fim de acolher nada menos que isto: enxergar o sacrifício, a oferta, a fraqueza, o sofrimento como essenciais, não uma opção à salvação. Isso é muito difícil de captar — difícil para os hebreus na Babilônia, difícil para os cristãos em nossa cultura ocidental. Há um mistério insondável no âmago disso: consertar por meio de outro (Outro: Jesus!). Os aspectos do mistério são percebidos num novo prisma por meio de um grupo de palavras — intercessões, perdão, expiação, sacrifício, propiciação — todas palavras em relação orgânica entre si. Salvação: Jesus na cruz, seu corpo e sangue na Eucaristia, o pão e o vinho em mim, Cristo em mim. E tudo isso acontecendo todos os dias em mim e na minha família, quando visito amigos do bairro, escrevo cartas e livros, vou para o trabalho, cozinho, lavo roupa. Essa é a ação — salvação! — no cerne de tudo na criação, na história e na comunidade. É o que forma um mundo santo, um povo santo, um momento santo. Há poucos que participam conscientemente e de bom grado.

A clara intenção do evangelho do Profeta, à medida que ele o forma na união de "o seu Deus" e "o meu servo" e depois o prega com tamanha exuberância por meio do belo Mensageiro sobre os montes, é que não pode haver nenhuma violência nem proselitismo ou panfletagem no caminho do Senhor. A vida no Caminho jamais é violenta. O pecado não é rejeitado, é *levado*, carregado num ato de intercessão. Entramos no mundo de Isaías 53 e assumimos nosso lugar com Jesus ao lado do pecador, o outro, o forasteiro. De um modo difícil de definir, tornamo-nos garantia para outros. Mas nada de coerções de espécie alguma ao praticar as ordens ou ao seguir nos passos do Mestre. Nenhuma invectiva, nenhuma denúncia, nenhuma ameaça. Cada voz levantada, cada franzimento do lábio em atitude de escárnio, cada despacho impaciente de pessoas — tudo banido do Caminho.

As pessoas a caminho precisam levar isso com total seriedade, pois vivemos numa cultura saturada pelo pragmatismo. O pragmatismo, interpretado nas condições da cultura ocidental, supõe que qualquer meio é legítimo desde que tenha a possibilidade de cumprir um propósito bom, seja seu propósito criar filhos, seja salvar almas, ganhar um jogo ou angariar muito dinheiro para dar aos pobres. Os resultados sociopolítico-religiosos de transgredir esse caminho definido por Isaías 53 e pela cruz de Cristo são aterradores: o ódio se avoluma e se transforma em morte, a difamação fragmenta-se em forma de cismas, a crítica julgadora e impiedosa fica empedernida e se transforma em distanciamento das pessoas.

Se decidimos seguir a Jesus e viver como servos, não podemos fazê-lo à moda do mundo. Não apenas não devemos, *não podemos*. O servo é um agente da beleza não por livrar-se do feio, mas por seguir o Servo numa salvação que discerne, que lê, que ora e toma forma e ganha plenitude bem aqui onde estamos agora.

Não há grande risco de entendermos mal o que o Profeta está pregando e escrevendo. Ele é muito claro, muito detalhado, muito exato a respeito de seus dois interesses primordiais: o seu Deus e o meu servo. Deus é a fonte e o servo é o meio, mas os dois estão inseparavelmente interligados para efetuar a salvação. O grande perigo não é a má compreensão. Mas a desatenção, a distração. E assim o Profeta, além de dizer o que tem que dizer, repetidas vezes nos chama a *prestar atenção* ao que colocou diante de nós de forma tão magistral e premente.

O recurso de linguagem que ele mais emprega para chamar nossa atenção é a exclamação "Aqui está!/ Veja!/ Vejam só!/ Eis!". Usou-o pela primeira vez em sua pregação inaugural: "Aqui está o seu Deus!" (Is 40:9). O Profeta do Exílio usa a expressão com mais frequência que qualquer outro profeta hebreu. A expressão funciona como uma interjeição, chamando a atenção para o que se segue: "Atenção! Não perca isso! Pare... olhe... escute...". Ver é muito mais que distinguir alhos de bugalhos, atravessar a rua sem ser atropelado por um caminhão, localizar os artigos em sua lista de compras ao mesmo tempo que empurra o carrinho nos corredores do supermercado, ler as minúsculas letras de um contrato. Há muito mais em ouvir do que atender a um telefone, escutar o rádio, ser ninado ao som de uma cantiga entoada por sua mãe ou ouvir uma mensagem até o fim sem dormir.

E há muito mais em "o seu Deus" do que você possa ler num livro. Muito mais em "o meu servo" do que lhe possa mostrar o estudo exegético mais cuidadoso e disciplinado.

Cada girassol e carvalho, cada bassê e elefante, cada menina com sua jovem flexibilidade e cada velho com seu rosto enrugado tem um interior, uma profundidade, um significado. Há sempre mais, muito mais que se pode ver, como costumamos dizer, com esses olhos que a terra há de comer. Ver é muito mais que ter uma íris e uma retina em bom funcionamento. É preciso imaginação para ver tudo que está implicado no que está bem diante de nossos olhos, ver a superfície, mas também penetrar para além da superfície. As aparências não apenas ocultam, mas revelam: a imaginação é o nosso meio de discernir uma coisa da outra para obtermos o quadro por inteiro.

Semelhantemente, cada verbo e advérbio, cada substantivo e adjetivo, cada interjeição e conjunção está num relacionamento dinâmico com uma ou outra palavra dita e entoada por incontáveis vozes. Ouvir é muito mais que um tímpano livre do acúmulo de cera. É preciso *memória* para encontrar sentido mesmo na frase mais simples. A linguagem é vasta, complexa e *dinâmica*. A *memória* é nosso meio de preservar a coerência presente nas complexidades de sílabas e sintaxes, nosso meio de reunir as vozes de todos os membros, de ter uma visão completa da história, de ouvir a voz do outro lado da sala, mas também de ouvir as vozes que ressoam a quilômetros e séculos de distância.

Imaginação para que possamos discernir o que está por baixo da superfície e corresponder da maneira certa à vida apresentada a nós nesse lugar.

Memória para que possamos nos manter em contato com as conversas e os sons que precederam e que ultrapassam aqueles que nos chegam neste exato momento aos ouvidos.

Sem imaginação e memória, somos reduzidos ao superficial e ao imediato, vivemos numa cela apertada dos cinco sentidos e do momento imediato. Mas, quando a imaginação e a memória estão ativas de forma saudável, a porta da cela se escancara e saímos para um mundo amplo, multidimensional, que continua a se expandir exponencialmente. "Beleza" é a palavra de testemunho que usamos para identificar esse mundo, um mundo que é ao mesmo tempo exterior e interior, presente e ausente. Quando tomamos consciência e então participamos da vida em conjunto, da integralidade, das complexidades do que sempre e em toda parte está implícito, exclamamos: "Que belo!".

Quando o Profeta irrompe com sua exclamação "Como são belos...", reconhecemos o texto com o qual ele começou:

> Você, que traz boas-novas a Sião,
>   suba num alto monte.
> Você, que traz boas-novas a Jerusalém,
>   erga a sua voz com fortes gritos.
> erga-a, não tenha medo;
>   diga às cidades de Judá:
> "Aqui está o seu Deus!".
>
> Isaías 40:9

Agora, quando ele completa e intensifica o tema de seu sermão de abertura, neste momento já bastante avançado rumo à conclusão de sua mensagem, reconhecemos que nos encontramos num território com o qual estamos de certo modo familiarizados, pois ele basicamente repete aquele texto anterior com pequenas variações:

> Como são belos nos montes
>   os pés daqueles que anunciam boas-novas,
> que proclamam a paz,

que trazem boas notícias,
que proclamam salvação,
que dizem a Sião:
"O seu Deus reina!".

Isaías 52:7

O sermão de abertura do Profeta no capítulo 40 apresenta o exclamatório "Aqui está o seu Deus!" (v. 9). Isso se desenvolve numa exclamação sintetizadora no último cântico do servo: "Como são belos" (52:7). *Aqui está* e *Como são belos* ressoam e voltam a ressoar através daquelas décadas de exílio. "Veja o que está acontecendo aqui", ele está dizendo. "Você percebe a coerência, o resplendor de tudo o que tem acontecido entre nós em nosso exílio? Ah, amigos, não percam isso!"

O Profeta começou sua pregação designando a mensagem de Deus como evangelho, e designando aquele que o pregava "num alto monte" como alguém que "traz boas novas", o *m'basser* (Is 40:9). Essas mensagens do evangelho têm se acumulando linha por linha, página por página. Esse *m'basser*, esse mensageiro que "anuncia salvação", mostrou quão profundamente implicados estamos todos, servo e servos, nessa grande obra de salvação. O Profeta obviamente pretende que todos os que percorrem esse caminho, essa estrada, desempenhem um papel significativo, ainda que anônimo, no que está sendo proclamado. Junto com as proclamações jubilantes, com o consolo, com a esperança e com a salvação, tem havido muitas trevas e morte, muita privação e desespero. À medida que a visão se expande, chegando a seu desfecho, ou seja, o quarto cântico (cap. 53) e o que lhe segue (caps. 54 e 55), todos os detalhes — o desespero exílico, as divindades ilusórias da Babilônia, a compaixão de Deus, a santa salvação — crescem num resplendor santo, um evangelho: *que belo!*

Imergimos na metáfora de Jesus, o caminho, e discernimos essas complexas correntes de associação, para não corrermos o risco de reduzir a metáfora de Jesus a um clichê ou simplificá-la num *slogan*. Abraão e Moisés, Davi e Elias, Isaías de Jerusalém e Isaías do Exílio — o caminho da fé e da palavra, da imperfeição e da marginalidade, do santo e do belo. Jesus encampou-os todos, pessoalizou-os todos, formando todos os elementos num único caminho, coerente e acessível.

Não é possível ter um evangelho cristão sem Jesus e seus predecessores, Jesus e seu lugar, Jesus e sua pessoa. O evangelho não é uma ideia, um plano, uma visão: ele opera exclusivamente na criação e na encarnação, nas coisas e nos lugares. E em Jesus, que garante que entendamos tudo o que ele reuniu localmente e agora, pessoal e relacionalmente — sempre. A desencarnação (trocar uma vida por uma ideia, substituir uma metáfora por uma abstração) é obra do Diabo.

Anos atrás deparei com essas palavras que fiz questão de copiar (esquecendo-me, porém, no final, de anotar a fonte), de Saul Bellow, um de nossos maiores romancistas, a respeito da "cinzenta rede de abstração que cobre o mundo para simplificá-lo e explicá-lo [...] que deve ser combatida. [...] insistindo-se na particularidade do detalhe e no caráter imediato do lugar, dando-nos acesso à vida em primeira mão, de modo que não sejamos 'dominados por ideias'".

Tudo isso e mais, muitíssimo mais, está contido nas palavras de Jesus "Eu sou o Caminho".

2

Outros caminhos

... movemo-nos num prodígio de cálculos,
sustentando na árdua lida de uma jornada
a raridade do nosso desejo.

WENDELL BERRY, "BOONE",
de *Collected poems* [*Poemas selecionados*]

Há alguns anos, minha esposa começou a ler para mim o *Ursinho Pooh*. Ela o havia lido para nossos filhos 35 anos antes, e eu tinha ouvido algumas partes por acaso. Mas ela pensou que seria bom que eu tivesse um contato total e de primeira mão com a obra antes que fosse tarde demais.

Numa noite, enquanto ela lia, eu observava a luminosidade outonal brotar do lago da montanha que fica em nosso pátio frontal, deixando que as palavras da história penetrassem minha consciência. Assim, fiquei totalmente acordado: o mundo turvado em que ensino e escrevo sobre a teologia espiritual cristã ganhou foco de modo nítido. Via as pessoas com as quais eu trabalhava de uma maneira nova.

Jan tinha acabado de concluir o capítulo 8: os animais com feições de criança tinham sido reunidos por Christopher Robin para uma aventura — saíram para descobrir o Polo Norte. Trata-se de um conto cheio de voltas em que todo o mundo leva tudo completamente a sério, embora ninguém compreenda muito bem o que está acontecendo. Cada personagem contribui com algo essencial à expedição. O mundo é grande, cheio de significado, e ninguém é deixado de fora. Mas ninguém tampouco tem certeza do que seja o Polo Norte, nem mesmo Christopher Robin, que propôs a expedição.

Ao longo do caminho, o pequeno Guru cai num riacho e precisa ser resgatado. Todos lançam mãos à obra. Pooh pega uma vara de madeira e o pesca para fora. Acabada a emergência, os animais conversam a seu respeito enquanto Pooh fica lá parado com a vara de madeira nas mãos. Christopher Robin então diz:

— Pooh... Onde você achou aquela vara de madeira?

Pooh olhou para a vara em suas mãos.

— Só achei — disse. — Pensei que podia ser útil. Aí apenas peguei.

— Pooh — disse Christopher Robin solenemente —, a expedição acabou. Você encontrou o Polo Norte![1]

— Oh! — disse Pooh.

Por algum tempo os animais prosseguem com sua conversa casual e desconexa até que Christopher Robin consegue finalmente que prestem atenção ao Polo Norte que Pooh havia descoberto.

Enterraram a varinha no chão, e Christopher Robin amarrou nela uma mensagem:

Polo Norte
Descoberto por Pooh
Pooh o achou.

Depois, todos eles foram outra vez para casa...

O que "vi" enquanto escutava Jan ler era a cultura em que vivo, habitada por personagens cativantes ao ar livre em busca de uma espiritualidade vagamente definida (o Polo Norte). De vez em quando, um deles pega uma coisa e alguém diz: "É isso!". Com certeza, realmente parece que é "isso". E alguém, em geral uma autoridade espiritual (um Christopher Robin da vida), pendura uma etiqueta: "Espiritualidade". E, depois, todo o mundo vai para casa outra vez, até que se proponha a próxima expedição.

Cresce cada vez mais o número de pessoas atraídas pela "espiritualidade" nesta nossa região do mundo. Há novas expedições rumo ao "Polo Norte" embarcando quase diariamente de muitos lugares do nosso país, do nosso continente, do mundo ocidental. (O Pólo Leste e o Polo Oeste são também opções.) Ao ouvir a história naquela noite de fim do outono, percebi

[1] Trata-se de um trocadilho no texto original da história. Na língua inglesa, a mesma palavra — *pole* — pode indicar uma "vara de madeira" e o elemento "polo" de Pólo Norte (com maiúsculas). (N. do T.)

tantas das personagens que amo e admiro tanto, as quais, porém, não me satisfaço de deixar como estão: quero honrar cada detalhe de seu atraente encanto, mas também quero mostrar-lhes não só o que é o Polo Norte, mas também onde se situa. Quero conduzi-los a Jesus.

O caminho de Jesus não é a única forma de vida. Há inúmeros outros. Os outros caminhos atraem muitas, muitas pessoas — muito mais do que o caminho de Jesus jamais conseguiu. Os outros caminhos disputam com o caminho de Jesus e não raro tomam o lugar do caminho de Jesus. Quero refletir sobre alguns dos outros caminhos que atraíram tantos seguidores nos tempos de Jesus, contrapondo-os ao caminho de Jesus. Quero treinar nossos olhos e ouvidos para ver e ouvir precisamente o que é inconfundível no caminho de Jesus, de modo que possamos diariamente — de hora em hora! — exercer o discernimento necessário para nos manter, de forma fiel e obediente, no caminho de Jesus. Em nossas escolas e negócios, em nossa indústria de entretenimento e em nossas profissões — e, sim, em nossas igrejas —, somos imersos num mundo de métodos e meios, de caminhos por assim dizer, que dilapidam ou pervertem os caminhos de Jesus, quer descarada, quer sutilmente, e quase sempre em nome de Jesus. Às vezes isso se faz sugerindo-se desvios sedutores em torno do caminho de Jesus; às vezes com letreiros maliciosamente falsos que nos dirigem para longe do caminho da cruz, conduzindo-nos ao "caminho largo que leva à destruição". Homens e mulheres distraídos e sem direção, ficando por ali na companhia de Christopher Robin e amigos, principalmente Pooh, "um urso de cérebro muito pequeno", ficam especialmente vulneráveis à desorientação.

Minha tarefa de trabalho neste mundo faminto por significado, sedento pelo espírito, curioso por Deus é ensinar e pregar as Escrituras Sagradas como revelação da Vida, a vida definida e criada por Jesus. Mas não acho fácil. Vivo numa cultura que em grande medida ou é indiferente a Jesus, ou o desconhece. Gostaria de restaurar a clareza e a urgência no caminho de Jesus para a minha geração.

Na primeira parte, O *caminho de Jesus*, comecei por Jesus e depois dei continuidade usando Abraão, Moisés, Davi, Elias, Isaías de Jerusalém e

Isaías do exílio, para mostrar os caminhos de múltiplas camadas e cheio de ricos detalhes dos homens e das mulheres a quem Deus usou para "preparar o caminho do Senhor". As preparações foram gigantescas, estendendo-se por quase dois mil anos. Quando se completaram — nas palavras de Paulo, "quando chegou a plenitude do tempo" —, Jesus tornou-se o caminho, caminho de Deus até nós e nosso caminho até Deus. ("O caminho que sobe e o caminho que desce é o mesmo caminho.")

Surpreendentemente, considerando a extensa e pacientemente elaborada preparação através daqueles dois mil anos, não muitos reconheceram o que se passava. Não muitos deixaram o que estavam fazendo e seguiram a Jesus. Jesus não tomou o mundo por meio de uma tempestade. A espiritualidade estava no ar naqueles dias. O mercado estava lotado e cheio de ruídos. Havia opções em abundância. A maioria das pessoas, apesar da presença de Deus encarnado entre elas, a Palavra que se fez carne e percorria agora de forma concreta os seus bairros, seguia, quer por desatenção, quer intencionalmente, outros caminhos.

E é o que ainda fazem. Assim como na Palestina do primeiro século, assim também em nosso país, em pleno século XXI. Nós, também, estamos saturados de caminhos bem-anunciados e bem-iluminados que nos apontam para que vivamos nossa existência. Com o objetivo de esclarecer precisamente o que é singular e urgente no caminho de Jesus, é útil examinar alguns dos outros caminhos que estavam disponíveis na época. Nos tempos de Jesus, esses outros caminhos se desenvolveram pelo desconhecimento em relação a Jesus ou por indiferença a ele. Quando examinados de perto, não parecem muito diferentes dos outros caminhos de hoje.

Assim: os outros caminhos. Para começar, o caminho de Herodes.

capítulo 8

O caminho de Herodes

Quando eu tinha doze anos de idade minha família se mudou de nossa pequena cidade no estado de Montana para Seattle — para mim, uma cidade muito grande. Fiquei empolgado por estar numa cidade famosa, uma grande cidade. Havia arranha-céus, ônibus e vias expressas de seis pistas. Não demorou muito e já pude sair sozinho aos sábados, explorando a cidade, muito ciente de que eu estava explorando a *grande* cidade. Grandeza e espaço eram valores determinantes em minha imaginação de adolescente. Na maioria dos sábados, naquele décimo segundo ano de minha vida, pegava um ônibus para o centro da cidade e aproveitava a fama da cidade. Perambulei ao longo do cais, absorvendo a atmosfera dos grandes navios. Fiz contato com pessoas nas ruas, intoxicado com os sons das quatro ou cinco línguas faladas ao meu redor — mais pessoas em um único sábado em Seattle do que as que viviam em todo o estado de Montana.

Um detalhe das minhas aventuras de sábado que em retrospectiva parece significativo era minha subida semanal de elevador até o topo da Torre Smith, na época o edifício mais alto de Seattle e de longe o edifício mais alto que eu jamais havia presenciado. Durante oitenta anos (mas não mais que isso!), foi o edifício mais alto a oeste de Chicago. Vinte e cinco centavos de dólar americano me permitiam subir até o andar de observação no topo para uma vista da cidade e de suas colinas: a ilha Whidbey, Puget Sound e suas barcas, os montes Olímpicos a oeste, as Cascatas ao leste, as grandes erupções vulcânicas de Rainier e Baker, o zumbido crescente de carros e pessoas embaixo.

Não era a altura em si, nem era a paisagem — Rainier e Baker e os Olimpícos —; era o fato de eu estar no edifício mais alto do oeste, a Torre Smith, e na maior cidade do noroeste, Seattle. De alguma forma, tornei-me alto, grande e importante na companhia deles. Eu havia crescido escalando as Montanhas Rochosas e as alturas não eram estranhas para mim — panoramas de tirar o fôlego descortinavam cadeias de montanhas, lagos e rios estendidos diante de mim. Eu tinha escalado montanhas que me permitiam enxergar quase até Chicago se me esforçasse para divisá-las. Mas nunca me senti importante naquelas montanhas. O único sentimento que eu tinha era de ser pequeno, em adoração, envolvido por algo grande, mas eu... grande? Com certeza, não!

Mas, no topo da Torre Smith em Seattle, senti-me grande e importante. Minha imaginação de adolescente estava sendo treinada por Herodes. Estava imerso num mundo herodiano no qual tamanho e riqueza definem a condição humana. Demorou muito para eu me recuperar. Ainda vivo nesse mundo, mas não me impressiono mais. Nos anos entre aquele momento e hoje, com muitos lapsos pelo caminho, tornei-me receoso do mundo herodiano. Como tomei o cuidado de cultivar uma imaginação bíblica ancorada em Jesus, fui munido de imagens que se contrapõem a Seattle e à Torre Smith, a Babel e sua torre, ao Egito e suas pirâmides, à Babilônia e seu templo a Marduque. Imagens relacionadas a querer mais, a estar no topo, a exercer o poder e ser importante — todas as quais se tornam, com tanta facilidade, com tanta frequência, uma forma de encobrir o pecado. Na Palestina dos dias de Jesus, a figura central nesse panteão de grandeza, poder e importância era Herodes. Jesus era a contrafigura mais importante, mas mais do que todos desprezado (como o é ainda hoje).

Dado o meu fascínio de adolescente pela Torre Smith, sei que teria ficado impressionado com Herodes se tivesse vivido no primeiro século. Herodes era o maior nome na Palestina. Era o homem mais rico do mundo. Ele empregava mais pessoas que qualquer outro no país. Ninguém conseguiria sair de casa sem ouvir o nome Herodes. Não era possível percorrer qualquer rua ou estrada sem topar com uma de suas enormes operações de construção. Herodes, Herodes, Herodes.

Jesus nasceu e Herodes morreu aproximadamente no mesmo ano. Era simplesmente imenso o contraste entre a vida de Jesus e a morte de Herodes: Jesus nascia num abrigo para animais numa pequena aldeia. Era provavelmente uma caverna com uma grande abertura, o hábitat comum para ovelhas, bodes e vacas naquele país.

Não sabemos o lugar exato do nascimento de Jesus, só o nome da aldeia: Belém. Uma velha caverna foi selecionada há mais ou menos 1700 anos, provavelmente por Helena, mãe do imperador romano Constantino, e marcada como o lugar em que Maria dera à luz nosso Salvador. Uma igreja estranha foi construída sobre o local, uma igreja que parece mais uma fortaleza que um santuário. O local exato não passa de uma suposição na melhor das hipóteses, mas ano após ano pessoas acorrem aos milhares para o local e descem na caverna. Algumas delas deixam ali sua adoração.

Há vários anos, Jan e eu estivemos lá com muitas outras pessoas, nos aposentos sombrios e apertados sob a igreja que foi marcada como o lugar de nascimento de Jesus. Perto de trinta homens estavam lá em grupo, bem a nossa frente. Adoravam, cantavam de modo altissonante numa língua que não conhecíamos. Mas reconhecemos algumas das melodias — com certeza estavam cantando sobre Jesus e para Jesus. Estavam engajados de forma tão vigorosa e emocional que imaginamos tratar-se de um grupo de pregadores pentecostais.

Mais tarde, conversamos com um deles que sabia um pouco de inglês e descobrimos que eram sacerdotes poloneses em peregrinação. O sacerdote foi breve e reservado em sua conversa conosco. Isso foi antes da queda da cortina de ferro, e podia haver informantes comunistas nos arredores que poderiam ficar desconfiados de qualquer conversa entre os sacerdotes e os ocidentais. Experimentamos aquele maravilhoso senso de reconhecimento e encantamento ao descobrir num estranho aquele espírito em comum, de uma testemunha cristã viva. O momento ficou ainda mais intenso pelo senso de perigo e de sigilo da parte do sacerdote. Lembrei-me da paranoia de Herodes em torno do nascimento de Jesus e pensei que pouca coisa havia mudado em dois mil anos.

Não muito depois do nascimento de Jesus — talvez alguns meses, um ano ou no máximo dois —, Herodes foi sepultado aproximadamente a cinco quilômetros a sudeste de Belém, em sua imensa fortificação no monte do palácio: Heródio.

O nascimento de Jesus foi um acontecimento tranquilo, mas muito diferente, com a presença carinhosa de pais, alguns pastores jovens, alguns visitantes especialistas em religião (os famosos magos) e um jumento, uma vaca e duas ovelhas, se nossos presépios de Natal estiverem certos. Logo depois de casados, Jan trabalhava como professora de primeiro ano numa escola de Baltimore quase totalmente afro-americana. Um dia, uma de suas menininhas, Betty Ann Galloway, exclamou: "Santa vaca!".[1] Jan disse:

— Betty Ann, as vacas não são santas.

Betty Ann disse:

— Bem, elas se ajoelharam na manjedoura quando Jesus nasceu.

Exato. Acrescentamos detalhes domésticos àquele nascimento e àquele lugar de nascimento com poucas informações. Ele adentra nossa imaginação, e assim o recriamos em nossas casas e igrejas com milhares de variações pessoais. Amamos relembrar aquele nascimento. Continuar a bordá-lo com detalhes e canções repletos de afeição.

Mas o sepultamento de Herodes não foi assim escondido, nem sossegado. E certamente foi desprovido de afetos. O lugar de seu túmulo erguia-se bem alto em relação ao deserto plano, num monte erigido por Herodes. Há uma modesta colina natural nas proximidades, mas nada que se aproxime ao tamanho exigido por Herodes; assim, mandou construir seu monte o mais alto possível, transportando enormes quantidades de terra e pedra para que ao final se elevasse bem alto no horizonte do deserto, com seu complexo palácio construído no cume — uma obra estonteante de arquitetura, elegante e de tirar o fôlego. Herodes não pretendia desaparecer esquecido no túmulo quando morresse. Esse era um cemitério à vista de todos, projetado para manter pessoas para sempre cientes de seu poder,

[1] Trata-se da tradução literal de uma gíria da língua inglesa (*Holy cow!*) que normalmente expressa "Que surpresa!" ou "Que maravilha!" ou se traduz por interjeições de surpresa. Embora encontre correspondentes em nossa língua, nada há que gire em torno da cena da Natividade, na estrebaria. Ainda assim mantive para que pudéssemos compreender a mensagem que o autor deseja passar nesse parágrafo. (N. do T.)

importância e fama, e com eles impressionadas. E as pessoas de fato ainda continuam a vir e a se impressionar, mas os números são minúsculos comparados aos que afluem a Belém para adorar.

Visto a partir do monte das Oliveiras, a 1,6 quilômetro a leste de Jerusalém, voltado para o sul, o castelo da montanha de sepultamento de Herodes, o Heródio, ainda se destaca no horizonte, enquanto a caverna do nascimento de Jesus fica ocultada pela igreja crespa. Ninguém jamais adora no Heródio.

O sepultamento de Herodes foi um acontecimento cheio de pompa, com milhares de pessoas em seu séquito. Nos últimos anos de sua vida, aceleraram-se suas inclinações para a crueldade. Tornou-se praticamente um monstro, odiado por todos, chacinando por puro capricho. As matanças eram habituais e rotineiras. Por duas vezes, quando precisou se ausentar em negócios políticos arriscados, combinou com um confidente que, se por qualquer razão não conseguisse retornar, sua esposa favorita, Mariane (ele tinha dez esposas), deveria ser morta — ele não podia suportar a ideia de que outro a possuísse. Era profundamente apaixonado por ela, mas era um amor tipicamente herodiano, um amor de posse, não um genuíno sentimento por ela como pessoa. Ele retornou a salvo de suas viagens, e assim o assassinato conjugal nunca precisou ser levado a cabo. Mais tarde, porém, suspeitando infidelidade, foi e matou-a mesmo assim. Também matou seu tio José, sua sogra Alexandra e três de seus filhos: Aristóbulo, Alexandre e Antípater. O famoso gracejo da parte de César Augusto em Roma, amigo íntimo de Herodes, teria servido como epitáfio adequado para sua sepultura: "Eu preferiria ser o porco de Herodes a ser seu filho".[2]

Herodes sabia que quando morresse haveria celebrações por todo o país. À medida que se aproximava o dia de sua morte — tinha setenta anos e estava desesperadamente enfermo —, fez planos para garantir que houvesse um lamento por toda parte. Ordenou a prisão de anciãos judeus em várias aldeias por toda a Palestina. Ficaram aprisionados no Hipódromo de Jericó,

[2] Um trocadilho em grego: *hys* = porco; *huios* = filho. V., de F. Dale Bruner, *Christbook, Matthew 1—12*. Waco, Tex.: Word, 1987, p. 50.

com instruções para que fossem mortos tão logo ele morresse. Dessa forma haveria estridente lamento por todo o país por ocasião de sua morte. Felizmente suas ordens não foram cumpridas. Havia pompa e cerimônia de sobra, mas nenhuma lágrima.

Aquela caverna em Belém e o palácio-fortaleza de Heródio mostram o contraste que há entre as duas maneiras de avançar no mundo que ainda estão presentes entre nós: o caminho de Jesus e o caminho de Herodes.

JESUS E HERODES

O caminho de Herodes era o padrão das realizações no mundo em que Jesus nasceu. Naquele ponto central em nosso calendário marcado pelo nascimento de Jesus e pela morte de Herodes, Roma estava bem estabelecida como império mundial, a presença militar e política dominante da época. Herodes procurou reproduzir na Palestina, em menor escala, aquele mundo de poder, de inegável consumo e exibições. Ao reproduzi-lo, ele era inferior a Roma; em certo sentido, ele ultrapassou Roma. Cada um de seus complexos palacianos — ele construiu sete deles — era maior do que aquele que qualquer dos césares jamais teve em Roma.

É impossível, ao menos no meu caso, não ficar impressionado com Herodes. Ele governou a Palestina por 34 anos. Politicamente, tinha condições de manipular a Roma faminta por poder, as muitas facções dos judeus religiosos e os números cada vez maiores de judeus helenistas secularizadores, dando sempre uma aparência de ordem e prosperidade. Ele não era religioso, mas acabou por se mostrar um propagandista implacavelmente feroz da cultura grega e romana, usando-a como meio de poder político: a arte e a arquitetura, as obras literárias e as produções dramatúrgicas, a proeza e o desempenho atléticos. Seus projetos de edificação eram absolutamente estonteantes: anfiteatros, hipódromos, palácios, santuários, fortificações, aquedutos, fóruns, estradas, cidades novas e restauradas, fontes e seu feito de maior expressão: o templo reconstruído de Jerusalém. Por toda parte, mesmo agora na Palestina/Israel, é possível perceber as provas dos projetos de construção de Herodes.

E agora a coisa mais espantosa: Jesus desconsiderou toda essa atividade. Jesus passou a vida andando por estradas e povoados dominados pelas políticas de Herodes, edifícios formados pelo poder de Herodes, comunidades à mercê dos caprichos de Herodes. E ele nunca lhes deu nem bom-dia, boa-tarde ou boa-noite.

Nosso assombro aumenta quando percebemos que, de uma forma até irônica, Jesus tinha quase a mesma agenda de Herodes: Jesus saiu para estabelecer uma forma abrangente de vida que moldaria o comportamento e prenderia a imaginação de todas as pessoas do mundo. Jesus não tinha nenhuma intenção de efetuar uma retidão particular, com alguns poucos, afastando-se do sistema tradicional de vida no mundo e criando pequenos enclaves de amor em que as pessoas poderiam cultivar paz com Deus por meio do estudo, da oração e das boas obras. Seu olhar estava sobre o mundo: Deus tanto amou *o mundo*... Vão por todo *o mundo*.

Jesus inaugurou seu ministério público dizendo: "O tempo é chegado [...] O Reino de Deus está próximo" (Mc 1:15). Acabou o tempo, estamos inaugurando um novo governo. *Reino*. Quando Jesus usa a palavra "reino", e ele a usa repetidamente e com grande realce, está falando em termos os mais amplos e abrangentes possíveis. Nada que façamos, sintamos ou digamos está excluído do "Reino". E, se esse é o reino de *Deus*, o que sem dúvida alguma é, significa que tudo o que acontece está sob o governo de Deus, é perpassado pelo domínio de Deus, é julgado pelo governo de Deus, é incluído no domínio de Deus — cada um de meus pensamentos, sentimentos e ações, sim; mas também a Bolsa de Valores de Nova York, a fome no Sudão, seu primeiro neto nascido ontem à noite em sua cidade, a pobreza em Calcutá, os bombardeios suicidas em Tel-Aviv, Nova York e Bagdá, os abortos em Dallas, as reuniões de oração de quarta-feira em Syracuse, as negociações em Chicago para a fusão de grandes bancos, emigrantes mexicanos colhendo abacates na Califórnia —, tudo, simplesmente tudo, grande e pequeno: o reino de Deus no qual Jesus é rei.

O que precisamos perceber é simplesmente em que *escala* Jesus está operando, a maior escala imaginável: reino. Sua intenção já no começo era estabelecer um reino na terra, começando pela Palestina, mas nunca restrito à Palestina. É ainda sua intenção.

Então, não podemos deixar de perceber que bem diante de seus olhos havia um homem que tinha feito o que ele próprio tinha vindo fazer. Herodes, contrariando as circunstâncias mais avassaladoras em seus 34 anos de reinado, tivera um sucesso esplendoroso nessa história de reino: sua habilidosa negociação de poder, sua aquisição astuta de uma enorme riqueza, seu uso do teatro grego e das competições atléticas para formar o pensamento e os valores das pessoas, seu esplendor arquitetônico dando a todos a impressão de que seu rei era todo-poderoso e majestoso. Ele havia reunido uma população muito diversa de judeus e romanos, pagãos e gregos, seitas rixosas e partidos políticos pouco amigáveis entre si, além de elaborar com esforço uma espécie de unidade de trabalho entre eles.

Então por que Jesus não aprendeu com Herodes? Por que Jesus não adotou Herodes como mentor para aprender com ele como ter sucesso no mundo? No mundo em que Jesus nascera, ninguém tinha obtido mais sucesso nesse negócio de reino. É verdade que Herodes não estava interessado em Deus, mas tudo o que sobrava em Herodes era perfeito. Tudo o que Jesus tinha de fazer era adotar e depois adaptar o estilo político de Herodes, suas habilidades, seus princípios comprovadamente bons, pondo-os em funcionamento sob o governo de Deus. É verdade que Herodes não tinha padrões morais a favor dele, mas Jesus era perfeitamente capaz de fornecê-los, extraindo-os de seu profundo senso de retidão. O fato é que na Palestina em que Jesus nasceu, cresceu e chamou homens e mulheres para segui-lo numa forma de vida que ele estava definindo como vida do reino, Herodes era o mestre consumado na arte de formar um reino — pensar grande e depois desenvolver os detalhes concretos que tornariam os planos em realidade, incluindo neles todo o mundo.

Mas Jesus não fez isso. Viveu como se Herodes nunca tivesse existido. A única vez de que temos conhecimento que ele tenha mencionado o nome em si foi em relação ao filho de Herodes, Antipas, quando advertiu seus discípulos contra "o fermento de Herodes" (Mc 8:15). Outra vez, mas sem mesmo mencionar seu nome, ele o descartou como uma zero à esquerda: "aquela raposa" (Lc 13:31). Jesus desprezou o mundo de poder e realizações que estava à mostra de forma tão brilhante ao seu redor. Escolheu operar nas margens da sociedade, com pessoas sem importância, dando especial atenção aos fracos, aos transtornados, aos sem forças.

Escolheu como sede de operações a pequena cidade de Cafarnaum, na margem norte do mar da Galileia. Não era exatamente afastada, pois uma importante rota comercial passava nas proximidades. Mas não era importante do ponto de vista político. Duas outras cidades pequenas, Corazim e Betsaida, juntamente com Cafarnaum, formavam o que agora chamamos o "Triângulo do Evangelho".

Essas cidades serviram como principais locais para Jesus ensinar e pregar, à medida que chamava e treinava seguidores para representar o reino que ele estava inaugurando e para dar testemunho dele. Essas três cidades — as escavações arqueológicas dão conta disso — eram verdadeiras comunidades, tão pequenas que provavelmente todo o mundo conhecia todo o mundo. As casas eram todas unidas ao redor de um átrio central; a sinagoga era o edifício de maior destaque. Famílias estendidas viviam juntas, acrescentando-se quartos à medida que os filhos cresciam, se casavam e tinham depois seus próprios filhos, como fazem hoje muitos dos *amish*.[3] Praticamente tudo acontecia numa teia de relacionamentos íntimos. Costumes, refeições, celebrações, *marketing*, negócios, política, adoração. Nada era impessoal. Todo o mundo sabia o nome de todo o mundo.

Duas características arquitetônicas definem essas cidades: primeira, as casas interligadas, esse labirinto de casas construídas umas sobre as outras, umas junto das outras (comumente chamado *insula*); e segunda, a sinagoga. Essa arquitetura nos mostra duas coisas: essas pessoas estavam muito relacionadas umas com as outras como pessoas com nome — o próximo; e estavam muito relacionadas com Deus. À medida que alguém tocasse a vida e o trabalho, não era possível evitar pessoas conhecidas. E não dava para evitar lidar com Deus.

A arquitetura de Herodes fornecia um nítido contraste: edifícios projetados para reunir multidões — teatros e anfiteatros, arenas atléticas,

[3] Grupo anabatista ortodoxo dos Estados Unidos que se separou dos menonitas no final do século XVII, com costumes conservadores, como o uso restrito (ou o não uso) de equipamentos eletrônicos. São hoje encontrados sobretudo na região de Ohio e no sudeste da Pensilvânia. (N. do T.)

enormes fortificações e palácios, nos quais se reunia grande número de pessoas. E todos eles construídos por centenas de trabalhadores de fora do país. Herodes construiu cidades que eram principalmente seculares e impessoais. (O templo de Jerusalém era a única exceção, mas a motivação para construí-lo era secular — seria um paliativo religioso atirado aos judeus para mantê-los calados enquanto ele dava prosseguimento a sua missão secularizadora.)

A *insula* e a sinagoga, juntas, forneciam os ambientes em que Jesus formou os membros e treinou os cidadãos nos métodos e meios para viver e servir em seu mundo — que incluía o reino de Deus.

Havia na época duas grandes cidades na Galileia: Séforis, a capital da Galileia, a apenas uns cinco quilômetros ao norte da cidade natal de Jesus, Nazaré, e Tiberíades, construída na margem sudoeste do mar da Galileia, centro administrativo e comercial. As duas cidades eram impressionantes. Séforis era uma cidade antiga. Logo após a morte de Herodes, houve uma rebelião. O governador romano Varo cuidou do problema destruindo o lugar por completo num incêndio. O filho de Herodes, Antipas, que era contemporâneo de Jesus, não perdeu tempo e a reconstruiu no estilo elaborado e extravagante (ela tinha um teatro que acomodava três mil pessoas sentadas) que, ao que tudo indica, adquiriu por meio dos genes do pai. Alguns especulam que Jesus, com seu pai, José, bem pode ter feito parte dos trabalhadores que reconstruíram a cidade.

Não é difícil imaginar Jesus em sua juventude e nos primeiros anos de sua vida adulta percorrendo a pequena região montanhosa da baixa Galileia numa estrada que ia de Nazaré, sua cidade natal, até Caná, passando por Séforis. Vários anos mais tarde, Herodes Antipas construiu Tiberíades completamente a partir do nada, com um palácio real, um estádio e um mercado. Havia também tanques para banho que faziam uso das fontes naturais da região. Era um centro administrativo e comercial próspero nos dias de Jesus.

As duas cidades forneciam à Galileia toda a sua ostentação arquitetônica, comercial e política. Eram centros de influência. Para o povo da Galileia, era em Séforis e em Tiberíades que as coisas aconteciam. As duas cidades não ficavam distantes dos lugares e das estradas que sabemos que Jesus frequentou. Nenhuma das cidades é mencionada nas histórias de Jesus. Há apenas uma referência passageira a "barcos de Tiberíades", os quais carregavam pessoas que queriam ver Jesus (Jo 6:23).

O que quero ressaltar com tudo isso é que Jesus não desenvolveu sua forma de vida nas pequenas cidades intensamente pessoais e voltadas para Deus de Cafarnaum, Corazim e Betsaida simplesmente porque ele não conhecesse melhores opções, porque aquele fosse o único mundo que conhecia. Não, ele as *pinçou mesmo*. Teve igual acesso a Séforis e a Tiberíades e, na costa, a Cesareia, onde o caminho de Herodes dava o tom para as tendências seguidas pelas pessoas em sua forma de vida.

"Não basta", observa N. T. Wright, "orar em particular, manter elevados padrões morais e depois ir para o trabalho reconstruir a torre de Babel. A substância e a estrutura dos diferentes aspectos de nosso mundo precisam ser questionadas, levando-se em consideração a realização incomparável de Jesus".[4]

Praticamente no limiar da opção herodiana, atraentemente à mostra e facilmente acessível em Séforis e em Tiberíades, Jesus disse: "Siga-me". Ao menos parte do que ele queria dizer era: "Faça do jeito que eu estou fazendo. Siga-me numa rede de almas, uma teia de relacionamentos pessoais. E siga-me até o lugar onde essas pessoas se reúnem para adorar a Deus".

OS FARISEUS

Herodes era impressionante; Herodes era eficiente; Herodes era bem-sucedido. Mas Herodes era também secular e ateu. Não importa quanto sucesso obtivesse em trazer a prosperidade e a paz à terra dos judeus, havia muitos destes que simplesmente não tinham nada em comum com ele. Para esses judeus, nenhuma vida que não honrasse a Deus valia a pena viver, por mais próspera e segura que fosse. Estamos falando dos fariseus.

[4] Cit. Philip W. EATON, *SPU response*. Seattle: Seattle Pacific University Publications, verão americano de 2005, p. 7.

Aproximadamente trezentos anos antes de Herodes morrer e de Jesus nascer, os gregos, conduzidos por Alexandre, o Grande, passaram a ser o novo império mundial por haverem conquistado os persas. Os persas haviam tratado os judeus com benevolência, permitindo que adorassem à sua maneira. Mas os gregos não se satisfaziam com uma conquista meramente militar. Eram defensores de um modo de vida marcado pela inteligência, pela beleza e pelo prazer. Não lhes bastava o poder, não lhes bastava o dinheiro. Eram propagadores de algo que poderíamos designar humanismo. Queriam converter homens e mulheres a uma vida em que a mente e o corpo eram celebrados e desenvolvidos em todo o seu potencial. Nós enviamos missionários para salvar homens e mulheres de seus pecados por meio de Jesus Cristo; eles enviavam missionários para civilizar homens e mulheres por meio do estudo e das artes, do teatro e do atletismo. Eram ousados, persistentes, intensos, persuasivos e altamente bem-sucedidos.

Contavam com as estatísticas mais impressionantes de conversão. Mais ou menos cem anos depois da guerra-relâmpago de Alexandre com objetivos helenizantes, o mundo do Oriente Médio havia se tornado grego: língua grega, escolas gregas, teatro grego, arte grega, jogos gregos e competições atléticas gregas e deuses gregos que exigiam pouco ou nada de ninguém, mas conferiam ao empreendimento grego um fundo magnífico, colorido e rico em detalhes, situando no centro do palco do mundo a pessoa orgulhosa de excelência. Os deuses gregos funcionavam mais ou menos como cenário de palco num drama que explorava a condição humana.

Essa enorme campanha evangelística quase em toda parte contava com um sucesso arrasador. Muitos judeus na Palestina adotaram as novas maneiras gregas com enorme entusiasmo. O partido pró-helenização era forte e atraía correligionários diariamente. Muitos líderes judeus de influência eram pró-helenização.

Mas a campanha helenística também enfrentou dura resistência na Palestina. Um número significativo de judeus normalmente conhecidos como "devotos" (*hasidim*) recusava-se a se converter. Entendiam-se como povo de um Deus que se havia revelado, fazendo uma aliança com eles e dando-lhes mandamentos. Como judeus, não tinham nenhuma fé no ser humano como tal. A fé deles era em Deus, um Deus ciumento que ferozmente rejeitava tudo o que fosse criado pelo homem para substituir a justiça e o amor, a misericórdia e a salvação que ele revelara, ou lhes servir de alternativa. Pôr o ser humano no lugar de Deus, como os gregos estavam fazendo de forma tão fervorosa, era ultrajantemente blasfemo para os judeus.

Os gregos não estavam habituados a receber um "não" como resposta. Estavam tão convencidos de que a civilização humana, e não a salvação de Deus, era a base para viver corretamente e bem que começaram a pressionar os judeus. Quanto mais os judeus resistiam, mais os gregos insistiam.

Nesse ínterim, os romanos expansionistas estavam ameaçando o Império Grego. Os romanos haviam conquistado grandes porções do que é agora a Turquia ocidental e impediram o acesso a valiosos recursos naturais. Os romanos estavam ameaçando o poder militar deles na maioria das frentes. À medida que os gregos viam seu império desmoronando, passaram a assaltar templos (de Jerusalém e em outros lugares) por dinheiro, além de impor o helenismo para tentar criar uma unidade política. Não era mais um zelo pela cultura grega como tal. Estavam agora desesperados por manter o poder.

Por fim, os gregos começaram a usar a força, baixando leis que proibissem a guarda do sábado, a circuncisão e os sacrifícios do templo, chegando a ponto de matar aqueles que não aceitassem seguir os costumes gregos, e engordando a infra-estrutura política para fazer frente à ameaça romana. Se fosse necessário, eles imporiam essa maravilhosa civilização grega, esse programa grego transformador que fazia de homens e mulheres os melhores seres humanos que alguém seria capaz de ser.

Foram essa pressão e essa perseguição que transformaram aquele que era um partido meramente "devoto" num partido de oposição: os fariseus. Os fariseus opunham-se ao programa de helenização de outras nações conduzido pelos gregos, mas eram também contrários ao partido pró-helenização que crescia rapidamente entre os judeus. "Fariseu" significa "separado", separado no sentido de ser isolado dos caminhos pecaminosos e perversos, caminhos pagãos, caminhos *gregos*. Eles resistiam à pressão grega por impor uma unidade política e os absorver com os valores e padrões gregos. Eles resistiam às exigências de que repudiassem a aliança que Deus firmara com eles, resistiam a todas as opiniões de que guardar os mandamentos de Deus era uma forma de escravidão espiritual ou moral, resistiam à propaganda enganosa que procurava fazer uma lavagem cerebral e inculcar a ideia de que, quanto mais energia se gastasse com Deus, menos energia sobrava para ser verdadeiramente humano.

A pressão sobre os judeus para que abandonassem seus caminhos tolos de temor a Deus e abraçassem os caminhos gregos sábios, centrados no homem, explodiu como que numa erupção vulcânica, tomando a forma de uma revolta armada que logo se espalhou por todo o território. As forças dissidentes vinham se formando fazia muito tempo, fervilhando sob a cobertura da cultura imposta pelos gregos, mas foi o rei grego Antíoco IV Epifânio que fez irromper o vulcão. Ele vinha pressionando os judeus fazia trinta anos (subiu ao poder em 198 a.C.), mas a teimosia deles fez por fim que ele precisasse agir com violência. Ele declarou ilegais a guarda do sábado e a circuncisão, sob pena de morte. Em dezembro de 167 a.C., construiu-se um altar no templo de Jerusalém e um sacrifício pagão foi oferecido sobre ele a Zeus, um dos deuses do Olimpo (o "sacrilégio terrível" mencionado em Daniel 11:31 e 12:11).

Antíoco Epifânio continuou ordenando sacrifícios aos deuses pagãos em todas as vilas. Quando o oficial do rei chegou à vila de Modim para fazer valer a lei, foi a última gota para Matatias, que era sacerdote naquele lugar. Ele não se submeteu à ordem de sacrificar. Quando outro judeu deu um passo para oferecer o sacrifício, Matatias matou o sacerdote e depois o oficial do rei. Num arroubo final, ele destruiu o altar. Depois então, fugiu com seus cinco filhos para cavernas e esconderijos no deserto, sendo logo depois seguido por muitos dentre o povo, judeus devotos, cuja identidade especial tinha sido aguçada e energizada pela perseguição, prontos para lutar pela liberdade que tinham de adorar a seu Deus. Ele os organizou em guerrilhas e seguiu por todo o país, destruindo altares, matando judeus que os houvessem desertado, circuncidando crianças e pregando a franca resistência aos decretos de Antíoco Epifânio.

Houve muitos mártires. Matatias morreu na primavera seguinte, mas seus cinco filhos, com Judas Macabeu (o "martelo") na liderança, assumiram o controle. Estava declarada a Guerra Macabeia.[5] Depois de um começo turbulento, Judas e seus irmãos, seguidos de seus descendentes, alcançaram uma independência política e religiosa um tanto precária, mas ainda assim significativa. Pela primeira vez desde o Exílio babilônico (586 a.C.), os judeus estavam livres do domínio de uma potência estrangeira. Sobreviveram até que o general romano Pompeu adentrou Jerusalém em marcha em 63 a.C. Era o fim da independência judaica.

Alguns anos mais tarde (era o ano de 37 a.C.), os romanos nomearam Herodes rei sobre Judá.

Os 150 anos entre Antíoco Epifânio e Herodes, o Grande, foram de grande tumulto, para dizer o mínimo. Em todo esse período, no entanto, os fariseus desempenharam um papel de destaque. Contrariando forças culturais e políticas internas e externas, os fariseus conservaram e reforçaram sem transigências aquela identidade judaica que os gregos estiveram decididos a erradicar. Os fariseus eram incrivelmente corajosos e ferozmente dedicados. Os fariseus eram os judeus mais apaixonados e leais que se podiam encontrar. Eram um partido do povo, um movimento popular, milhares de judeus comuns que se haviam recusado a atender ao apelo proselitista grego que os convidava para abandonar a vida opressiva sob Moisés e, em lugar da lei, abraçar a liberdade, a beleza e a inteligência — para serem verdadeiramente humanos pela primeira vez em sua história.

Como a pressão grega foi tão abrangente e absoluta, a reação farisaica foi igualmente abrangente e absoluta. E tinha de ser. Simplesmente não podiam transigir num único fio, para que aquele fio frouxo não começasse a desatar a rica tapeçaria de uma vida comprometida com uma obediência radical, intransigente e cheia de fé. Regras e mais regras eram necessárias para manter intacta essa separação. Costumes eram desenvolvidos para

[5] Sobre detalhes da Guerra Macabeia, v. a tradução e os comentários de Jonathan Goldstein em *Anchor Bible commentary*. Garden City, N.Y.: Doubleday, 1976 e 1984, v. 41 e 41A). Quanto ao período inteiro, de Antíoco Epifânio a Herodes, v., de Emil Schurer, *The history of the Jewish people in the age of Jesus Christ* [A história do povo judeu nos dias de Jesus Cristo], revisado e organizado por Geza Vermes e Fergus Millar. Edinburgh: T&T Clark, 1973.

manter a identidade cada vez mais inconfundível. No momento em que os fariseus entram na história conforme é narrada pelo nosso Novo Testamento, duas infelicidades já haviam acontecido.

Uma é que esse acúmulo de regras e costumes tinha se tornado uma rígida armadura exterior entre muitos dos fariseus. A identidade judaica tinha sido conservada, mas, depois de uns duzentos anos, a identidade havia se tornado mais externa que interna. Haviam se tornado crustáceos religiosos: toda a sua estrutura óssea achava-se no exterior.

E a outra é que os fariseus tinham se tornado tacanhos, obsessivamente preocupados com todos os mínimos e insignificantes detalhes do comportamento. Começaram fazendo algo necessário: desafiando a arrogância intimidadora da mente grega. Tinham uma visão de Deus e da lei de Deus muito mais ampla do que qualquer coisa que os missionários gregos jamais puderam imaginar. Opuseram-se à grandiosidade da visão grega de civilização, usando para isso o trono de Deus, "firmado nos céus". Mas, quando Jesus surge em cena, eles já haviam de algum modo perdido a visão do reino de Deus e tinham se tornado obsessivamente preocupados com cada artigo possível e imaginável de vestimenta ou de comportamento que dissesse respeito ao ato de ser judeu — argumentando e definindo detalhe por detalhe o que significava ser judeu. Tinham se tornado obsessivos com cada pormenor da identidade que lhe dizia respeito: a judaica.

Imagine você se mudando para uma casa com uma enorme janela panorâmica que dá para uma vista grandiosa, na qual você é capaz de divisar uma vasta extensão de água, cercada por uma cadeia de montanhas com o cimo coberto de neve. Você ganha assim um assento nas primeiras fileiras, pois se vê agora diante de tempestades ferozes e fantásticas formações de nuvens, todo um espectro de cores iluminadas pelo sol nos rochedos, nas árvores, nas flores-do-campo e na água. Você fica cativado pela vista. Várias vezes ao dia, você interrompe seu trabalho e se põe diante da janela para absorver a majestade e a beleza, entusiasmado com aspectos botânicos e meteorológicos arrebatadores. Numa tarde, você nota alguns dejetos de pássaro no vidro da janela, pega um balde e um pano e limpa. Dois dias depois, uma forte chuva deixa a janela toda esbranquiçada, e vai o balde outra vez. Outro dia, você recebe a visita de amigos acompanhados de uma tribo de crianças pequenas com as mãos todas sujas. É só eles saírem e você enxerga as marcas de dedo deixadas no vidro. Eles mal saíram porta afora, e você já está com o balde em punho. Você tem tanto orgulho daquela janela, e é uma janela tão grande! Mas é incrível como que, de tantas maneiras diferentes, objetos estranhos se prendem a ela, ofuscando a visão, impedindo que se veja perfeitamente toda aquela beleza. Manter aquela janela limpa desenvolve-se numa neurose obsessivo-compulsiva. Você passa a colecionar escadas, baldes e rodos. Você constrói um andaime dentro e fora que lhe permita chegar a todos os cantos mais difíceis e aos pontos mais elevados. Você tem a janela mais limpa de seu país — mas faz agora anos que você nem olha para o que está além dela. Você se tornou um fariseu.

Por causa dessa lenta mudança de uma paixão interior para um desempenho exterior por causa da mudança de atenção da majestade de Deus para a faxina em nome de Deus, os fariseus do tempo de Jesus não eram, como grupo, muito atraentes. Ainda assim, representavam o que havia de melhor no judaísmo. Ao menos estavam em contato com sua herança; sabiam que eram judeus desde o começo e sempre o seriam; estudaram suas Escrituras e as conheciam por dentro e por fora; e eram herdeiros orgulhosos dessa preservação vigorosa e feroz da identidade judaica. A história do evangelho é iluminada pelo nome de três fariseus: Nicodemos, José de Arimateia e Gamaliel.

JESUS E OS FARISEUS

Se Jesus estivesse buscando aliados, um grupo com o qual buscar aliança em sua obra de expansão do reino, os fariseus eram a escolha mais óbvia. Tinham os melhores antecedentes em toda a Palestina. Ao longo de toda a história, tinham provado de forma extraordinária sua sinceridade e lealdade às exigências e às promessas de Deus. Eram o partido mais forte e mais decidido na luta por resistir aos caminhos do mundo, representados por Herodes. Nos anos que antecederam o nascimento de Jesus, Herodes havia tomado para si o manto de Antíoco IV Epifânio e com vigor realizou reuniões de avivamento por todo o país, com apelos helenísticos convidando a todos a se converter ao evangelho grego da civilização. Herodes seria o Billy Graham do evangelho grego, realizando cruzadas imensas em seus muitos anfiteatros ao redor da Palestina. Em retrospecto, fica evidente que Herodes pouco se importava de fato com a cultura grega. Sua campanha helenizante era uma frente para o puro poder político. Aquilo que os fariseus defenderam diante de Antíoco ainda defenderam, duzentos anos mais tarde, diante de Herodes e de tudo o que ele representava.

Os fariseus foram se tornando um tanto rígidos ao longo dos anos, é verdade. Precisam de alguma reforma, uma revitalizada, com certeza. Mas podiam muito bem servir como uma base sólida a partir da qual realizar a obra.

Mas Jesus não se deixou levar pela intensidade dos fariseus, tanto quanto não se influenciou pela grandiosidade de Herodes. Havia muito o que admirar nos fariseus. Cada judeu tinha uma dívida de gratidão para com os fariseus por manter viva a identidade judaica. Penso que deveríamos ser muito mais gratos aos fariseus do que somos. Precisam ser honrados muito mais do que tem acontecido entre os cristãos. Mesmo assim, é evidente que Jesus não operou com base em um contexto farisaico. Nossa percepção acerca da singularidade, da originalidade, do aspecto radical do caminho de Jesus é reforçada quando observamos que Jesus, além de rejeitar o caminho de Herodes, ao mesmo tempo rejeitou a forma de vida que era mais intencionalmente contrária a Herodes: o caminho dos fariseus.

Imagine-se como um homem ou mulher no primeiro século, tendo crescido nos métodos e meios de Herodes. Aí você encontra Jesus. Mesmo de longe, Jesus sempre o intrigou. E então, um dia, você ouve Jesus dizendo: "Siga-me". Você aceita e começa a segui-lo. O que você perceberia? Acho que a primeira coisa que eu perceberia é que de repente eu havia mergulhado num mundo de relacionamentos — uma teia reluzente e complexa que incluía pessoas reais e Deus. Eu teria deixado um mundo de tamanhos e números, de belos e enormes edifícios, deuses famosos, celebridades romanas e espetáculos luxuosos, burburinhos, violência e multidões, e teria adentrado um mundo muito mais modesto e tranquilo de nomes de pessoas, encontros com pessoas, conversas com pessoas, reuniões com pessoas e um Deus pessoal.

Da mesma forma, se eu tivesse sido criado num ambiente em que minha imaginação fosse alimentada pelos feitos heroicos de Judas Macabeu e seus irmãos (os martírios, a grande causa da liberdade judaica), se tivesse ficado impressionado com a espinha dorsal que os fariseus emprestaram ao movimento, depois tivesse ouvido Jesus dizer "Siga-me", tivesse aceito o chamado e tivesse começado a segui-lo, acho que a primeira coisa que eu teria notado seria como ele usava as palavras. A forma característica de Jesus conversar era por meio de histórias. Jesus contava histórias — parábolas, nós as chamamos — e usava metáforas.

Uma história implica fazer uso de palavras para criar envolvimentos e relacionamentos. As histórias tomam o material de nosso cotidiano e nos transportam para ações que constituem nossa experiência: as pessoas a quem amamos ou odiamos, o que conseguimos executar bem ou mal, o modo pelo qual se comportam pais e filhos, decisões que temos de tomar. Se o contador de histórias é bom, geralmente ouvimos ou percebemos algo que está acontecendo agora mesmo à medida que vivemos nossa vida no dia de hoje, mas que antes deixáramos de perceber. Não que consigamos enxergar propriamente, mas experimentamos com mais intensidade — desfrutamos intensamente de um prazer, ficamos mais cuidadosos e vigilantes diante de um perigo, aproveitamos uma oportunidade que antes desconhecíamos, valorizamos uma pessoa com quem nem tínhamos pensado que valesse a pena gastar tempo.

Às vezes, um contador de histórias vai redefinir para nós o que significa ser homem ou mulher, fazendo-nos ver a nós mesmos e as pessoas ao redor de modo tão diferente que recebemos uma dose renovada de energia para voltar para as mesmas velhas coisas, mas agora com uma postura totalmente diferente. Estávamos já convencidos de que não passávamos de um enfadonho beco sem saída. Mas o contador de histórias revela amor, ou conflito, ou valores de uma maneira que nos envolve numa dimensão inteiramente diferente. Os contadores de histórias imaginam modos alternativos de vida, despertam nossas imaginações de forma totalmente nova para quem somos e quem é nosso próximo. Somos estimulados a viver mais intensamente, mais conscientes de tudo.

Os fariseus não usavam as palavras daquela forma. Usavam as palavras para definir e defender. Eram famosos por suas regras e regulamentos. Debatiam interminavelmente sobre o certo e o errado em vários comportamentos. Estudavam as Escrituras e se debruçavam sobre o significado de cada sílaba e sinal de pontuação, cuidando do texto como um cão defende seu osso. Usavam as palavras *a sério*. E sem cor. Não podiam perder tempo contando histórias. Isso seria uma frivolidade. Seus antecedentes hebraicos e bíblicos eram ricos em histórias, e nos anos seguintes eles recuperariam suas histórias. Mas nos dias de Jesus tinham algo muito mais importante que fazer do que contar histórias. Precisavam dar às pessoas instruções sem sentido sobre o que fazer, e quando, e onde.

O contraste entre as duas maneiras de usar as palavras não poderia ficar mais claro do que naquela ocasião em que um homem pediu que Jesus definisse "próximo". Os fariseus adoravam as definições. Jesus respondeu com uma história, a história do samaritano (Lc 10). Se Jesus tivesse respondido à pergunta em conformidade com a maneira pela qual ela foi formulada, os dois homens talvez passassem a noite debatendo as minúcias de uma possível definição. Mas Jesus não fez isso. Ele contou uma história. A história assenhoreou-se do homem para que se *tornasse* um próximo de carne e osso, vivo (ou não), sem "definir" próximo friamente.

E Jesus usava a metáfora. Disse-nos que somos sal e luz. Disse-nos que era pão e porta. Muitas vezes as pessoas não tinham a menor ideia do que estava falando. Para os fariseus literalistas, era ainda muito mais difícil entender. Nicodemos é o exemplo clássico: "Como alguém pode nascer, sendo velho? É claro que não pode entrar pela segunda vez no ventre de sua mãe e renascer!".

Metáfora é, literalmente, uma mentira. Simplesmente não é verdade. Você não é sal. Se eu salpicar você no meu churrasco, não vou obter aquele sabor. Não sou luz. Se penetro um lugar escuro, nada é iluminado. Deus não é uma rocha. Os geólogos não examinam rochas buscando fósseis de

Deus, nem escrevem dissertações abalizadas defendendo a revelação pré-cambriana de Deus.

Então por que usamos metáforas? Por que Jesus apreciava tanto as metáforas? Por que a Bíblia é tão abundante em metáforas? Quando fazemos essas perguntas pela primeira vez, soa quase estranho, pois as metáforas não são precisas. Uma metáfora pode quase sempre ser entendida de diferentes maneiras. Se o maior interesse de Jesus era a precisão, ele certamente não sairia por aí dizendo coisas como "Eu sou a videira; vocês são os ramos" (Jo 15:5) ou "Cuide dos meus cordeiros" (Jo 21:15).

Mas, depois de refletir um pouco, percebemos que a metáfora consegue algumas coisas impressionantes que estão no âmago não só das palavras, mas também do evangelho. Uma delas é que a metáfora exige participação. Quando Jesus diz "Eu sou o bom pastor" (Jo 10:14), nossa imaginação começa a funcionar. Forma-se um quadro em nossa mente, as associações vêm à tona, a frase ganha vida. A metáfora é uma história condensada, e, como a metáfora se enraíza em nossa consciência, começa a contar uma história que nos envolve. É difícil se manter impassível na presença de uma metáfora. A metáfora torna difícil para nós continuarmos como meros espectadores, friamente assistindo à ação. A metáfora nos puxa para uma participação engajada naquilo de que se ocupa o escritor ou narrador da metáfora.

E a metáfora nos envolve numa teia de significados. Neste mundo da criação e da salvação de Deus, tudo está interligado. O mundo não é uma grande feira de usados, com objetos oriundos de porões, sótãos e armários de casas e povoados de todo o mundo, na qual vasculhamos para achar o que talvez nos sirva exatamente neste momento de nossa vida. É mais como um organismo complexo e intricado: uma criação e uma aliança nas quais há significado e propósito para onde quer que olhemos, em tudo o que tocamos, em cada som que ouvimos. Metáfora é uma palavra que ativamente nos envolve naquela interrelação complexa e orgânica que é inerente à criação e à aliança de Deus. Tudo carrega um elo com tudo o mais. Podar vinhas e ramos e cuidar de cordeiros são parte do mesmo mundo no qual Jesus está revelando Deus para nós e efetuando nossa salvação.

Os fariseus, em seu compromisso por manter a verdade exata e se manter separados dos caminhos do mundo, usavam uma linguagem que era tão impessoal e controlada possível. Jesus, não menos comprometido com a verdade e não menos preocupado com os perigos do mundo, usou uma linguagem intensamente pessoal, relacional e participativa. Usou histórias que nos cutucam, para percebermos que estamos envolvidos numa trama repleta de personagens por meio de quem Deus está efetuando nossa salvação e a salvação do mundo; ele usou metáforas que nos envolvem na ação, pensando e orando com toda a nossa alma, mente e força nas questões de família e finanças, preocupando-nos pela terra e protestando contra a injustiça, adorando a Deus e nos arrependendo de nossos pecados.

Quando Jesus diz "Siga-me", e seguimos, ele nos resgata das maneiras pelas quais Herodes costumava impessoalizar as pessoas para poder usá-las em serviço de sua ambição, reduzi-las a meras funções. E Jesus nos resgata do fariseu que impessoaliza a linguagem para que ela seja precisa e pura, a ponto de ele ser capaz de definir uma identidade separada das ambiguidades dos caminhos do mundo, uma identidade que evita a participação pessoal com aqueles que têm grande potencial de nos contaminar, uma identidade que alcança a verdade usando uma linguagem que evita o envolvimento pessoal e separa seus usuários não apenas do que é errado no mundo, mas também da totalidade da criação e da aliança de Deus.

ORANDO NO CAMINHO COM MARIA

Seguir a Jesus necessariamente significa trazer seus métodos e meios, seus caminhos, para o nosso cotidiano. Não basta simplesmente reconhecer e aprovar seus caminhos e começar na direção certa. Os caminhos de Jesus devem ser abraçados por nossa imaginação e incorporados em nossos hábitos. Isso acontece somente quando *oramos* à medida que o seguimos. Não pode ser imposto de fora, não pode ser copiado. Precisa ser moldado do interior. Essa modelagem se dá em oração. A prática da oração é o principal modo pelo qual o caminho de Jesus passa a permear toda a nossa vida, de modo que andemos espontaneamente e falemos ritmicamente no fluxo e na fluidez da santidade.

Se abandonados a nossa própria sorte, somos pessoas fragmentadas e distraídas, titubeantes e espasmódicas. O pecado faz isso conosco. As forças culturais tanto de Herodes quanto dos fariseus em seus caminhos tão distintos entre si agravam efeitos debilitantes do pecado, impessoalizando nossos valores e nossa linguagem. Quanto mais objetificados nos tornamos, quanto mais coisificados, mais impessoais ficamos também, mais sem contato com nossa humanidade criada por Deus e com a humanidade das pessoas criadas por Deus ao redor de nós, mais necessitamos de oração. A oração, à medida que o Espírito ora dentro de nós, recupera nosso lugar original na criação, tornando-nos capazes de um serviço ao mundo livre de ambições (Rm 8:19-26). Envolve-nos na grandiosa reconciliação implicada no fato de Cristo nos libertar para intimidades relacionais com a família e com os amigos (Cl 1:15-23). Quando Jesus entrou na terra de Herodes e dos fariseus saído daquela estrebaria em Belém, "Tudo", nas palavras incisivas de W. H. Auden, "passou a ser Você e nada permaneceu um mero Esse".[6]

Para começar, ao nos lançarmos no caminho de Jesus em que o Esse se converte em Você, opondo-nos aos efeitos impessoalizadores de Herodes no mundo do trabalho e dos fariseus no mundo pessoal, faço menção honrosa da oração de Maria, oração que ancora essa obra remodeladora do Espírito bem no nosso interior, de modo que obtemos os métodos e meios de Jesus à medida que seguimos a Jesus, o Caminho.

Quando o anjo Gabriel anunciou a Maria que ela ia conceber e ser a mãe de Jesus naquele mundo do primeiro século em que Herodes estava tentando transformar cada pessoa num bom grego e em que os fariseus estavam fazendo o que estivesse a seu alcance para transformar essas mesmas pessoas em bons judeus, Maria orou:

[6] *For the time being* (oratório de Natal), in: Edward MENDELSON, org., *Collected poems*. New York: Random House, 1976, p. 308. [A Companhia das Letras lançou em 1998 o seu *Poemas*, uma seleção feita por João Moura Jr. em que utiliza partes da obra acima citada e partes de *The English Auden*. Essa edição bilíngue foi traduzida para o português por José Paulo Paes e João Moura Jr.]

Sou serva do Senhor;
que aconteça comigo conforme a tua palavra (Lc 1:38).

Vou dar um grande palpite aqui: meu palpite é que essa oração foi formativa não somente para Maria, mas também para Jesus. À medida que Maria ensinava Jesus a orar, muito provavelmente ela lhe ensinou essa oração. A vida de oração de Jesus foi formada, assim como a de todos os judeus que oravam no primeiro século, pelos Salmos — aquelas 150 orações que reúnem tudo o que se passa em nossa vida num ato responsivo de fé em Deus e obediência a ele. Mas essa oração que formou Maria durante a gestação de nosso Salvador foi também formativa para Jesus à medida que vivia e definia o caminho. O efeito formativo dessa oração sobre Jesus, mesmo ainda no ventre, é confirmado pela oração quase idêntica de Jesus no Getsêmani, às vésperas de sua morte: "não seja feita a minha vontade, mas a tua" (Lc 22:42).

Creio que Jesus fez a oração que sua mãe lhe ensinou todos os dias de sua vida. Foi fazer essa oração, ou algo semelhante a ela, que o protegeu de adotar os caminhos de Herodes. Foi fazer essa oração que o impediu de adotar as prioridades religiosas dos fariseus. Não consigo imaginar melhor maneira de interiorizar isso do que fazermos nós mesmos a mesma oração: "Eu sou servo do Senhor; que aconteça comigo conforme a tua palavra".

A oração se estrutura com um substantivo e um verbo: o substantivo identifica Maria; o verbo a puxa para dentro da ação de Deus.

O substantivo é "serva", ou escrava: *doulç*. É uma oração que fazemos segundo nossa mais verdadeira e profunda identidade, uma oração na qual nos oferecemos nessa mesma identidade. Somos servos. Maria acabou de receber seu chamado para a vocação mais honrosa que se possa imaginar no reino de Deus: mãe de nosso Senhor, a pessoa que trará Deus encarnado a este mundo que o aguarda. Mas ainda assim ela se entende como serva de Deus: *doulç*. Quanto mais exaltados nos tornamos, mais destacada a posição em que somos colocados, mas, quanto mais importantes nos tornamos na economia do reino de Deus, mais subservientes nos tornamos. "Serva" era uma identidade que Maria transformava em oração. E era a identidade de Jesus feita em oração. Mãe e Filho semelhantemente oravam sua identidade de servos e se ofereciam em oração como servos.

Dia a dia, semana após semana, mês após mês, à medida que se formava detalhe por detalhe da identidade de Jesus como Deus entre nós, ele orava cada pormenor na forma de um servo. Sua oração diária e persistente fazia que cada percepção e reconhecimento que surgisse em seu caminho, cada gesto que ele fizesse, expressasse e revelasse Deus e a salvação de Deus.

> Vocês sabem que os governantes das nações as dominam, e as pessoas importantes exercem poder sobre elas. Não será assim entre vocês. Ao contrário, quem quiser tornar-se importante entre vocês deverá ser servo, e quem quiser ser o primeiro deverá ser escravo; como o Filho do homem, que não veio para ser servido, mas para servir e dar a sua vida em resgate por muitos.
>
> Mateus 20:25-28

Por meio do verbo, Maria ora convidando a ação de Deus para sua vida: "que aconteça comigo conforme a tua palavra". A ação não é algo que Maria fará por conta própria. É Deus que fará em Maria. É aquilo a que ela se submete. Ela abraça a ação de Deus.

Jesus obviamente também usou esse verbo em suas orações por toda a sua vida. Ele era Deus sendo revelado, falando a verdade, convidando os discípulos, repreendendo o pecado, perdoando o pecado. Uma fala pessoal. Relações íntimas. E o resultado para nós é a encarnação: tudo de Deus em tudo de Jesus.

Quando oramos, não podemos ser demasiadamente cuidadosos com nossos verbos. Será que nossas orações não passam a ser meios de nos tornar encarregados dos negócios do reino, ou de fazer de nós a pessoa por meio de quem Deus pode se revelar e cumprir sua vontade neste mundo? Nossas orações definem e exigem: "Ó Deus, faze-me como Herodes e farei grandes coisas para ti!"? Nossas orações servem a nós mesmos, separando-nos das outras pessoas: "Ó Deus, eu te agradeço que não sou como esse cobrador de impostos"?

Ou será que nossas orações são atos de submissão que formam uma vida de obediência voluntária no reino de Deus: "Que aconteça comigo conforme a tua palavra"?

capítulo 9

O caminho de Caifás

A mera menção do nome Caifás desencadeia uma avalancha de associações, todas negativas: religião como privilégio, religião como exploração, religião como clube de endinheirados — um grupo fechado de abastados —, religião como mercadoria, religião como opressão.

Herodes entra na história de Jesus no começo, no nascimento de Jesus. Herodes tentou matá-lo, mas não prosperou. Chacinou muitos, muitos bebês, mas Jesus escapou ao massacre. Caifás entra na história de Jesus perto do fim, com Jesus sendo julgado e na iminência de perder a vida. Ele fazia parte de uma trama de conspiração para matar Jesus, e a trama teve êxito. Jesus foi morto.

Os dois homens operavam de maneiras completamente diferentes: Herodes era um político, operando a partir do mundo de paganismo e força bruta dos romanos; Caifás era um sacerdote, operando a partir de um mundo judeu de adoração e fé em Deus. Herodes era um líder no mundo secular; Caifás era um líder no mundo religioso. Os dois eram muito bons no que faziam. Os dois ocupavam o mais alto escalão em seus respectivos âmbitos de atuação. E os dois eram contra Jesus. Os dois viam seu mundo de influência ameaçado por Jesus. Matar Jesus era um programa que não mudaria para os dois. Se os arqueólogos algum dia encontrarem um documento que contenha a declaração de visão de cada um desses dois homens — algo que me disseram que todos os bons líderes devem ser capazes de formular —, aposto, talvez sem muita chance de errar, que seriam idênticas, claras e sem rodeios: matar Jesus.

Não sabemos muito sobre Caifás, praticamente nada em comparação com as vastas informações que temos sobre Herodes. Não sabemos nada sobre ele pessoalmente, exceto que ele tinha uma posição de destaque numa família em Jerusalém de sumos sacerdotes, e que estava associado ao partido dos saduceus, o partido rival dos fariseus. Sabemos que essa família sacerdotal de Jerusalém tinha sua sede de poder no templo. Sabemos que o sogro de Caifás, Anás, tinha sido o sumo sacerdote dez anos antes e tinha conseguido com êxito manter a posição dentro da família.

Os saduceus eram abastados e aristocráticos, interessados em granjear grandes coisas, para isso associando-se com as pessoas importantes do governo e da cultura, em contraposição a seus rivais, os fariseus, que se constituíam de pessoas comuns e muito mais interessadas em ser os melhores judeus que pudessem ser num mundo imbuído de valores e estratégias antijudeus. Tendo em vista sua família, sua posição e o mundo saduceu em que habitava, sabemos que Caifás era aristocrático e privilegiado — um profissional religioso que conseguia ter uma vida mais que confortável com sua profissão.

Arqueólogos israelenses descobriram em escavações feitas em Jerusalém em 1971 e 1972 várias casas luxuosas da época de Caifás — residências grandes, com dois e três andares, com instalações de água (cisternas, tanques para banho e piscinas) e pisos com mosaicos, casas ocupadas pelas famílias mais opulentas de Jerusalém. Alguns dos escavadores parecem claramente seguros de que encontraram a casa de Caifás.[1] Se estiverem certos, não podemos deixar de ficar impressionados pelo estilo luxuoso de vida em que o sumo sacerdote se refestelava. Caifás era um sacerdote no topo de sua profissão, um "sumo" sacerdote — e ocupava essa posição num momento da história em que os sumos sacerdotes de Jerusalém pertenciam ao mais alto escalão social daquela sociedade. Caifás foi o líder religioso mais poderoso e de maior destaque na Palestina durante os anos em que Jesus percorria o país dizendo às pessoas: "Siga-me".

[1] Helen K. BOND, *Caiaphas:* friend of Rome and judge of Jesus?. Louisville: Westminster/ John Knox, 2004, p. 157-158.

O sacerdote é uma pessoa importante na maioria das sociedades do mundo. E aqui está a razão. O âmago de nosso ser como homens e mulheres é "a imagem de Deus". Somos criados por Deus para Deus. Carregamos o selo de Deus nas próprias fibras de nosso corpo e de nossa alma. Nosso relacionamento com Deus é a coisa mais importante em nós. Quanto ao nosso físico, necessitamos de alimento, vestuário, abrigo e cura; no aspecto social, necessitamos da família, de amigos e vizinhos; na questão da segurança, necessitamos de proteção e estabilidade; na área das emoções, necessitamos de amor, reconhecimento e bem-estar; intelectualmente, necessitamos saber, conhecer e compreender.

Somos criaturas complexas e multifacetadas. A diversidade entre nós é estarrecedora. Nenhum de nós é exatamente como o outro. Servimos uns aos outros, ajudando-nos mutuamente a satisfazer essas necessidades: agricultores, professores, médicos, soldados, advogados, escritores, negociantes, artistas, construtores, banqueiros. Mas, no centro de todas essas necessidades e perpassando-as todas, está nossa necessidade de Deus. Os sacerdotes são as pessoas que nos ajudam a lidar com essa necessidade de Deus. Não fazem isso em nosso lugar, assim como um comerciante de alimento também não digere nosso alimento por nós. Mas fazem parte da economia divina.

E de fato precisamos de ajuda. Não precisamos viver muito para descobrir que preferimos ser nossos próprios deuses. Gostamos de ter Deus na retaguarda, uma espécie de rede de segurança para as vezes em que caímos de nossa corda-deus estendida por nós mesmos, mas, quando as coisas vão bem, o sol está brilhando e todas as nossas outras necessidades estão sendo satisfeitas, na verdade não ficamos inclinados a lidar com Deus.

Na realidade, as coisas nem sempre saem bem, o sol não brilha todos os dias e nossas outras necessidades nem sempre são satisfeitas como gostaríamos. Em meio a todas essas insatisfações e frustrações — nossa *carência* fundamental —, vemo-nos buscando ajuda no centro, em nosso âmago; é a nossa necessidade de Deus. Mais do que em todas as demais necessidades, alguns de nós (no fim, a maioria de nós) acabam por perceber que não sabem o que estão fazendo. Precisamos de ajuda. Precisamos de um sacerdote. Precisamos de alguém que nos diga o que está acontecendo e dê uma direção sábia.

O sacerdote se põe no meio, entre nós e Deus, entre Deus e nós. O sacerdote nos apresenta Deus: mostra quem Deus é, como ele age, a verdade que ele revela, e nos convida a receber esse Deus, crer nele, obedecer a ele, confiar nele e adorá-lo. E o sacerdote apresenta a nós para Deus: apresenta nosso pecado e culpa, nosso trabalho e nossas ações de graças, nossos fracassos e pretensões, nossa doença e nossa ignorância, e pede a Deus que no receba, nos perdoe, nos guie, nos salve. O sacerdote oferece Deus para nós, Deus na totalidade, tudo o que Deus é e faz: um presente para nós. O sacerdote oferece a nós para Deus, tudo o que somos e fazemos: um presente para Deus. Não há nenhuma coação em nenhuma direção; o sacerdote abre um vasto campo de liberdade, no qual Deus dá livremente e nós recebemos, no qual nós damos livremente e Deus recebe. Assim como Deus está plenamente presente nesse encontro, nós também estamos plenamente presentes.

A ação sobre a qual o sacerdote preside, esse vaivém, esse "dá e recebe", esse "recebe e dá", é a adoração, e o cerne da ação à medida que acontece a troca é o sacrifício. É assim que acontece. Um lugar de adoração é preparado. O lugar é separado como lugar de encontro entre Deus e nós. Algo é construído para dar testemunho da presença do Deus invisível — uma pedra, uma tenda, um templo. Um altar é erigido para focar a atenção na troca que acontecerá.

A esse altar, homens e mulheres trazem uma oferta. Precisa ser o melhor que temos. Pode ser um bode, um cordeiro, uma pomba, uma xícara de farinha ou uma casca de pão. Se muito ou pouco, não importa, mas precisa ser o melhor que pudermos oferecer. Ao trazermos nossa oferta, estamos dizendo: "Aqui está o melhor que temos, aqui está o melhor que podemos fazer; mas não é bom o suficiente, não satisfaz minha necessidade de ser integral e salvo, não tem funcionado. Aqui está, Deus, agora é sua vez. Veja o que consegue fazer com isso".

Uma vívida cena gravada em dois versos do salmo 5 põe essa ação à mostra para que possamos enxergá-la. O salmo se concentra num ato de sacrifício:

> De manhã ouves, SENHOR, o meu clamor;
> de manhã te apresento o meu sacrifício
> e observo (Sl 5:3, RSV [*Revised standard version*]).

O salmista coloca sua oferta no altar: o animal sacrificial, um pedaço de pão ou uma xícara de cevada. O sacerdote acende um fogo sob o sacrifício. O salmista observa: "... te apresento o meu sacrifício e aguardo". O que ele observa? Ele observa a oferta ser queimada, a fumaça subir a Deus e tornar-se invisível à medida que é transformada em perdão, graça, bênção, cura e vida eterna. Quando o sacrifício é finalmente consumido e a transação se completa, o sacerdote decreta a absolvição, a bênção, a salvação.

É isso que os sacerdotes fazem; foi para isso que Caifás tinha sido designado. Mas às vezes os sacerdotes, impacientes de serem servos de Deus e do povo de Deus, insistem em assumir o controle do relacionamento, administrando os assuntos de Deus e a nossa salvação. Quando isso acontece, temos o escândalo do mau sacerdote. Acabamos ficando com um Caifás. Por causa de sacerdotes como Caifás, sacerdotes que servem a si mesmos em vez de servirem a Deus e aos outros, os reformadores, tanto políticos quanto religiosos, começam a se livrar dos sacerdotes. As profissões da religião parecem ser especialmente vulneráveis à corrupção. Mas, na tradição bíblica, o sacerdócio como tal não é dispensado. É, antes, completado em Jesus. E a função do sacerdote — estar disponível para assistir e ajudar, guiar e instruir a comunidade — continua em vários outros termos: bispo, diácono, pastor, ministro.

Quando Martinho Lutero fez do sacerdócio de todos os crentes uma das pedras fundamentais de sua obra de reformar a igreja, ele não queria, como muitos outros reformadores tentaram fazer, eliminar o sacerdócio como tal. Ele estava democratizando um sacerdócio que tinha sido rebaixado a uma burocracia religiosa. Estava designando a todos nós responsabilidades de sacerdotes de uns para com os outros: guiar, orar, encorajar — mas não dominar, não interferir. O individualismo consumista, obstinado e feroz — cada um por si, e o Diabo que fique com quem ficar para trás — é alheio à vida cristã. Precisamos de nossos irmãos e irmãs; nossos irmãos e irmãs precisam de nós, e precisam de nós como homens e mulheres *de Deus*.

Foi nesse contexto que Pedro disse a sua congregação que eles eram "sacerdócio santo" (1Pe 2:5,9). Jesus é nosso sumo sacerdote. Jesus faz o sacrifício que estabelece nosso relacionamento íntimo com Deus, mas também na comunidade em relacionamentos uns com os outros. Nenhum sacerdote meramente humano tem a permissão de prejudicar essa intimidade (a carta magistral aos Hebreus deixa isso bem claro). Mas nem nós temos a permissão de supor que podemos seguir sozinhos no caminho de Jesus.

Página após página, após página em nossas Bíblias está dedicada a treinar nossa imaginação exatamente nesse tipo de encontro: toda aquela construção de altares em Gênesis; as detalhadas instruções para a construção do tabernáculo e as vestes sacerdotais em Êxodo; a elaboração meticulosa de vários sacrifícios para várias necessidades em Levítico; a exatidão e os detalhes fornecidos em Reis para a construção do templo de Salomão; a atenção dispensada em Crônicas ao fornecimento de pessoal suficiente para os cultos de adoração, além da preparação necessária para esses cultos, a refocalização da adoração sacrificial na pessoa do próprio Jesus nos quatro evangelhos; a impressionante reordenação e reinterpretação em Hebreus de Jesus como o supremo sacerdote; e depois aquele glorioso desfecho em Apocalipse em que todo esse mundo de adoração sacrificial é reunido e reproduzido no céu.

É isso que os sacerdotes fazem; é isso que Caifás foi designado para fazer.

Surpreendentemente, dado o contexto glorioso em que esse trabalho acontece e a importância eterna e sagrada de cada detalhe, os sacerdotes não aparecem nas páginas da Escritura muito bem acolhidos pela crítica. Melquisedeque é o primeiro sacerdote a ser apresentado na história bíblica, mas não sabemos quase nada sobre ele — uma figura sombria na narrativa de Abraão. Mas uma boa sombra, sem maus agouros. Um mistério, mas um mistério convidativo.

Arão é o primeiro sacerdote que vemos em ação, e ele estraga o trabalho terrivelmente, construindo aquele famigerado bezerro de ouro e conduzindo o povo para o tipo de adoração que os separa de Deus em vez de os aproximar dele.

O senil Eli entra em cena como um velho gordo com tanta percepção de Deus e preocupação pelo povo quanto a de um rinoceronte. Seus dois filhos sacerdotes, Hofni e Fineias, eram beberrões com a moral sexual de um gato.

Quando Jeremias dava seu melhor para proclamar a palavra de Deus a seu povo, foi um sumo sacerdote de Jerusalém, Pasur, filho de Imer, que tornou a vida uma desgraça para ele, espancando-o e lançando-o na cadeia (Jr 20).

Havia também bons sacerdotes: Samuel, Aimeleque, Abiatar e Zadoque. E o sumo sacerdote Josué (filho de Jeozadaque), que se uniu a Zorobabel para reconstruir Israel depois do Exílio (no livro de Zacarias).

Os sacerdotes estão em seu melhor estado quando não os notamos. Quando começamos a notá-los, tornamo-nos receosos. Quando ele ou ela, quer leigo, quer clérigo, pretende fazer o trabalho de Deus por nós, soa um alarme. Houve milhares após milhares de bons sacerdotes cujos nomes jamais saberemos; o anonimato deles deixa entrever a autenticidade deles. O poema de George Herbert intitulado *Arão* exemplifica magistralmente o sacerdócio saudável. George Herbert, ele mesmo um sacerdote, escreveu seu poema *Arão* como um testemunho do bom sacerdócio, tanto bíblico quanto contemporâneo.[2]

Santidade traz à Cabeça,
Luz e perfeições cintilam no Peito,
Harmônicos sinos a impedir que Faleça:
Dão-lhe a vida, descanso perfeito.
Assim é que um arão é feito.

Profanações trago à Cabeça,
Defeitos e trevas há no meu peito,

[2] In: Barbara K. Lewalski & Andrew J. Sabol, orgs., *Major poets of the earlier seventeenth century*. New York: Odissey, 1973, p. 363.

Ruídos de paixões querem que eu faleça
Num lugar sem o descanso perfeito.
Pobre sacerdote sou feito.

Mas conto com outro Cabeça,
Tenho outro coração e outro peito,
Um melhor Som para que eu viva e não faleça,
Sem o qual não há descanso perfeito.
Nele é meu traje bem feito.

Cristo, meu único Cabeça,
Meu único coração e meu *Peito*,
Um Som que me toca 'inda que a vida *Faleça*,
Dando ao velho eu *Descanso Perfeito*,
Meu traje é de novo então *feito*.

Tão santo ele é em mi'a *Cabeça*,
Perfeita luz em meu amado *Peito*,
Doutrina entoada em *Cristo* (não Um-que-*Faleça*,
Mas vive em mim, meu *Descanso Perfeito*.)
Vem e como Arão serás Feito.

Mas não era assim que Caifás se vestia. Quando Caifás surge em cena no julgamento de Jesus, se tem uma coisa que não se podia dizer dele, é que era anônimo. O sacerdócio entre os descendentes de Arão vinha ficando cada vez pior, pelo menos nos 230 anos anteriores. Caifás não era exceção.

Depois do retorno do Exílio (por volta de 520 a.C.), os judeus tinham estado sob o governo político primeiramente dos persas, depois dos gregos e por fim dos romanos. Na ausência de seu líder político (seu último rei, Joaquim, morreu no Exílio babilônico), o líder religioso — o sumo sacerdote — passou a ser a pessoa mais poderosa e de maior destaque na comunidade judaica. E era assim que deveria ser. Os judeus eram definidos como povo de Deus; a identidade deles estava totalmente ligada a Deus e a sua aliança, seus mandamentos e adoração. O templo de Jerusalém, presidido pelo sumo sacerdote, era o centro nervoso para os judeus, embora os reis e governadores persas, gregos e romanos dominassem o país.

Mas então as coisas começaram a regredir no sacerdócio. Homens ambiciosos e calculistas barganhavam, negociavam e às vezes compravam descaradamente do governo em vigência a posição de sumo sacerdote. As coisas iam de mal a pior quando as conspirações do sumo sacerdote Jasão (em 174 a.C.) transformaram-se num leilão, com a posição indo para quem desse o maior lance. O sumo sacerdócio chegou ao fundo do poço alguns anos mais tarde, no período dos Macabeus.

A Revolta Macabeia havia estabelecido mais uma vez um estado judeu independente. Foi um período brilhante; na realidade, com histórias surpreendentes de coragem, valentia e paixão. João Hircano — filho de Simão, o último dos irmãos macabeus originais, e neto do velho Matatias, que galvanizou seus cinco filhos em guerreiros pela liberdade — governou brilhantemente durante trinta anos. Mas fez uma coisa ultrajante. Era já rei do estado de Israel que acabara de se tornar independente. Mas agora também se autoconstituiu sumo sacerdote. Não foi o primeiro macabeu a fazê-lo — seu tio Jônatas e seu pai, Simão, haviam estabelecido o precedente. Em seu reinado de trinta anos, porém, João Hircano (134-104 a.C.) secularizou ainda mais o ofício. Era um líder político poderoso e brilhante, e, agora que ele havia se apossado do sumo sacerdócio, o ofício estava completamente absorvido pela política. Ele não tinha nenhum interesse num Deus revelador e num povo adorador. Era um sacerdote que não era sacerdote.

João Hircano havia começado como fariseu, aquele partido do povo tão apaixonado e intenso em preservar sua identidade como povo de Deus. Mas, quando os fariseus criticaram seus métodos secularizadores, ele trocou de partido e tornou-se saduceu, partido que ligava sua identidade ao sumo sacerdote de Davi, Zadoque ("saduceu" é derivado do nome Zadoque). Era agora um sumo sacerdote autodesignado. Ele assumiu o sacerdócio terrivelmente deteriorado do partido sacerdotal dos saduceus. Quando concluiu seu mandato, tinha secularizado o ofício completamente. O sumo sacerdócio nunca se recuperou.

Quando Caifás tornou-se sumo sacerdote em 18 d.C., havia pouco interesse por Deus entre o sacerdócio saduceu intimamente entrelaçado de Jerusalém. Eram ricos e poderosos, completamente helenizados e à vontade com os romanos. A riqueza deles advinha do templo: eles gerenciavam o templo e detinham um monopólio sobre os sacrifícios do templo e sobre os impostos do templo. Os romanos deixavam que isso acontecesse porque eles dependiam deles para manter a paz.

Caifás deve ter sido melhor no que fazia do que a maioria: Herodes foi designado rei por Roma em 37 a.C. Imediatamente trouxe da Babilônia um sacerdote de pouco destaque, Ananel, para servir como sumo sacerdote, um sacerdote que ele podia manter na manga. Acabava assim a era do rei-sacerdote macabeu. Herodes depreciou o ofício de sumo sacerdote a uma função burocrática para eliminar qualquer possível rivalidade em seu governo.[3] De 37 a.C. (começo do reinado de Herodes) até a destruição do templo em 70 d.C., houve 28 sumos sacerdotes. Caifás ocupou o ofício por dezoito anos (18-36 d.C.). O mandato médio dos outros não passou de pouco mais de três anos.

Os líderes sobreviviam naqueles dias dando-se bem com Roma. Caifás, trabalhando em parceria com seu sogro Anás, cultivava habilmente a ligação com Roma. Por conseguinte, Caifás vivia voluptuosamente, fazendo da religião um belo meio de sustento.

Dada a proeminência do caminho de Caifás, Jesus precisava assegurar que seus seguidores não entendessem mal o que implicava segui-lo. Seguir a Jesus não é um caminho para o privilégio. Não é um meio de você conseguir o que deseja. Não é a trilha interior para um padrão mais elevado de vida. Tanto no judaísmo quanto na igreja, sempre tem havido muitas pessoas que esperam que tudo saia maravilhosamente bem quando se comprometem ao caminho de Deus, adoram fielmente, estudam suas bíblias, testemunham para seus amigos e contribuem generosamente com suas finanças. Mas é seguir a Caifás que lhe garante esse tipo de vida, não seguir

[3] James C. VanderKam, *From Joshua to Caiaphas: high priests after the Exile*. Minneapolis: Fortress, 2004, p. 395.

a Jesus. Jesus deixa isso bem claro quando diz: "Se alguém quiser acompanhar-me, negue-se a si mesmo, tome a sua cruz e siga-me" (Mt 16:24).

JESUS E CAIFÁS

Quando nos deparamos com uma pessoa como Caifás, é fácil ser acerbamente crítico da religião como tal, mas ainda mais a religião institucional. Religião como forma de se dar bem no mundo. Religião como formato, como negócio, como *show* e como influência. Religião como forma de ajudar você a se tornar o seu próprio Deus, de modo que você não tenha de lidar com o Deus de Abraão, de Isaque e de Jacó, o Deus e Pai de nosso Senhor Jesus Cristo.

O interesse generalizado por aquilo que não raro é denominado "espiritualidade" é de algum modo um resultado do desencantamento e da frustração diante da religião institucional. Muito dessa nova espiritualidade evita todas as armadilhas da liturgia e das finanças, das campanhas de arrecadação e dos edifícios, das burocracias eclesiásticas e dos conselhos que tomam decisões minuciosas sobre teologia, legislando e domesticando o Espírito. Essa nova espiritualidade faz frente a tudo isso. Incentiva-nos a explorar nossa consciência mais elevada, a cultivar a beleza e a percepção, a encontrar amigos que pensam como nós, com quem possamos conversar, orar e viajar. A espiritualidade é uma jornada interior rumo às profundezas da nossa alma. A espiritualidade dispensa doutrinas, campanhas para construções, cultos formais e teólogos.

Há algo que se pode dizer a favor disso, mas não muito. É verdade que o mundo da religião é responsável por uma imensa quantidade de crueldade e opressão, de guerra, preconceito e ódio, de pompa e ostentação. Ser religioso não se traduz invariavelmente em ser bom ou fidedigno. A religião é um das melhores coberturas para o pecado, melhor do que a de qualquer outro tipo. Orgulho, ira, cobiça e avareza são vermes que florescem sob o assoalho da religião. Para aqueles de nós que estão identificados com instituições ou vocações na religião, por mais que sejam vigilantes, ainda não será o bastante. O Diabo faz boa parte de seu melhor trabalho por trás de lindos vitrais.

Vivemos numa época em que se respira muito desse anti-institucionalismo. "Amo Jesus, mas odeio a igreja" é um tema que fica reaparecendo com variações em muitos contextos.

Então, é interessante observar que Jesus, que de forma resumida é bastante popular com a multidão dos sem-igreja, não era anti-institucional. Jesus dizia "Siga-me", e depois sempre dirigia seus seguidores a duas estruturas religiosas e institucionais primordiais de seu tempo: a sinagoga e o templo. Nenhuma dessas instituições era desprovida de deficiências, faltas e fracassos. O templo em especial estava eivado de corrupção, comércio, injustiça, discriminação. Caifás e seus partidários haviam instalado vendilhões nos átrios do templo, controlavam os impostos, tiravam enormes lucros com os animais sacrificiais e presidiam as orações diárias e as grandes festas.

O templo era imenso e belo. Herodes, o Grande, o havia construído vários anos antes para impressionar e cortejar os judeus, e *era* impressionante. Esse era o edifício para o qual os discípulos de Jesus estavam olhando quando disseram: "Olha, Mestre, que pedras enormes! Que construções magníficas!" (Mc 13:1). Esse era o centro da vida judaica, esse templo imenso, arquitetonicamente impressionante, construído em grande escala, pelo qual Herodes era famoso, o templo de Jerusalém de onde Caifás exercia poder e acumulava sua riqueza.

Jesus não parecia se impressionar. Desbaratou o comentário de seus discípulos, dizendo a eles que o fim desse imenso templo ia ser uma pilha de escombros (Mc 13:2). Mesmo assim, ele não boicotou o lugar. Não evitou nem a sinagoga, nem o templo. Regularmente participava das orações nas sinagogas nos pequenos povoados espalhados por toda a Galileia. Saía em peregrinações regulares com milhares de compatriotas nas grandes ocasiões designadas para adoração festiva no templo de Jerusalém: Páscoa, Pentecostes, Tabernáculos e Dedicação.

Os que seguiam a Jesus, seguiam-no até esses edifícios, essas instituições religiosas. Depois de sua ascensão, eles continuaram a frequentar tanto o templo (até sua destruição em 70 d.C.) quanto a sinagoga. Não creio que vamos achar muito apoio em Jesus para a preferência de nossos dias pela praça de alimentação dos *shoppings* como lugar de culto em detrimento da

Primeira Igreja Batista da cidade. Se levarmos em conta as histórias que os quatro evangelhos escreveram para nós, não parece possível que, se Jesus aparecesse hoje e fôssemos convidados para segui-lo, nos veríamos fazendo um passeio domingo de manhã para fora da cidade: longe de estacionamentos pavimentados, longe de prédios de igreja cheios de pessoas mais interessadas em fofocas que no evangelho, longe dos ruídos e dos cheiros da cidade, e para uma campina sossegada, e para um riacho tranquilo para uma manhã de meditação entre as flores-do-campo.

Às vezes dizemos, irrefletidamente, creio eu, que a igreja não é um edifício. São pessoas. Não tenho toda a certeza disso. As sinagogas e os templos, as catedrais, as capelas e as salas de reunião alugadas fornecem um vínculo no espaço e na comunidade para Jesus efetuar sua vontade entre seu povo. Um lugar, um edifício, coleciona histórias e desenvolve associações que conferem profundidade, extensão e vínculo local a nossa experiência de seguir a Jesus. Não devemos tentar ser mais espirituais que Jesus nesse negócio. Seguir a Jesus significa segui-lo em edifícios santos com muitos pecadores dentro deles, alguns desses pecadores bem pronunciados. Jesus não parece se importar.

Uma espiritualidade sem nenhuma estrutura ou base institucional logo se torna autogratificadora, subjetiva e limitada a uma geração. Estudioso sábio dessas questões, o barão Friedrich von Hugel refletiu muito e por longo tempo sobre isso, insistindo em afirmar que a religião institucional é absolutamente necessária, sendo um aspecto do âmago encarnacional que é característico da fé cristã.

Usando algo da imaginação de Von Hugel, podemos elaborar o que para mim é uma analogia útil. A vida cristã é como uma árvore: começando no subterrâneo e invisível, num sistema de raízes enterradas na terra e milhões de micro-organismos. Ninguém jamais vê essa dimensão de profundidade da vida da árvore, mas tampouco ninguém duvida que esteja lá. A evidência de sua vida está nas folhas, imersas na invisibilidade do ar e recebendo vida do alto. O que liga as raízes nesse solo que você não pode ver ao ar acima que você não pode ver é uma fina e delicada membrana que circunda o tronco da árvore. Essa membrana se chama câmbio, e por ela passa o fluxo de vida das raízes para as folhas. Mas nem você vê o câmbio. É coberto por uma casca muito visível, mas completamente morta. A casca morta e áspera protege o câmbio vivo, delicado, escondido. A *vida* da árvore (raízes, câmbio, ar) é invisível.

As instituições religiosas são para a vida espiritual o que a casca é para o câmbio. O que você vê é uma casca morta, mas a casca morta protege a vida. Quanto mais íntima e pessoal for uma atividade — o ato sexual ou uma refeição, por exemplo —, mais possível é que desenvolvamos rituais e convenções que os protejam da profanação, das doenças ou da destruição. A mais íntima, pessoal e intensamente viva de todas as atividades humanas é a vida do espírito, nossa adoração, oração e meditação, crer e obedecer. Mas, sem a proteção do ritual, da doutrina e da autoridade, a espiritualidade cristã fica vulnerável à redução e à profanação. É também importante ressaltar que, embora a casca esconda e proteja o câmbio, ela não o cria. A casca é morta. Tampouco as instituições religiosas criam vida — a vida vem de invisibilidades abaixo e acima, solo e ar, todas as operações da Trindade.[4]

Quando Jesus diz "Siga-me" e seguimos, as pessoas vão continuar a nos ver entrando em nossas igrejas e trabalhando para nossas organizações missionárias. Mas elas não enxergam a maior parte daquilo em que estamos nos tornando à medida que seguimos a Jesus: nossa vida formada pelo Espírito. Elas não enxergam, e nós não enxergamos, as imensas invisibilidades em que estamos afundando nossas raízes, a infindável atmosfera acima de nós, também invisível, da qual recebemos a luz da vida, nossa vida estendendo-se, estendendo-se, estendendo-se até as profundidades, estendendo-se através do horizonte, estendendo-se até as alturas.

OS ESSÊNIOS

Havia um grupo de pessoas nos dias de Jesus que com certeza se recusavam a entrar no templo de Jerusalém por ser um lugar tão corrompido,

[4] Uma explicação mais detalhada, feita com muita perspicácia e sabedoria, da necessidade e do lugar do institucional no que tange à vida espiritual, você encontra em *The mystical element of religion* [O elemento místico da religião], de Friedrich von Hugel. London: J. M. Dent and Sons, 4. impr., 1961, p. 50-82, v. 1.

um centro de tamanha ambição e orgulho e desprovido de Deus. Recebem o nome de essênios.

São um dos grupos mais interessantes dos dias de Jesus. Sempre soubemos da existência deles, mas não muito daquilo em que acreditavam ou faziam, a não ser que eram muito radicais; rejeitavam veementemente o sistema religioso judeu da época (a multidão de Caifás) e praticavam uma vida de ascetismo. Mas em 1947, na margem noroeste do mar Morto, foram descobertos vários manuscritos antigos (os "manuscritos do mar Morto"). Foram feitas escavações na comunidade sectária e separatista (a "comunidade de Qumran") que disseminara os manuscritos por meio de cópias. Não demorou muito para que os acadêmicos estabelecessem uma relação entre os essênios e essa comunidade em Qumran, nas proximidades do mar Morto. As descobertas lançaram sobre aquelas pessoas holofotes de todo o mundo e trouxeram à luz do dia centenas de detalhes.

A história das descobertas começa com três pastores beduínos realizando seu trabalho à sombra dos enormes despenhadeiros, crivados de caverna, acima do mar Morto. Um dos pastores se divertia jogando pedras nas bocas das cavernas. Um daqueles lançamentos produziu o som de um vaso de barro sendo quebrado. No dia seguinte, outro dos pastores, curioso com o som que tinha ouvido, subiu e examinou a caverna. Ele encontrou dez jarros de cerâmica e três manuscritos. Mais tarde, mais quatro foram encontrados, totalizando sete manuscritos daquela primeira caverna. Nos anos que se seguiram, mais de oitocentos manuscritos foram encontrados em onze cavernas diferentes, com os beduínos provando ser em disparada os melhores descobridores.[5]

A história dos essênios, sobretudo agora que foi iluminada pelas descobertas do mar Morto e de Qumran, é importante para todos os que seguem a Jesus hoje, porque essas pessoas eram uma das opções mais atraentes para os judeus do primeiro século que estavam cheios da religião institucional e

[5] A história foi relatada muitas vezes, mas talvez de forma mais sucinta por James C. VanderKam, em *The Dead Sea Scrolls today*. Grand Rapids: Eerdmans, 1994, p. 1-24. [Publicado no Brasil em 1995 pela Objetiva sob o título *Os manuscritos do mar Morto hoje*, traduzido por Rubens Figueiredo.]

estavam comprometidos a preparar o caminho para o Messias. As variações desse caminho essênio continuam a ser atraentes para muitos cristãos, de modo que vale a pena examiná-las com algum grau de detalhe.

Havia duas correntes de vida essênia. Uma corrente era representada em reuniões semicomunais, em cidades e povoados por toda a Palestina, chegando mesmo a lugares distantes, como o Egito. Homens e mulheres viviam juntos para se apoiar e se incentivar mutuamente no protesto contra a liderança oficial do templo de Jerusalém, e praticavam o batismo como rito de purificação. Uma estimativa dá conta de que havia aproximadamente quatro mil pessoas nessas circunstâncias.[6] Outra corrente, mais radical e mais focada, afluiu para formar a comunidade de Qumran, local que foi escavado a vários metros do mar Morto. Talvez não houvesse mais de cem ou duzentos membros por vez. Essa é a comunidade essênia de que mais temos informações.

Os essênios tiveram seu início nos primeiros anos do estabelecimento macabeu de um estado judeu livre (segundo século a.C.). Não sabemos todos os pormenores de como os essênios surgiram, mas pesquisas acadêmicas, quase à semelhança de verdadeiros trabalhos de detetive, reunindo materiais dos manuscritos do mar Morto, talvez nos deem um panorama possível. Como já mencionamos, sabemos que um dos irmãos macabeus, tendo estabelecido um estado independente, era agora rei da nação recém-liberta. Mas, não contente ainda com a liberdade e a independência política alcançadas de forma tão impressionante, também se declarou sumo sacerdote — um rei-sacerdote. Não sabemos qual irmão. A maioria dos acadêmicos acredita que fosse ou Jônatas, ou Simão.

Essa usurpação ilícita e fria do sumo sacerdócio por parte do rei deve ter sido o acontecimento que resultou na formação dos essênios como facção religiosa. O ato blasfemo por parte do rei-sacerdote ultrajou um dos sacerdotes do templo. O sacerdote ultrajado é mencionado não por nome, mas por uma alcunha: o Mestre da Justiça. Nem o rei macabeu é citado

[6] William FAIRWEATHER, *From the Exile to the Advent*. Edinburgh: T&T Clark, 1894, p. 159.

pelo nome, mas mencionado como o Sacerdote Perverso. Já fazia um bom tempo que o sacerdócio estava em declínio, corrompido a uma posição de poder e privilégios, sem preocupação com Deus, sem interesse pela vida das pessoas diante de Deus, com corrupção e profanação que continuaram até o tempo de Jesus, no sumo sacerdócio de Caifás.

O Mestre da Justiça retirou-se do templo e conduziu um grupo de seguidores nos quase setenta quilômetros até Qumran, nas proximidades do mar Morto, um lugar árido e solitário. Ali estabeleceram sua comunidade — um protesto e uma alternativa às conspirações corruptas e ilegais do sacerdote-rei e às leviandades blasfemas no templo. Construíram seu monastério no deserto, no ar puro e não contaminado da natureza, e viveram lá sob um regime rigoroso. Sem os sons da cidade, sem os aromas da cidade, sem as multidões da cidade.

Passaram a ser um mundo alternativo para o mundo de Jerusalém, com suas compras e vendas, fornicação e adultério, ambição e roubo, violência e crime, pobreza e avareza, mendigos e prostitutas — tudo o que a grande cidade inevitavelmente reúne. E passaram a ser um mundo alternativo para o templo; descartando as armas e a bagagem do sistema sacrificial tão tendente à corrupção, dedicaram-se a copiar, comentar e estudar as Escrituras, preparando-se para a vinda do Messias. E se afastaram do sacerdote-rei dissoluto, o Sacerdote Perverso, o sumo sacerdote que não era sacerdote, dirigindo um templo que usava a religião como cobertura para viver de forma confortável e autogratificante.

Os essênios criaram uma vida simples, focada, moralmente pura, biblicamente exata, que se contrapunha quase em cada aspecto ao mundo do templo de Jerusalém. Os essênios eram uma elite espiritual que resolveu se dedicar a preparar as condições propícias para a chegada do Messias. Eram os boinas-verdes[7] do reino, as tropas especiais. Eram uma comunidade de um só propósito, com homens altamente treinados, altamente disciplinados, totalmente avessos à preguiça, ao desleixo, ao pecado.

Isaías 40 fornecia-lhes o seu texto-base:

[7] Membro das forças especiais do exército dos EUA. (N. do T.)

> No deserto preparem o caminho para o SENHOR;
> façam no deserto um caminho reto para o nosso Deus (40:3)

A palavra genérica na linguagem hebraica traduzida por deserto é *midbar.* Mas há outra palavra que também significa deserto: *'arabah,* a qual se refere especificamente à região do deserto em que o rio Jordão flui para o mar Morto e é absorvido naquela solução inanimada de sal em que nada vive. Foi a palavra que o Profeta do Exílio usou: *'arabah.* Seguindo a liderança do Mestre da Justiça, essas pessoas foram exatamente para esse deserto (o *'arabah*), para preparar o caminho para o Senhor. O Messias estava para chegar, mas não viria a um povo despreparado — um povo que estivesse revolvendo-se lentamente em torno de uma religião corrupta e corruptora, com sua mistura de bom e mau, sério e tolo, contaminado com a imundície e o pecado inevitáveis em cada esquina. E certamente ele não viria a um templo dirigido pelo Sacerdote Perverso. De que maneira o Messias poderia jamais vir a um lugar e a um povo dirigido pelo Sacerdote Perverso?

Assim, essa seita dos essênios fez as malas, sacudiu a poeira dos pés, deixou os amigos transigentes e emigrou para o deserto para fazer um caminho para o seu Deus. Adotaram uma vida austera e rigorosamente disciplinada de oração, de estudo e de disciplina moral. Submeteram-se a uma disciplina comum que vigiava cada detalhe de sua vida, chegando a pormenores banais como não cuspir e não interromper alguém numa conversa. Havia um longo período de experiência — o que os monges hoje chamam postulado ou noviciado. Tinham de se provar capazes de levar uma vida rigorosa um ou dois anos antes de serem aceitos como membros plenos.

A comunidade de Qumran era muito possivelmente constituída somente de homens, e celibatária. (Essa era uma característica singular do estabelecimento de Qumran, pois sabemos que os essênios que viviam nos vários acampamentos pela Palestina viviam com suas famílias.) Eram completamente autosustentáveis, sendo capazes de produzir a própria alimentação, o vestuário e o abrigo. Eram minuciosamente cuidadosos nas questões de pureza — a lavagem ritual de purificação, a *Mikvah*, era característica de sua vida diária. Faziam as refeições em conjunto. Uma de suas atividades de maior destaque era copiar a Escritura e comentá-la. Esse trabalho resultou nos agora famosos manuscritos do mar Morto.

Tinham uma acentuada percepção dos tempos do fim: o Messias estava chegando, e a tarefa deles era se preparar para essa vinda. Um de seus documentos, o *Manuscrito da guerra*, relata com detalhes a guerra dos Filhos da Luz contra os Filhos das Trevas, que, eles acreditavam, inauguraria a Era Messiânica. Tinham sempre um vivo interesse nos acontecimentos da época e identificavam possíveis adversários no conflito do fim do mundo. Mas não participavam da história. Entendiam que a obra que lhes cabia era purificar a si mesmos e preparar o caminho para o Messias chegar e consertar todas as coisas. Em algum momento, os céus estariam cheios de anjos, explodiria uma guerra cósmica, e o Messias desceria, limparia seu templo e liquidaria rapidamente o Sacerdote Perverso. Tornaram-se uma seita obcecada por predizer exatamente o que Deus ia fazer e por controlar a pureza da comunidade. Eram uma seita no sentido clássico: não se aceitam mistérios nem ambiguidades. Eles detinham o controle.

Muitos creem que João Batista muito possivelmente teria feito parte dessa comunidade de Qumran, no deserto, antes de partir e começar sua obra profética e pública de preparar o caminho para Jesus. Vários detalhes mostram que isso é possível. Por exemplo, os pais de João eram velhos quando ele foi concebido e nasceu, então é possível que tenham morrido quando ele era ainda um menino. Sabe-se que era prática dessa comunidade essênia do deserto acolher órfãos em terra idade e os criar, treinando-os no caminho do Senhor. O texto de Lucas sobre João diz que: "E o menino crescia e se fortalecia em espírito; e viveu no deserto, até aparecer publicamente a Israel" (Lc 1:80). A co-ocorrência das palavras "menino" e "deserto" leva a crer na hipótese até bastante segura de que João teria sido um dos meninos que a comunidade acolhera.

Há outros detalhes. As palavras de Isaías citadas por João, "Preparem o caminho para o Senhor", era na verdade um texto muito usado pelos essênios. A preparação para o Messias era o âmago da vida dos essênios; a preparação para o Messias era o foco da pregação de João. As roupas e a dieta austeras de João — as duas bem simples — lembram a vida ascética dos essênios. Os batismos que caracterizavam a obra profética de João parecem essênios. A comunidade de Qumran tinha um batistério em destaque no prédio em que viviam. O local da primeira aparição pública de João pode ter sido no rio Jordão, perto do mar Morto, não longe do local de Qumran.

Nada disso, naturalmente, é de todo seguro, mas com certeza situa o ministério de João como aquele que anunciou o Messias Jesus firmemente, num contexto de urgência e de sério compromisso moral, em contraste com uma religião corrupta e exploradora — "Raça de víboras!" (Mt 3:7-12) — com sede no templo. Dado o contexto estabelecido pelos essênios, quando Jesus disse "Siga-me", sabemos que já havia um grupo bem estabelecido que nutria expectativas messiânicas com o tipo de seriedade moral e de intensidade espiritual que vigorosamente se opunha à religião da época comandada por Caifás. E tinham energia e resistência comprovadas. Tinham passado quase duzentos anos em oração e estudo quando João e Jesus apareceram. A pregação de João era muito popular. Quando Marcos diz que "A ele vinha toda a região da Judeia e todo o povo de Jerusalém", descendo ao Jordão para serem batizados (Mc 1:5), temos de imaginar uma senhora multidão.

A pregação de João a respeito de um batismo de arrependimento prendia a atenção das pessoas. Será que naquela época algumas delas enxergavam um paralelo entre a identificação do Sacerdote Perverso da Era Macabeia, identificação essa criptografada nos manuscritos do mar Morto, e o sumo sacerdote Caifás deles? Teria sido estranho que não percebessem a ligação. Não fica difícil para nós a enxergarmos. Assim como Herodes espelhava as atrocidades políticas de Antíoco IV Epifânio, Caifás reproduzia as blasfêmias religiosas do sacerdote-rei macabeu.

A popularidade de João é prova segura de que ele tinha despertado uma fome entre as pessoas da época de Jesus por um estilo de vida marcado por clareza moral e ações sem hesitação. Muitos deviam estar já cheios com a incúria e a autogratificação da religião oficial de Caifás e também a obsessão claustrofóbica dos fariseus. Estavam preparados para algo intenso, uma forma de vida diante de Deus que expandisse e aprofundasse a vida, dando-lhe propósito, e que tivesse algum vínculo com o tipo de vida vivido por Abraão, Moisés, Davi e Jeremias.

JESUS E OS ESSÊNIOS

Mas havia também uma coisa: Jesus obviamente não era um essênio. Jesus frequentava o templo e as celebrações corruptas do templo, dominadas pelo sumo sacerdote. Jesus profetizou juízo sobre o templo, mas não o boicotou. Jesus não era meticuloso na questão da pureza. Associava-se livremente com as prostitutas comuns e com os cobradores de impostos corruptos e ladrões. Ele tocava em pessoas ritualmente impuras como os leprosos, e, quando a mulher ritualmente impura o tocou, ele a elogiou por sua fé e a curou.

"Siga-me" nos lábios de Jesus não significava ir para o deserto e se unir a uma seita exclusivista e fechada em si mesma. É inegável que Jesus não estava reunindo seguidores da elite moral e espiritual da sociedade. Jesus não estava recrutando lutadores de verdade, experimentados, provados e aprovados, tropas altamente disciplinadas para a guerra escatológica iminente. Estava abertamente convidando os feridos, os enfermos, os rejeitados — os doentes e os pecadores.

Toda vez que interpretamos a ordem-convite de Jesus "Siga-me" como um recrutamento para um grupo espiritual seleto, perdemos totalmente de vista o que ele estava fazendo. Toda vez que nossos convites são dirigidos às pessoas que supomos serem especialmente úteis para o reino — os destacados, os bem-sucedidos, os homens e as mulheres com comprovadas habilidades e aptidões de liderança que podem contribuir grandemente para o reino —, estamos desconsiderando como Jesus agiu.

A maioria de nós, ao menos às vezes, é poderosamente tentada pela estratégia essênia. Queremos uma igreja, uma organização comprometida e séria, com uma estratégia bem refletida e uma meta clara a seguir — como os essênios.

Mas Jesus não era um essênio. Ele disse "Siga-me" e acabou ficando com muitos perdedores. E esses perdedores acabaram, por nenhuma virtude ou talento deles próprios, tornando-se santos. Jesus não estava atrás dos melhores, mas dos piores. Ele veio buscar e salvar o perdido.

Ao prestarmos cuidadosa atenção ao caminho de Jesus, é necessário estar cientes do contexto em que ele operava, ver as alternativas que as pessoas estavam procurando seguir por todo lado à volta dele. O caminho de Jesus certamente não significa buscar uma relação com Deus que consista numa vida confortável, como Caifás. Mas tampouco significa entrar num regime ascético, isolado da comunidade como um todo, definindo-se a si mesmo como uma vanguarda especial nas linhas de frente daquilo que Deus está realizando neste mundo.[8]

Quando seguimos a Jesus, significa que não sabemos exatamente o que significa segui-lo, ao menos em todos os pormenores. Nós o seguimos, deixando que ele escolha as estradas, estabeleça os horários, nos diga o que precisamos saber, mas somente quando precisamos saber. Caifás sabia exatamente o que queria e para onde estava se dirigindo, e tinha uma boa noção de como chegar lá. Era *expert* em extrair da religião o que quisesse. Os essênios sabiam exatamente o que era necessário para trazer o Messias. Tinham seus horários definidos e um programa de prioridades em relação ao que precisava ser feito para que fossem o elenco coadjuvante.

Quando Jesus diz "Siga-me" e o seguimos, não sabemos para onde iremos na sequência, nem o que faremos depois. É por isso que seguimos aquele que sem dúvida alguma o sabe.

ORANDO NO CAMINHO COM TOMÉ

Temos uma oração maravilhosamente talhada para cultivarmos essa postura de franca confiança, para desenvolvermos dentro de nós esse desconhecimento que é uma importante pré-condição para sermos conduzidos a um mundo que desconhecemos. É a oração de Tomé, feita quando o Jesus ressurreto apareceu para ele, uma oração sucinta de cinco palavras: "Senhor meu e Deus meu!" (Jo 20:28). Uma oração fundamental em todas as questões que lidam com os métodos e meios do ato de seguir a Jesus.

[8] Faço uma distinção entre comunidades sectárias, como os essênios, e as muitas comunidades contemplativas e intencionais que se entendem como parte orgânica da igreja como um todo, oferecendo-se em intercessão e renovação a favor de seus irmãos e irmãs em toda parte.

Karl Barth observou que essa oração foi feita num dos "picos da mensagem do Novo Testamento".[9] A oração é uma exclamação de surpresa pelo fato de que Jesus, que estava morto havia tão pouco tempo e acabara de ser enterrado, estivesse agora vivo e presente diante dele. Tomé não contava com aquilo. Ele não tinha a menor ideia de que algo assim fizesse parte de seguir a Jesus. Pensava que seguir a Jesus era algo que tinha acabado e não mais seria possível. Agora estava sozinho, para viver a vida por conta própria. Quando os outros discípulos deram seu testemunho de que Jesus estava vivo outra vez depois de sua brutal crucificação, ele se recusara a aceitar o fato. Ele tinha sido uma daquelas pessoas que tinham seguido Jesus até Jerusalém, tinha se negado, tinha tomado o caminho da cruz conforme tinha sido ordenado. Mas então chegara a hora de pendurar a chuteira. Tinha visto com os próprios olhos que seguir a Jesus era um beco sem saída. Viu os pregos atravessarem as mãos de Jesus e o cravarem à cruz. Viu aquela lança rasgar o lado de Jesus e viu o sangue jorrar. Concluiu que estava acabado. Era o fim do caminho. Nada mais desse negócio de seguir a Jesus.

Quando Jesus apareceu a seus discípulos na noite da ressurreição, Tomé não estava presente. Por que não estava lá? Não estava lá porque não estava seguindo a Jesus. Tampouco os outros discípulos se saíram tão bem na fita. Estavam morrendo de medo dos partidários de Caifás e haviam até trancafiado as portas. Mas eram discípulos. Eram seguidores e assim estavam lá. Tomé, porém, não estava lá. Queria ver aonde levaria aquele negócio de seguir a Jesus, e com os próprios olhos vira que não levava a lugar algum. Queria provas. Queria as mãos no controle. E teve toda a evidência de que precisava: aquilo não tinha dado em nada.

E se houve dado em alguma coisa, como diziam, então Tomé precisava exigir um mapa, um mapa para seguir a Jesus — para ver com os próprios olhos os furos onde os pregos lhe tinham penetrado as mãos e tocar esses furos, pôr a mão no lado perfurado pela lança, ter bem explicada diante de seus olhos a crucificação que se tornou ressurreição.

[9] *Church dogmatics*, traduzido para o inglês por G. T. Thomson. Edinburgh: T&T Clark, 1936, pt. 1, p. 365, v. 1.

Tomé nesse momento era um excelente candidato para se filiar como membro da comunidade florescente de Qumran, perto do mar Morto, um grupo religioso que tinha explicações para toda a Escritura. Era uma comunidade que sabia para onde estava indo e exatamente o que precisava fazer para chegar lá.

Uma semana depois, os discípulos estavam reunidos outra vez. Dessa vez, Tomé estava com eles. Não tinha ido para Qumran. E então Jesus estava outra vez entre eles. Tomé era todo olhos. Jesus foi gracioso com ele e ofereceu a "prova" dos furos em sua mão e do corte em seu lado. E então a oração irrompeu de Tomé: "Senhor meu e Deus meu!".

A oração de Tomé nos prepara para o que vem depois; mantém-nos alertas para o Jesus que controla nossa vida como Senhor e ordena nossa adoração como Deus quando ao menos contamos que ele virá. Seguir a Jesus não é uma habilidade que adquirimos de modo que possamos ser úteis no reino (o caminho essênio). Seguir a Jesus não é um privilégio para o qual somos levados de modo que o reino possa ser útil a nós (o caminho de Caifás). É obediência ("Senhor meu!"). E é adoração ("Deus meu!").

Independentemente de quanto saibamos, não sabemos o bastante para saber o que Jesus fará em seguida. E, por mais que conheçamos as tradições, os costumes e os privilégios que acompanham nossa tomada de posição ao lado de Deus, não conhecemos o bastante para saber como Jesus se insere nisso tudo.

Nenhuma habilidade religiosa que qualquer um de nós adquira jamais produzirá ressurreição, e nenhuma estratégia espiritual que elaboremos jamais produzirá ressurreição. Seguir a Jesus não nos leva para onde queremos ir. Leva-nos para onde Jesus vai, onde o encontramos, surpresos com a ressurreição: "Senhor meu e Deus meu!".

capítulo 10

O caminho de Josefo

Ao sairmos da cama a cada manhã e recomeçarmos a seguir a Jesus, precisamos ser constantemente reimersos nos caminhos do Caminho — como Jesus fez e continua a fazer à medida que o Espírito Santo forma Cristo em nós. O caminho de Jesus, como se percebe, é absolutamente singular. Essa singularidade fica mais claramente marcada quando colocamos Jesus ao lado dos outros caminhos predominantes a que Jesus se opunha de modo tão decisivo pela maneira radicalmente singular em que ele vivia: Herodes e os fariseus, Caifás e os essênios e agora Josefo e os zelotes. Esses outros caminhos são largamente elogiados e praticados ainda hoje, dois mil anos mais tarde. Não raro, encontramo-nos em encruzilhadas que estão em agudo contraste com o caminho profundamente inconfundível de Jesus. Precisamos tomar decisões.

Há muito com que se impressionar em Josefo, mas praticamente nada que admirar. O homem é indisfarçadamente impressionante, mas, uma vez que conheçamos toda a história, desprezível. Josefo entra na história cristã sete anos depois da ressurreição de Jesus. Seu nome não aparece na Bíblia, e assim não nos é tão conhecido quanto seus afamados predecessores, Herodes e Caifás, que ocupavam posições importantes marcadas pelo nascimento e pela morte de Jesus. Mas ele era vigorosamente ativo no mundo em que os seguidores de Jesus estavam sendo formados numa comunidade de ressurreição.

Josefo cresceu num mundo em que Pedro era o principal pregador e pastor da igreja e no qual Paulo viajava por toda a bacia Mediterrânea implantando igrejas. Ele era ativo em questões diplomáticas e militares na Palestina judaica/ romano, ao mesmo tempo que Paulo escrevia cartas de conselho e estímulo às congregações que estavam aprendendo a viver no reino de Deus. Ele estava escrevendo livros de história altamente alentados, ao mesmo tempo que os evangelhos, sucintos e simples em comparação, estavam circulando entre os cristãos sob os nomes dos evangelistas canônicos: Mateus, Marcos, Lucas e João. Enquanto a igreja lutava para sobreviver, Josefo ganhava merecida fama e ocupava posições garantidas e de destaque. A primeira metade de sua vida foi vivida na Palestina, entre os judeus; a segunda metade, em Roma, entre os romanos.

Josefo nasceu aproximadamente sete anos depois de Jesus ressurgir da sepultura e ascender aos céus. A igreja estava em seus primeiros anos de formação. Temos a história da recente comunidade da ressurreição em Atos dos Apóstolos. O nome de Josefo não aparece nesse livro. O nome de Jesus ocorre somente uma vez, e isso quase como um aparte, nos livros que Josefo escreveu.

Não esperaríamos que Lucas tivesse mencionado Josefo, pois embora fosse um contemporâneo, seu nome ainda não constava das manchetes nos dias em que Lucas estava escrevendo.[1] Mas que Josefo só mencione Jesus de passagem é estranho, pois era obsessivamente meticuloso ao registrar tudo o que estava acontecendo na Palestina do primeiro século, especialmente no que dizia respeito à religião. Josefo era contemporâneo das pessoas da igreja cristã, crescendo eles juntos, lado a lado, no mesmo bairro. A igreja tinha sete anos de vantagem em relação a Josefo — ele nasceu em 37 d.C. —, mas isso não significa muita coisa.

Josefo tinha sido uma pessoa muito religiosa em seus anos de formação. No fim de sua adolescência (dos dezesseis aos dezenove anos), avaliou e mais ou menos testou as opções diante dele — fariseus, saduceus e

[1] Suponho que Lucas—Atos foi escrito antes da queda de Jerusalém, no ano 70 d.C. Joseph Fitzmyer defende uma data posterior, algo por volta de 80-85 d.C. Se for assim, a ausência de Josefo em Atos é realmente de estranhar. V., de Joseph Fitzmyer (S.J.), *The Gospel according to Luke* I-IX [O evangelho segundo Lucas I-IX]. Garden City, N.Y.: Doubleday, 1979, p. 57.

essênios —, e ficou três anos no deserto estudando com um eremita chamado Bano. Sendo um jovem ávido por explorar as opções religiosas a sua disposição, é curioso que Josefo não mencione os cristãos como um dos grupos que ele tenha experimentado pessoalmente. Depois de tentar todos esses grupos, optou por ser um fariseu. Não há nenhuma evidência de que ele tenha tido qualquer interesse por esse movimento cristão jubiloso e empolgante que, após um começo dolorosamente lento, viraria o mundo de ponta-cabeça (At 17:6), sendo esse desinteresse apenas um ínfimo sinal de que quando muito percebesse a existência da igreja. Não era algo que fazia parte de sua vida.

Mais tarde, quando começou a escrever seus livros, ele menciona três nomes que mostram que ele conhecia algo do movimento, pois ele brevemente menciona João Batista, Jesus e Tiago, o Justo. Há um debate entre os especialistas em Josefo quanto à autenticidade da referência a Jesus. Alguns asseguram que se trate de uma falsificação inserida por um copista cristão; outros, com o mesmo grau de certeza, afirmam que saiu da pena do próprio Josefo.[2] De qualquer forma, não há nenhuma evidência de que ele tenha levado a comunidade cristã a sério. Se a notou, não lhe deu a mínima consideração.

A revolução estava no ar naqueles dias. A revolução armada. Os judeus estavam já bastante fartos do regime romano opressor, que a cada ano oprimia mais ainda. O país agora fervilhava com todos os tipos de seitas e grupos que queriam livrar-se de Roma pela força. Os alvos mais frequentes eram os funcionários romanos e os sacerdotes saduceus já aconchegados com os romanos. Numa rua cheia de gente, num emaranhado de ombros e cotovelos, um punhal podia facilmente atravessar as costelas de alguém sem que o feitor jamais fosse identificado.

[2] Uma síntese dos vários argumentos encontra-se em *The world of Josephus* [O mundo de Josefo], de G. A. Williamson. Boston: Little, Brown, and Co., 1964, p. 308-310, e em *Flavius Josephus*, de Mireille Hadas-Lebel, traduzido para o inglês por Richard Miller. New York: Macmillan, 1993, p. 224-229. [O livro de Hadas-Lebel foi publicado no Brasil em 1992 pela Imago, sob o título *Flávio Josefo: o judeu de Roma*; tradruzido por Paula Rosas.]

"Zelote" era mais ou menos o nome genérico desses grupos sectários, embora, estritamente falando, "zelote" dissesse respeito a um único partido. Mas em geral usamos o termo agora de forma bem abrangente — incluindo qualquer um que quisesse se livrar de Roma e estivesse pronto para usar de violência para cumprir esse objetivo. Havia variações no tema, mas a maneira pela qual o tema era executado sempre incluía violência: livrar-se dos romanos e dos simpatizantes romanos. Jesus tinha ao menos um desses em seu grupo de Doze: Simão, o Zelote. Há quem conjecture que Judas Iscariotes (*ish-sicarii*, "homem dos sicários" [*sica* = punhal; os sicários assassinavam com um punhal oculto] ou "homem da adaga")[3] talvez tivesse tido laços com os sicários, um dos muitos grupos revolucionários dos zelotes.

O *Talmude de Jerusalém* menciona não menos de 24 seitas comprometidas com a revolta armada contra Roma.[4] Tinham esconderijos nas colinas com carregamentos de espadas, lanças e punhais. Conversavam e conspiravam, trabalhavam em secreto, por trás dos bastidores, anonimamente. Vez por outra, um líder surgia em público e organizava uma revolta contra Roma. Mas Roma era sempre demais para eles. As revoltas eram rapidamente reprimidas. Nos dias em que Jesus viveu, os zelotes tinham uma fortaleza em Gamala, a apenas dezesseis quilômetros da aldeia de Cafarnaum, que serviu de lar e sede para Jesus enquanto ensinava, pregava e recrutava seguidores para o reino de Deus.

Quando Jesus veio a público com seu ministério, era compreensível que muitas pessoas o confundissem com os zelotes — era, afinal de contas, da Galileia, uma fortaleza zelote, e estava proclamando a derrota deste mundo e a inauguração de um novo reino. Ele aceitava epítetos messiânicos usados pelos zelotes. Com certeza, ele *parecia* um zelote. Mas não demorou muito para que os que o seguiam percebessem que ele podia ser tudo menos um zelote. Jesus chamou de bem-aventurados os pobres em espírito, ordenou que se amassem os inimigos, aprovou que se pagassem os

[3] Essa e outras possíveis interpretações são fornecidas por Fitzmyer, em *The Gospel according to Luke*, p. 620.

[4] David Noel FREEDMAN, org., *The Anchor Bible dictionary*. New York: Doubleday, 1992, p. 984, v. 3.

impostos a César, reuniu todos os tipos de pessoas em torno de si que simplesmente não teriam nenhuma serventia numa guerra. Havia mulheres e crianças, fracos e enfermos — na avaliação de Paulo: não muitos sábios, não muitos poderosos, não muitos de nobre nascimento (1Co 1:26).

Mas quando Jesus entrou em Jerusalém, montado num jumentinho vindo do monte das Oliveiras na semana da Páscoa, parecia que por fim poderia acontecer. Todas aquelas pessoas gritando, cantando e exclamando "Bendito o que vem em nome do Senhor!".

Para a guarnição romana a postos na Fortaleza Antônia em Jerusalém, talvez não parecesse representar grande ameaça: muitas mulheres e crianças, palmas em vez de espadas, uma atmosfera de festejo, Jesus montado não num cavalo troteiro e garboso, mas num jumento mourejador. Não quer dizer que os romanos não estivessem prontos. Estavam habituados a lidar com os zelotes, e a Semana da Páscoa fornecia um palco popular para as revoltas antirromanas. Nos dias de Jesus, as guarnições romanas tinham desbaratado rebeliões muito piores que isso, crucificando centenas e centenas de zelotes. Estavam prontos, mas não posso acreditar que estivessem muito preocupados.

A última prova convincente de que Jesus não era zelote era que, depois de sua crucificação, não houve nenhuma revolta, nenhuma violência. Nenhuma pilhagem. Nenhuma matança. Nada.

Josefo começou cedo a traçar o seu caminho no mundo pós-ressurreição do primeiro século, no qual a igreja estava sendo formada. Era brilhante, talentoso. Depois de sua experiência autodidata, nos últimos anos de adolescência até seus vinte e poucos anos, nas mais variadas correntes do judaísmo, adquiriu uma reputação de precoce entre os líderes judeus de Jerusalém. Quando alguns sacerdotes judeus foram detidos pelo procurador romano Félix e enviados de navio a Roma em cadeias, Josefo foi escolhido para ir a Roma numa missão diplomática que buscava negociar sua soltura. Contava apenas pouco mais de 26 anos. O fato de que tenha sido notado e escolhido para uma missão tão delicada e importante em idade tão jovem leva a crer que deveria haver algo de inegavelmente carismático nele. A missão foi um sucesso total. Conseguiu negociar a liberação dos sacerdotes. Suas habilidades foram confirmadas. No final, não somente seus companheiros judeus na Palestina estavam impressionados com ele, visto que um dos ingredientes de seu sucesso diplomático foi ter conquistado a amizade da esposa de Nero, Popeia Sabina, e assim granjear seu apoio.

Esse golpe diplomático aconteceu no ano 64 d.C. Enquanto Josefo estava em Roma negociando a soltura dos sacerdotes judeus, investindo na influência de Popeia Sabina e de outros, é bem possível que Paulo estivesse preso na mesma cidade, um prisioneiro de Nero, que logo o mataria. É a fascinante conjunção de dois judeus muito famosos e muito diferentes: Josefo, a estrela em ascensão do judaísmo, e Paulo, o missionário vigoroso da igreja cristã em recente formação; Josefo, em relações de proximidade com a corte de Nero e tirando sacerdotes judeus da prisão, e Paulo, na prisão de Nero, prestes a ser morto (ou então talvez recém-morto — a cronologia não é exata; Paulo provavelmente foi executado entre 63 e 64 d.C.).

Depois disso, Josefo, uma vez concluída sua missão diplomática, estava de volta na Palestina, e Paulo, encerradas suas viagens missionárias, morto e sepultado. Nesse ínterim, as coisas estavam esquentando na Palestina: cresciam cada vez mais as rebeliões violentas dos zelotes contra Roma, e Roma reagia com expressivos ataques. O jovem Josefo, agora com 29 anos de idade, recém-chegado de sua vitória diplomática em Roma, foi nomeado pelo Concílio Judeu Governador-Geral da Galileia, para lidar com o tumulto revolucionário e com a ameaça militar por parte de Roma.

A Galileia estava tomada de zelotes e grupos similares, desafiando a presença das forças romanas, aguilhoando-as e provocando-as. A tarefa de Josefo era pacificar a região, se possível, para evitar um confronto militar romano de grandes proporções, mas também para organizar um exército caso houvesse o irrompimento de hostilidades. Ele conseguiu montar um exército de cem mil jovens. A Galileia era a linha de frente da defesa contra as forças romanas que estavam vindo do norte. Josefo tinha as mãos cheias. Por fim, não logrou acalmar as várias forças insurgentes que circulavam pela Galileia, e, com a chegada de Vespasiano, o famoso general romano, houve a explosão de uma grande guerra. O alvo de Vespasiano era

Jerusalém. Estava para resolver de uma vez por todas o problema judeu. Mas primeiro precisava passar pela Galileia.

Josefo e seu exército recém-formado foram seriamente superados pelos veteranos de Vespasiano. Era um ralo regimento contra densas fileiras. Embora inexperiente (até onde sabemos) na guerra, Josefo mostrou um pendor natural para a astúcia, para a estratégia e para a maquinação ao combater as tropas mais preparadas do exímio general Vespasiano. O nome de Josefo estava nos lábios de todos (nem sempre com aprovação). Mas por fim ele encontrou um adversário à altura em Jotapata, cidade murada supostamente inexpugnável nas colinas da Galileia a uns poucos quilômetros de Nazaré. O general Vespasiano sitiou a pequena cidade murada, e embora Josefo o tenha impedido de entrar por um bom tempo, com grande engenho e maestria, após 47 dias desferindo sucessivos golpes, os romanos finalmente penetraram as muralhas. Quarenta mil galileus foram mortos, e a cidade com suas fortificações foi destruída pelas chamas de um incêndio. Era o mês de julho, no ano 67 d.C.

Foi quando Josefo fez algo que o transformou de herói em vilão num único dia. Trinta e sete anos depois que Judas traiu seu líder Jesus, entregando-o aos líderes judeus em Jerusalém, Josefo traiu sua nação judaica, entregando-a a Roma. Entrou em Jotapata com a reputação talvez do melhor e mais brilhante jovem judeu da Palestina; deixou a cidade como seu mais infame traidor. Ele ocupa na história judaica um lugar equivalente ao de Judas Iscariotes na história cristã, e ao de Benedict Arnold[5] na história americana. Eis como tudo aconteceu.

Quando Vespasiano penetrou as muralhas de Jotapata, Josefo pulou num fosso para escapar e depois descobriu que ele estava interligado por um túnel a uma caverna. Quando entrou na caverna, encontrou à frente dele quarenta cidadãos das classes mais altas da cidade, todos bem munidos de água e alimentos. Entrementes, Vespasiano saqueava a cidade, buscando entre os cadáveres o famoso, brilhante e carismático Josefo. Por três dias,

[5] 14 de jan. de 1741 a 14 de jun. de 1801 foi o general americano que passou para o lado britânico durante a Guerra da Independência Americana. (N. do T.)

nada de Josefo, mas no terceiro dia uma mulher que foi capturada contou onde Josefo e seus companheiros estavam escondidos.

Vespasiano enviou emissários, prometendo salvaguarda caso eles saíssem de lá. Josefo era um astro, e Vespasiano queria poder exibi-lo como troféu de guerra. Josefo estava pronto para fechar um acordo com os emissários, mas os outros quarenta se recusaram completamente a aceitar o acordo — seria uma degradação, uma desonra total. Insistiram no suicídio. Josefo fez um eloquente discurso contra o suicídio. Não se convenceram, e vieram contra ele brandindo suas espadas, prontos para matá-lo, enojados com o fato de que ele preferisse a vida à honra, escolhesse se aliar à Roma pagã em vez de morrer como judeu livre, leal à lei de Moisés. Josefo, sempre rápido com palavras, propôs um meio-termo. O suicídio estava errado. Mas a morte na batalha era digna de honra. Assim, eles lançariam sorte e se matariam mutuamente, um por vez; o último então cometeria suicídio. Com isso estavam satisfeitos: quarenta assassinatos, mas somente um suicídio. Lançaram sortes, e deram prosseguimento; um após o outro, cada um oferecendo o pescoço à espada do próximo da fila. Quando 39 tinham sido mortos, era a vez do quadragésimo homem dar sua vida à causa. Josefo, por algum estratagema, havia manipulado os dados de modo que ficasse com o último. Cabia a Josefo completar o ciclo: ele mataria o quadragésimo homem e depois se mataria. Os dois homens concordaram que tinha havido mortes suficientes. Saíram da caverna e se entregaram aos romanos.

Vespasiano poupou sua vida e fez dele um prisioneiro. E então Josefo se superou. Solicitou uma reunião em particular com Vespasiano e Tito (Tito era filho de Vespasiano). Uma vez que tinha a atenção deles, começou a desempenhar o papel de santo profeta e começou a profetizar que Vespasiano logo seria César e imperador de Roma: "Supões, senhor, que ao capturar-me simplesmente lograste um prisioneiro, mas venho como mensageiro da grandeza que o espera... enviado pelo próprio Deus. [...] Tu, Vespasiano, és César e Imperador, tu e este teu filho aqui".[6] Vespasiano, cético a prin-

[6] Josephus, *The Jewish War*, traduzido para o inglês por G. A. Williamson. Baltimore: Penguin, 1959, p. 203. [Publicado no Brasil em 2002 pela Juruá Ed., sob o título *Guerra dos judeus*, traduzido e adaptado por A. C. Godoy.]

cípio, foi convencendo-se aos poucos. As predições começaram a dominar sua mente. Manteve Josefo como prisioneiro por dois anos, talvez em Cesareia, onde Paulo havia sido preso antes, também por dois anos (talvez nos anos de 58 a 60 d.C.). Mas foi bem tratado. Quando a campanha de Vespasiano em Jerusalém ficou atolada no fervor maníaco e suicida dos defensores zelotes do templo e da cidade, ele liberou Josefo da prisão, trouxe-o para Jerusalém e o aliciou para que insistisse com seus companheiros judeus: submetam-se a Roma; salvem sua vida; salvem o santo templo.

Repetidas vezes, Josefo se dirigiu às tropas judaicas: "Roma quer somente o melhor para vocês; salvem o que resta para ser salvo". Seu biógrafo, Geoffrey Williamson, nos mostra a cena: "Vez após vez, ele cavalgou ao redor da Jerusalém sitiada, perigosamente próximo de seus muros, alertando os iludidos defensores da inutilidade de continuarem oferecendo resistência, e insistindo com eles, enquanto lágrimas lhe rolavam pelo rosto, que se rendessem ao romano misericordioso cujo único desejo era acabar com aquela agonia".[7] Os judeus trataram-no com desprezo. O homem que havia tão pouco tinha sido o defensor deles agora era tratado com invectivas e maldições. Enquanto ele proferia um de seus discursos apaixonados, alguém jogou uma pedra, atingindo-lhe a cabeça e arremessando-o ao chão. Pensaram que tivesse morrido, mas se recuperou, voltou a proferir suas palavras, porta-voz que era de Vespasiano, com cada discurso reforçando sua identidade entre seus compatriotas como o traidor covarde dos judeus.

Seguiu-se a destruição completa. A cidade e o templo foram abatidos ao chão como Jesus, quarenta anos antes, havia predito: "Aqui não ficará pedra sobre pedra; todas serão derrubadas" (Mc 13:2).

Vespasiano afeiçoou-se tanto a Josefo que o adotou, dando-lhe um nome romano, Flávio Josefo (*Flavius Josefus*; seu nome de nascimento era *Yosef ben Matityahu*, José filho de Matias). Depois de encerrada a Guerra Judaica e destruídos o templo e a cidade, ele foi viver em Roma. Tinha 35

[7] *The world of Josephus*, p. 285.

anos de idade. Divorciou-se de sua terceira esposa e mãe de seus filhos e casou-se com uma quarta, uma mulher abastada da aristocracia de Creta. (Sua primeira esposa havia sido morta em Jotapata; sua segunda esposa o deixara.) Tornou-se um cidadão de honra do Império e viveu o resto de sua vida com uma pensão bastante razoável num palácio imperial em Roma. Era amigo e confidente de três imperadores — Vespasiano, Tito e Domiciano —, sobrevivendo a todos eles. Morreu por volta do ano 100 d.C., aos 63 anos de idade.

A Guerra Judaica marcou a metade de sua vida. Em seus últimos trinta anos em Roma, foi um escritor. Escreveu livros extraordinários. Seu primeiro livro foi uma história da guerra na qual ele tinha desempenhado papel tão significativo (*Guerra dos judeus*), sendo o mais famoso sua abrangente recontagem da história judaica (*Antiguidade judaicas*).[8] Mas, a percorrer todos os seus escritos, havia uma mensagem subjacente — os judeus precisavam deixar de ser tão judeus: "O futuro do mundo está com Roma; não sejam tão tacanhos e obstinados; entrem no esquema, sejam um judeu de verdade, sejam um romano de verdade". Ele se tornou, em resumo, um propagandista de Roma.

Josefo era judeu quando era oportuno ser judeu. Josefo era romano quando era oportuno ser romano. Josefo era o oportunista por excelência. Mas era sempre Josefo, antes de qualquer coisa. Josefo, Josefo, Josefo.

JESUS E JOSEFO

Durante todos esses anos, a igreja estava sendo formada. O Espírito Santo desceu sobre 120 homens e mulheres no Dia de Pentecostes, e a igreja cristã estava em seu curso, seguindo o Jesus ressurreto. Essas pessoas perceberam que Jesus estava vivo, mais vivo que nunca, vivo neles, e se propuseram a segui-lo. Lucas, um dos primeiros convertidos à comunidade da

[8] Publicada em 1998 pela CPAD sob o título *História dos hebreus: obra completa*. Havia dois outros livros: *Uma vida*, uma apologia em defesa de sua conduta na Guerra Judaica, contrariando acusações de que tivesse traído os judeus, e *Contra Ápion*, uma contrarrajada à invectiva antissemítica [publicada pela Faculdade de Letras da UFMG 1986, sob o título *Defesa dos judeus contra Ápion e outros caluniadores*, introdução, tradução e notas de Rubens dos Santos.]

ressurreição, escreveu a história que Josefo poderia ter escrito se tivesse procurado no lugar certo, escutado as pessoas certas. Mas ele não estava no lugar certo e não estava escutando as pessoas certas. Josefo estava explorando seu carisma natural, usando seu talento e encantos para extrair o máximo possível de cada situação em que se encontrasse. Josefo era uma celebridade, sendo mais naturalmente ele mesmo sempre que estivesse num palco, sob os holofotes. Não tinha valores morais, escrúpulos, princípios, caráter. "Negue-se a si mesmo" não fazia parte de seu vocabulário. Seu foco era "cem por cento Josefo".

Sabemos que no primeiro século na Palestina valia qualquer coisa: guerra de guerrilhas, assassinatos a esmo, grupos militares e paramilitares, conspirações. A violência permeava a sociedade. A única razão por que havia ordem de qualquer espécie era em virtude da enorme presença militar romana. Sempre sob a superfície havia essa agitação fervilhando com violência e rebelião.

É importante ter noção disso quando acompanhamos a igreja primitiva em sua busca por seguir a Jesus. Eles experimentaram algo dessa violência desde o começo. A crucificação de Jesus estabeleceu as condições em que a igreja foi formada. A igreja recém-formada foi primeiramente ridicularizada, e depois seus líderes foram detidos e lançados na prisão. Pedro e João foram levados diante de Caifás para serem interrogados, o mesmo Caifás que havia tão pouco tempo tinha tomado providências para a crucificação de Jesus. Dessa vez, Caifás estava acompanhado de seu sogro, Anás, e seus filhos, João e Alexandre — a famigerada e temida família sumo sacerdotal (At 4:1-12). Era para impressionar Pedro e João — e intimidá-los.

Mas eles não ficaram impressionados, e assim logo voltaram para a prisão, dessa vez para serem soltos por um anjo e no caminho ganhar o apoio do rabino Gamaliel, eminente mestre judeu (At 5:17-42).

Não muito depois disso, Estêvão foi morto (At 7), o primeiro de muitos mártires cristãos. Ele pregou sobre a morte e a ressurreição de Jesus, abraçando a morte que seria seguida pela ressurreição. Os cristãos estavam sendo acossados por todos os lados.

Paulo, em seus dias pré-cristãos, engrossava as fileiras de frente da oposição a Jesus, um líder na violência, na agitação contra os cristãos, lançando-os na prisão por onde quer que andasse (At 9).

E então vem à tona de novo o nome de Herodes. Dessa vez é o neto de Herodes, Herodes Agripa I. Esse Herodes acabou se revelando tão assassino quanto seu avô, morto havia já muito tempo. Ele matou Tiago, o irmão de João, filho de Zebedeu, e, vendo que fez sucesso entre os judeus, foi atrás de Pedro e o lançou na prisão. Um anjo libertou Pedro naquela mesma noite (At 12:1-11).

Herodes Agripa II — bom amigo de Josefo, pelo que se sabe — continuou a tradição. A violência revolucionária se acelerou: violência contra os romanos, violência contra os saduceus e agora violência contra os cristãos — e os romanos responderam com violência em todas as frentes. Uma cultura de violência.

Mas aqui está o fato impressionante: o movimento de Jesus não participava dessa violência. Não há um único caso de violência naqueles anos por parte de ninguém dentre os seguidores de Jesus. O que chegou mais perto disso foi a noite da prisão de Jesus no Getsêmani, quando Pedro puxou da espada e cortou a orelha de Malco, o servo do sumo sacerdote. Jesus mandou que ele parasse, e depois curou a orelha do homem (Lc 22:51). E esse foi o fim da história.

A razão por que isso é tão impressionante é que a maior parte da violência revolucionária que estava ocorrendo na Palestina naqueles anos, ao menos do lado judeu, era estimulada pela religião — uma preocupação pela liberdade do povo de Deus, uma resistência fervorosa à presença pagã corruptora de Roma, um vigoroso e obstinado "Não!" ao secularismo contaminador do helenismo, uma convicção de que Deus e nenhum outro era Senhor. Os judeus serviam a um Deus zeloso e eram zelosos a seu favor. Faziam parte de uma longa tradição de Guerras Santas: Abraão liberta Ló, Moisés lidera o Êxodo a partir do Egito, Josué conquista Canaã, Davi mata os filisteus, os macabeus em guerra de guerrilhas contra os selêucidas gregos e agora os zelotes fora de controle, espalhando-se rapidamente pela região rural ocupada pelos romanos — uma epidemia de violência. Era esse o meio em que a comunidade da ressurreição, frágil e embrionária, estava sendo formada.

Eram todas as lutas *religiosas*, lutas a favor de Deus contra os romanos, lutas contra os deuses falsos e contra os padrões morais frouxos que invadiam seu país, lutas para conservar a pureza de sua lei, a santidade do sábado e a liberdade de culto.

Como ficou claro, Josefo era mestre em usar o tema da guerra para promover suas próprias ambições. Ser criado numa cultura de guerra foi pura e simplesmente um presente para Josefo. A guerra e violência são motivadores poderosos. As energias estimuladas por causas bélicas são as mais fáceis de provocar e as mais fáceis para que um líder carismático — se for suficientemente inescrupuloso — as utilize no exercício do poder pessoal. Sob o feitiço intoxicante do homicídio, a mente racional fica entorpecida, e as emoções das pessoas ao redor de você podem ser exploradas para quase qualquer coisa. Josefo agarrou com as duas mãos aquela cultura da violência e habilmente a usou para granjear antes de qualquer coisa celebridade como judeu e depois uma vida paparicada de luxo, como ícone literário romano. Josefo não era um homem religioso de carreira como Caifás — sua paixão religiosa não parece ter sobrevivido a sua adolescência —, mas havia nele um resíduo de religião. Ele investiu o que quer que tivesse sobrado de seu primeiro envolvimento superficial com o espiritual para se tornar um propagandista religioso magistral. A propaganda religiosa enganosa é religião sem padrões morais, sem a verdade (teologia), sem relacionamentos — é um *meio* adulterado. Para Josefo, era uma religião individualizada e personalizada para aumentar seu carisma natural. Era uma religião bastarda a serviço de uma causa, a causa justificando quaisquer meios que prometessem êxito. A cultura da guerra estava convenientemente à mão para Josefo. Ele a usou habilmente para alcançar fama e fortuna. Matar a oposição, para Josefo, não era uma causa, era um meio. Para Josefo, a causa era Josefo.

Mas esses primeiros seguidores de Jesus não mataram, não usaram de violência, mesmo que na atmosfera religiosa da época fosse a coisa mais natural do mundo a fazer. E por que não o fizeram? A resposta simples é que estavam seguindo o Jesus ressurreto, e o Jesus que agora estava vivendo neles não estava matando ninguém.

OS ZELOTES

É importante observar neste momento crítico que Josefo não era um zelote. Josefo era ativo num mundo cheio de zelotes, e era um general numa guerra na Galileia em que muitos de seus soldados eram zelotes. Mas os zelotes *criam*. Estavam comprometidos com uma causa, que acreditaram ser a causa de Deus. E estavam comprometidos com a morte. Zelote era aquele cuja identidade inteira era moldada pela convicção de que Deus e somente Deus exigia sujeição, e que a violência era legítima, até mesmo necessária, contra os opressores, o Mal.

Os zelotes eram apaixonados pela justiça e pela imparcialidade. Importavam-se com pessoas que eram maltratadas e exploradas, as vítimas e os perseguidos. Tinham uma visão de um mundo melhor e estavam prontos a morrer por ele. O comportamento deles estava enraizado numa convicção de que Deus queria justiça, de que Deus queria para o seu povo uma vida melhor do que jamais poderia ser oferecida pelos romanos, uma vida de liberdade e especialmente de liberdade para adorar a Deus, liberdade para guardar o sábado e ser circuncidado, liberdade para manter sua identidade essencial como povo de Deus, não como povo de Roma.

Apesar de suas incursões juvenis na religião, nenhuma das inclinações espirituais de Josefo se desenvolveu em convicções. Josefo estava ocupado com ele mesmo. Não tinha lealdades nem princípios. Mudou de lado para que pudesse estar com os vencedores, mudou de nome quando lhe foi conveniente, mudou de deus quando lhe foi oportuno, mudou de esposa quando lhe foi vantajoso. Sacrificou qualquer pessoa que estivesse fácil para o sacrifício — aqueles quarenta homens que estavam junto com ele na caverna em Jotapata! — a fim de sobreviver e prosperar no mundo.

Devemos lembrar que os zelotes eram heróis populares entre os judeus. Os zelotes estavam prontos a dar a vida por seu país e muitos o fizeram. O encanto do heroísmo, da coragem, de lutar pelos oprimidos — tudo isso atraía os zelotes. As várias seitas eram às vezes rivais, outras vezes aliadas por razões estratégicas. Mas tinham um inimigo comum: o Mal.

Josefo classifica os zelotes em cinco grupos revolucionários. Primeiro, os sicários, descendentes de Judas, o Galileu, que protestou contra impostos cobrados pelo governador romano da Síria, Quirínio, em 6 d.C. (Esse Judas é mencionado por Gamaliel em sua defesa dos líderes da igreja primitiva em Atos 5:37.) Segundo, os zelotes propriamente ditos, comandados por Eleazar, um sacerdote. Enquanto tentava purgar o templo da influência dos gentios em 67-68 d.C., Eleazar deu início à guerra sem reservas dos judeus com Roma. Terceiro, João de Gischala, galileu que atraiu muitos seguidores, os quais eram mais como um bando de bandidos itinerantes. (João odiava Josefo porque percebia que, embora Josefo fosse esperto, brilhante e carismático, ele não tinha princípios — faltava-lhe brio. E, naturalmente, não demorou muito para que o país inteiro soubesse disso. João desprezou Josefo; Josefo retornou o elogio.) Quarto, Simão bar Giora, defensor das classes mais baixas que dirigiu a maior tropa de defesa de Jerusalém. O quinto grupo era formado pelos idumeus, que desempenharam um importante papel na guerra de Jerusalém. Outros dois grupos de contornos zelotes são mencionados em Atos: um grupo comandado por Teudas, revolucionário mencionado por Gamaliel (At 5:36); e quatro mil assassinos (sicários) conduzidos para o deserto por um egípcio não identificado (At 21:38).

Assim montamos o quadro. O país estava transbordando de zelotes de um tipo ou de outro, às vezes lutando uns com os outros, às vezes unindo-se para lutar contra os romanos e contra os simpatizantes de Roma, mas sempre lutando em nome de Deus.

O movimento zelote no judaísmo tinha uma nobre herança. A Revolta Macabeia em 163 a.C. preparou o palco para o movimento judeu que acabou por fim recebendo o nome de "zelote". Já mencionamos Matatias, o velho sacerdote em Modim. Com seus cinco filhos, deu início à revolta contra o opressor estrangeiro, o perverso Antíoco IV Epifânio, que havia colocado o infame "sacrilégio terrível" no Santo dos Santos, no Templo de

Jerusalém. Judas Macabeu purgou o templo do sacrilégio, rededicou-o à adoração a Deus e prosseguiu para limpar o país da influência pagã. Ele e seus irmãos acabaram por obter uma nação livre da dominação estrangeira — Judá, uma nação livre mais uma vez! As histórias de ousadia, de risco e de coragem que brotaram daqueles anos macabeus ainda se prestam para uma literatura dramática da mais alta qualidade. A grande festa de inverno de *Hanukkah* ("Dedicação") mencionada no evangelho de João (10:22) é a festa anual que relembra o triunfo macabeu e a rededicação do templo, ainda hoje celebrada entre os judeus.

Um interessante aparte aqui: certo dia, quando Jesus estava ensinando no templo em Jerusalém, alguém ali lhe perguntou se era o Cristo. Quando sua resposta não agradou os presentes, deram uma boa resposta macabeia: pegaram pedras para matá-lo (Jo 10:22-39). Violência na causa de Deus. Ao que tudo indica, muitos da época de Jesus que se preocupavam com Deus tinham uma boa dose de sangue macabeu nas veias.

Depois de cem anos de domínio por reis macabeus, os romanos entraram e o interromperam. O movimento pela liberdade havia durado apenas um século. Depois os romanos assumiram o país. Alguns anos depois (era 37 a.C.), os romanos nomearam Herodes rei. Não demorou muito e as pessoas mais uma vez tiveram de enfrentar os efeitos contaminadores da religião idólatra e da moral pagã. Vários anos depois de Jesus nascer, Judas, o Galileu, começou uma revolta (o ano era 6 d.C.) contra o sistema romano opressivo de impostos. A revolta logo se galvanizou, transformando-se no partido zelote. O velho espírito macabeu ainda fumegava no consciente coletivo da nação. O movimento zelote deflagrado por Judas, o Galileu, recebeu seu ímpeto fundamental de um nacionalismo que no período macabeu atingiu índices jamais vistos antes ou desde então pelos judeus.[9] Na ocasião, a presença romana era forte demais para encarar. Mas o espírito zelote persistiu e se expandiu. Sessenta anos mais tarde, Eleazar, filho de Judas, o Galileu, reacendeu as hostilidades que

[9] V., de William Farmer, *Maccabees, zealots, and Josephus* [Macabeus, zelotes e Josefo]. New York: Columbia University Press, 1956.

resultaram na grande guerra com os romanos que acabou na destruição de Jerusalém.

Para que possamos compreender quão radical o caminho de Jesus teria parecido àquela geração, precisamos continuar nos lembrando de que os zelotes eram em geral admirados. Os zelotes tinham a reputação de corajosos. Estavam dando continuidade (assim imaginavam) à herança abençoada por Deus dos macabeus. Um zelote entregaria a vida num minuto por Deus e pelo povo de Deus.

A história mais impressionante saída do movimento zelote, o contemporâneo da comunidade da ressurreição de Jesus, mas em contraposição a essa comunidade, aconteceu em Massada, uma imensa fortaleza construída anteriormente por Herodes, o Grande. Perto do fim da Guerra Judaica, mais ou menos perto do tempo em que Josefo desertou para o lado dos romanos, os zelotes se retiraram para Massada na margem ocidental do mar Morto (aproximadamente uns 48 quilômetros ao sul da comunidade de Qumran). Era praticamente inexpugnável, mas o general romano Silva avançou paciente e determinadamente, por fim conseguindo penetrá-la. Quando adentrou a fortaleza, encontrou 960 zelotes mortos, todos suicidas. Escolheram não viver nem um minuto sequer sob um regime romano pagão e sem Deus. À medida que os romanos circulavam em meio aos cadáveres, encontraram duas mulheres escondidas numa caverna que lhes contaram o que havia acontecido.

Os zelotes entendiam-se como uma continuação da tradição bíblica. Viam-se como herdeiros de Fineias, que matou Zinri e sua namorada midianita Cosbi (Nm 25). Viam-se como parte da tradição de Elias, que matou 450 profetas de Baal no monte Carmelo. Viam-se lutando como descendentes de Josué, Samuel e Davi. Eram zelosos por Deus, lutando do lado de Deus.

Esse mesmo espírito de violência ainda estava latente, mesmo enquanto os discípulos seguiam a Jesus. Na última viagem de Jesus a Jerusalém, quando seus discípulos não estavam sendo muito bem tratados na região de Samaria, os dois irmãos esquentados, filhos de Zebedeu, Tiago e João, disseram a Jesus: "Senhor, queres que façamos cair fogo do céu para destruí-los?" (Lc 9:54). Tinham bons precedentes bíblicos para sua pergunta. Tinham estado na própria região samaritana na qual Elias tinha feito exatamente isso, fazendo descer fogo do céu, incinerando por sua vez três grupos de cinquenta soldados cada um (2Rs 1). E naturalmente encontravam grande estímulo zelote na cultura.

Jesus simplesmente "repreendeu" Tiago e João (Lc 9:55). Nenhuma retórica. Nenhum argumento. Um simples *não*. Não deve haver nenhuma violência na causa de Deus. Nenhuma. Fim de conversa.

A repreensão vale ainda hoje.

O movimento zelote continua. Continua a ser admirado por muitos. É difícil de erradicar do espírito humano, especialmente do espírito humano religioso. Quando cremos que Deus está do nosso lado, que temos uma missão a executar sancionada por Deus, é fácil fazer qualquer coisa que imaginamos eficaz — usar da força, coagir, intimidar, manipular e, sim, matar — para garantir a vitória para Deus. É praticamente irresistível quando a oposição é identificada como a encarnação do Mal.

Thomas Merton adverte sem rodeios e sem meios-termos:

> Precisamos nos resguardar do fervor cego e imaturo — o zelo do entusiasta ou do zelote — que representa precisamente uma compensação frenética para as qualidades profundamente pessoais que estão ausentes em nós. O zelote é um homem que "se perde" em sua causa de tal maneira que simplesmente não pode mais "se achar". Ainda assim, paradoxalmente, essa "perda" de si mesmo não é a abnegação salutar ordenada por Cristo. É antes uma imersão em sua própria obstinação, concebida como a vontade de uma força abstrata, não pessoal: a força de um projeto ou programa.[10]

A igreja cristã tem uma longa e lamentável ficha nesse quesito: as Cruzadas na Europa, a inquisição na Espanha, as queimas de bruxas na Nova

[10] *Seasons of celebration*. New York: Farrar, Straus and Giroux, Noonday paperback, 1977, p. 18.

Inglaterra, a revolução de Cromwell na Inglaterra, os conquistadores na América Central e do Sul.

Homens e mulheres em nossa nação cristã ainda estão matando em nome de Jesus, às vezes com revólveres, às vezes com palavras. Será que esquecemos tão facilmente que Jesus equiparou a morte pelas palavras com a morte pela espada (Mt 5:21-22)? Sobeja ainda ao nosso redor o espírito zelote, com pessoas "religiosas" usando palavras, imagens ou armas para manipular uma resposta livre a Deus ou interferir nessa resposta.

Mas a repreensão, até agora, ainda não foi retirada. Como disse um pastor da igreja primitiva: "a força não é atributo de Deus".[11]

JESUS E OS ZELOTES

Existe alguma forma de reter a energia, o foco e o zelo dos zelotes sem a violência? Creio que sim. A evidência está nessa primeira comunidade cristã que estava aprendendo a seguir a Jesus numa cultura de violência (não diferente de nossa cultura de violência) sem se tornar violenta. Mas também sem ser intimidada ou silenciada pela violência. Poderiam ter-se segregado em guetos seguros, mas não foi o que fizeram. Permaneceram públicos, tão públicos quanto os zelotes. Mas, diferentemente dos zelotes, nunca foram violentos.

Há uma palavra importante que consegue transmitir como é e em que consiste o fervor sem violência. A palavra é *homothumadon*. Algumas palavras resistem à tradução. Não traduzimos "Amém". Não traduzimos "Aleluia". Não traduzimos "Hosana". Essas palavras acumulam camadas de significados através dos séculos e irradiam ricas associações e conexões. Quando as traduzimos, perdem a força completamente. *Homothumadon* é uma dessas palavras. Que pena que não foi incluída na lista de "intraduzíveis". Precisamos tentar o nosso melhor, e para isso precisamos dissecar a palavra e depois agrupá-la de novo.

A palavra é usada doze vezes por Lucas ao narrar a história da comunidade da ressurreição em Atos dos Apóstolos, e uma vez por Paulo em

[11] *The Epistle de Diognetus*, citado por Douglas STEERE, *Dimensions of prayer*. New York: Harper and Row, 1962, p. 19.

Romanos. É normalmente traduzida por "concordando", ou "com um só coração", ou simplesmente "juntos".

Quando os 120 estavam reunidos no cenáculo, orando e esperando pelo dom do Espírito Santo, estavam *homothumadon* ("unânimes"; At 1:14, BJ).

Depois daquela grande reunião de Pentecostes, quando o Espírito Santo desceu sobre eles, os cristãos continuaram diariamente *homothumadon* ("juntos"), no templo, orando e partindo o pão em suas casas (2:46).

Depois que Pedro e João foram soltos da prisão por um anjo e deram seu relatório aos amigos, todos "levantaram *homothumadon* [juntos] a voz a Deus" e oraram (4:24).

No meio dos sinais e maravilhas daqueles primeiros dias, eles estavam *homothumadon* (reunidos) no Pórtico de Salomão, à medida que as pessoas traziam seus amigos e membros da família que estavam enfermos para ser curados (5:12).

Quando Filipe entrou em Samaria numa missão de proclamação, "... a multidão ouviu Filipe [...] deu *homothumadon* ["unânime"] atenção ao que ele dizia. [...]. Assim houve grande alegria naquela cidade" (8:6,8).

No Concílio de Jerusalém, à medida que os apóstolos elaboravam com muito esforço a política que manteria unidos os convertidos judeus e gentios, eles enviaram os resultados de seu trabalho a Antioquia, dizendo: "*homothumadon* ["concordamos todos"]" (15:25).

Paulo fornece a última ocorrência da palavra no Novo Testamento, perto do fim de sua grande carta aos Romanos, orando "para que *homothumadon* [com um só coração e uma só voz] vocês glorifiquem ao Deus e Pai de nosso Senhor Jesus Cristo" (Rm 15:6). Fico imaginando quem teria usado a palavra primeiro, Lucas ou Paulo, companheiros nas viagens missionárias. Quem foi o primeiro a sugerir o advérbio polissilábico e cadenciado que marcou a maneira em que nossos primeiros antepassados responderam ao que Deus estava fazendo e em relação a isso se mantiveram presentes, totalmente empenhados, mas sem um vestígio sequer de violência?

"Com um só coração", "com uma só voz", "juntos" ou "concordando" parecem todos muito fracos para mim. *Homothumadon* é uma palavra composta: *homo* significa "o mesmo"; *thumas* significa uma forte emoção ou raiva; e a última sílaba, *don*, sinaliza que a palavra é um advérbio. É o componente do meio, *thumas*, que é intraduzível. *Thumas* é uma palavra inflamável, pulsando com energia: perder as estribeiras, perder a paciência, atacar violentamente. Mas, no contexto da comunidade da ressurreição, não há nada de negativo nela, nenhuma maldade, nenhuma violência. Como conseguimos essa intensidade, esse fogo, essa energia focada e controlada numa única palavra portuguesa que seja energética em amor, em paz e em agradável comunidade? Não consigo encontrar uma que seja. É por isso que só querer dizer *homothumadon*.

Havia algo em chamas no interior daqueles seguidores de Jesus, que os unia com a mesma mente e espírito, algo semelhante à energia da raiva, mas sem a raiva. Algo tão inflamável quanto os zelotes, mas sem a violência zelote.

Normalmente, quando falamos de unanimidade, estamos nos referindo ao que se passa numa reunião realizada bem tarde da noite, quando metade das pessoas já foi para casa e o restante ficou exausto e "pescando" com a cabeça; esse movimento para cima e para baixo do pescoço é interpretado como concordância, e assim contabilizamos um voto de unanimidade. Isso não é *homothumadon. Homothumadon* tem fogo em si. É a paixão de uma resposta consensual, unânime a algo que Deus faz. Não a criamos. Sempre depende de algo que Deus acabou de fazer, ou está para fazer, ou de que estamos participando. Não é algo que façamos acontecer arbitrando ou resolvendo conflitos. É fogo. E marca a igreja à medida que é formada pelo Espírito Santo.

Para entender isso bem, é importante observar que *homothumadon* não é uma palavra teológica ou espiritual como tal. Dei sete citações em que ela se refere a nossa resposta para com Deus; mas há quatro outros usos em Atos quando é empregada em relação a emoções negativas, perversas ou simplesmente neutras (At 7:57; 12:20; 18:12; 19:29). Assim, não há nenhuma virtude em *homothumadon* como algo em si. Encontramos o fogo zelote sem a violência zelote nessa palavra somente quando permanecemos perto do contexto real da ressurreição das histórias de Atos. Sem o contexto da ressurreição, a palavra pode ficar feia. Torcedores numa partida de futebol experimentam *homothumadon* quando seu time faz um gol, o que às vezes leva ao tumulto. Por outro lado, todo o mundo presente num recinto, quando nasce um bebê, experimenta *homothumadon* diante da fresca beleza da nova vida que prefigura a vida da ressurreição, admirados diante do mistério.

Mas o aspecto inconfundível da igreja primitiva é que estavam seguindo o Jesus ressurreto, com a forte percepção de que algo tinha acontecido em algum lugar que agora estava em atuação aqui entre eles. O Espírito Santo fez algo em Jesus e depois o fez neles. A ação primordial acontece em Jesus e somente depois em nós. Está além de nós, mas depois nos alcança. Estamos seguindo, crendo e adorando — e depois, aí está: *homothumadon.*

Isso não é improvisar um entusiasmo por Jesus. Não é argumentar com as pessoas, persuadindo-as para que cheguem a um acordo. Não é administrar vários interesses próprios num plano ou programa viável. Não é algo arquitetado por nós.

Mas deve ser reconhecido por nós. A convicção por trás da possibilidade desse *homothumadon* singularmente cristão é que o Jesus ressurreto ainda está fazendo o que sempre fez, e o está fazendo em nosso mundo, em nossa vizinhança.

A dificuldade de experimentar *homothumadon* é que normalmente não estamos prestando nenhuma atenção ao Jesus ressurreto, ou não sabemos o que procurar, ou estamos impacientes com a espera, ou estamos distraídos por acontecimentos e circunstâncias mais fascinantes e glamorosos que prometem atalhos.

Não havia nenhuma falta de *homothumadon* no mundo de Josefo. A guerra era talvez a ação mais poderosa na experiência humana para nos fazer sentir, pensar e agir juntos, como um, *homothumadon.* E as guerras, tanto as grandes quanto as pequenas, as escaramuças da vizinhança e as batalhas de ampla escala, estavam irrompendo diariamente enquanto a igreja primitiva estava em formação. Como a comunidade cristã mantém seu fogo sem se deixar levar pela violência, seja com palavras, seja com espadas? Como os cristãos permaneceram nos trilhos, seguindo a Jesus no caminho?

ORANDO NO CAMINHO COM OS CRISTÃOS DA RESSURREIÇÃO

Apesar de tudo o que se diz em contrário, a verdade é que não há segredos para viver a vida cristã. Nenhum pré-requisito no que diz respeito a atitudes. Nenhuma condição mais ou menos favorável para seguir no caminho. Qualquer um pode fazê-lo, de qualquer lugar, começando a qualquer momento.

Mas nunca acontece sem oração. Oração é fundamental. Oração é fundamental porque fornece a linguagem básica para tudo o que acontece no caminho de Jesus. Se vamos a um *shopping center* nos Estados Unidos, falamos inglês para obtermos o que queremos. Se vamos a um restaurante na França, falamos francês para fazer o nosso pedido. Se viajamos para a Grécia, falamos grego para saber como chegar à Acrópole. E, se decidimos nos tornar cristãos e seguir a Jesus, oramos. Oramos porque é a única linguagem que temos para falar com o Deus revelado em Jesus. É também a única linguagem que temos para escutar as ordens, as bênçãos e a direção que Deus fornece por meio de Jesus. Deus é tudo menos impessoal. Quando usamos a linguagem, tanto Deus quanto nós seres humanos somos altamente pessoais, mais caracteristicamente nós mesmos. Quando a linguagem diz respeito a Deus e a nós, nós e Deus, nós a chamamos oração.

Uma coisa que quero ressaltar é que a oração não é algo acrescentado à vida cristã (ou a qualquer vida). É a linguagem em que essa vida é vivida, nutrida, desenvolvida, revelada, definida; a linguagem em que ela crê, ama, explora, busca e acha. Não há atalhos nem desvios. A oração é a linguagem de berço entre os que são "nascidos de novo", sendo depois a linguagem íntima, familiar, de desenvolvimento para o crescimento dos que seguem no caminho de Jesus.

Mas, como em nossa sociedade secularizada a oração é muitas vezes associada com o que as pessoas de interesses "espirituais" buscam ou com atos formais conduzidos por líderes profissionais, é necessário de vez em quando chamar a atenção para o fato de que a oração é a linguagem da rua que usamos com Jesus, que anda nas ruas conosco. Não podemos adiar oração para aquele momento em que "a gente aprenda a orar bem". É a única linguagem disponível a nós ao trazermos nosso eu singular e particular, "tal como estou, eis-me, Senhor" para o ato de falar com Deus e escutá-lo diariamente, a cada hora, que acontece "tal como ele é" em Jesus.

Era isso que os primeiros cristãos, formados pela ressurreição, faziam no mundo de Josefo e dos zelotes. Era o que acrescentava o tipo de fogo na vida deles sem o elemento de violência, dando vida e não matando. Não basta ser advertido contra o oportunismo de Josefo e contra a violência dos zelotes. Tanto o oportunismo quanto a violência ainda fazem tão parte de nossa sociedade e cultura que os ingerimos praticamente desde o berço. Em meio a todo o estímulo, atração, pressão e precedentes para tomar as coisas nas próprias mãos e garantir a vitória, seja consentindo com as manipulações de Josefo, seja fazendo uso dos punhais dos zelotes, alguns homens e mulheres conseguiram manter sua atenção focada em Jesus, conseguiram seguir o Jesus ressurreto. Ainda é possível.

Mas só é possível por meio da oração. Tudo o que podemos fazer é *orar* nossa vida, conformando-a ao caminho em que seguimos a Jesus. Essa oração é, em grande parte, o Espírito orando em nós. O caminho que percorremos deve ser internalizado e incorporado — a oração tanto internaliza quanto incorpora Jesus; não há outro caminho para o caminho. Judas seguiu Jesus com seus pés por toda a Palestina, mas nunca deixou que lhe penetrasse o interior; foi um oportunista até o fim. Pedro seguiu a Jesus por toda a Palestina, mas na crise no jardim ele se transformou inexplicavelmente num zelote, brandindo sua espada em companhia dos melhores zelotes. É pela oração que interiorizamos o ato de seguir (e não só o sentimento!). Ou, como expressa aquela frase maravilhosa do salmo 84, tornamo-nos as pessoas "que são peregrinos de coração" (Sl 84:5).

A primeira oração registrada depois que a igreja passou a existir no Dia de Pentecostes (há uma oração pré-Pentecostes em Atos 1:24–25) vem dos primeiros cristãos. Pedro e João tinham acabado de ser libertos da prisão por Caifás, tinham se reunido com seus amigos e apresentado seu relato. A reação espontânea foi a oração, uma oração que me parece ser particularmente adequada para nosso uso à medida que seguimos nesse caminho estreito, ladeado pelas largas estradas de Josefo de um lado e dos zelotes do outro. Aqui está a oração:

> Ouvindo isso, levantaram juntos [*homothumadon!*] a voz a Deus, dizendo: "Ó Soberano, tu fizeste os céus, a terra, o mar e tudo o que neles há! Tu falaste pelo Espírito Santo por boca do teu servo, nosso pai Davi:
>
> "'Por que se enfurecem
> as nações,
> e os povos conspiram em vão?
> Os reis da terra se levantam,
> e os governantes se reúnem
> contra o Senhor
> e contra o seu Ungido'.
>
> De fato, Herodes e Pôncio Pilatos reuniram-se com os gentios e com o povo de Israel nesta cidade, para conspirar contra o teu santo servo Jesus, a quem ungiste. Fizeram o que o teu poder e a tua vontade haviam decidido de antemão que acontecesse. Agora, Senhor, considera as ameaças deles e capacita os teus servos para anunciarem a tua palavra corajosamente. Estende a tua mão para curar e realizar sinais e maravilhas por meio do nome do teu santo servo Jesus".
>
> Atos 4:24-30

Essa pode ser a oração característica da comunidade da ressurreição, que estava cheia do fogo do Espírito Santo que ressuscitou Jesus dos mortos, mas sem levantar suas armas em violência. Eles rejeitaram a violência tão difundida tanto no mundo quanto na igreja, uma violência que afasta as pessoas de Deus por todos os tipos de becos sem saída, em desvios que desperdiçam a vida — praguejando, intimidando, rejeitando e matando a oposição.

O elemento que mais se destaca nessa oração é a percepção de que Deus reina. As pessoas numa maravilhosa harmonia vital, *homothumadon*, dirigem-se ao seu "Soberano" (*Despota*) todo-poderoso, que a tudo cerca.

Soberano. Brota desse tipo de oração uma confiança aliada a humildade. Se Deus está no controle, então o controle não está em minhas mãos.

Vivo na confiança de que Deus ou está fazendo, ou está permitindo tudo o que está acontecendo, e também na confiança de que me incluo em seu domínio. A minha participação faz parte dele. Meus amigos cristãos primitivos também não oraram pedindo coragem para continuar a anunciar a palavra de Deus, participando significativamente do seu senhorio? Tudo o que sou, sinto, penso e oro é parte de seu domínio. O fato de que "o SENHOR tem o seu trono nos céus" (Sl 11:4) nunca quis dizer — em nossas Escrituras, na revelação por meio de Jesus, em nossos melhores pastores e teólogos ou em nossos muitos amigos e companheiros no cotidiano do caminho — que Deus está dizendo: "Apenas cuide da sua vida e deixe que eu cuido do universo e da história". De jeito nenhum. Essa oração foi feita num mundo em que Roma e os partidários palestinos de Roma, os rapazes de Herodes, davam as cartas, em que o sistema religioso do templo dominado pela família sumo sacerdotal de Caifás tinha a palavra final em todas as questões ligadas à religião de Israel e em que Josefo saía com todas as honras e os zelotes estavam no centro da ação. Mas essa oração contornava a política de Roma, a religião oficial e as manchetes de jornal, confiante de que o Soberano ainda estava, com efeito, no controle de tudo.

Esses cristãos de primeira geração, não mais privilegiados que nós nessas questões, estavam confiantes de que, sendo eles próprios parte essencial de tudo aquilo, estavam inseridos nesse domínio, que Deus os incluiu em seu domínio, em seu governo. E oraram pedindo a intrepidez que refletiria essa confiança, que impediria que afundassem numa passividade que usava o controle de Deus como desculpa para serem espectadores da história. Como desenvolvemos a humildade — que significa permanecer humano e não desenvolver pretensões de deidade — sem nos tornarmos capachos? Como desenvolvemos a humildade — que significa operar dentro dos limites da moral e da sabedoria — sem nos tornar tacanhos, provincianos e domesticados? Como desenvolvemos a humildade — que significa sermos simplesmente quem somos, não mais, nem menos — extravasando de energia, correndo riscos na vida, alguém que corre, não caminha pesadamente, no caminho dos mandamentos de Deus?

Quando seguimos a Jesus, é o que fazemos — e fazemos orações como essa oração, que aos poucos, mas de forma resoluta, internaliza e incorpora uma confiança robusta no governo de Deus e uma aceitação descontraída de nossa humanidade.

Essa oração desenvolveu-se a partir de detida meditação e muita oração em cima do salmo 2, que é um salmo favorito dos escritores do Novo Testamento. É citado ou aludido nove vezes (Mt 3:17; At 4:25–26; 13:33; Hb 1:5; 5:5; 2Pe 1:17; Ap 2:26–27; 12:5; 19:15). Ele compartilha suas condecorações com o salmo 110 como salmo mais citado no Novo Testamento. O contraste com nosso tempo é significativo. Quais são nossos salmos favoritos? Que salmos temos memorizado? O salmo 23 está no topo dos gráficos. Os salmos 1, 100 e 121 vêm em segundo lugar. Mas e o salmo 2?

O salmo 2 fornece uma oração textual para pessoalmente percebermos e internalizarmos, sentirmos em nossas entranhas e músculos, o abismo intransponível que há entre os caminhos deste mundo — os caminhos de Herodes, de Caifás e de Josefo, e também os caminhos de oposição buscados pelas seitas dos fariseus, dos essênios e dos zelotes — e o Soberano e seu Messias: "Não sabem que há um Rei em Sião?" (Sl 2:6, *A mensagem*).

A primeira geração de cristãos levou Jesus ao pé da letra quando ele anunciou que seu reino estava próximo — um reino real (não ideal), com um rei real, o rei Jesus. As palavras e as frases do salmo 2 descartavam as pretensões de todos esses outros caminhos e faziam que Cristo, o Rei, permeasse sua pregação, suas orações e o ato de o seguirem. Seguiam o Jesus ressurreto com um semblante de triunfo e louvor. O evangelho não era algo privado que eles cultivavam na segurança aconchegante de seus lares e coração; era público, a força mais poderosa da história humana, formando o destino das nações tanto quanto o das almas de homens e mulheres.

E mais uma coisa: a oração é trinitária. É dirigida a Deus, o Criador: "Ó Soberano, tu fizeste os céus, a terra, o mar e tudo o que neles há!" (At 4:24). Usa como texto-base as palavras inspiradas de Davi que Deus comunicou "pelo Espírito Santo" (v. 25); e toda a ação é centrada em "teu santo servo Jesus, a quem ungiste" (v. 27).

Uma coisa rara estava acontecendo na igreja cristã à medida que nossos primitivos ancestrais estavam dizendo e orando aquilo em que criam — uma formulação de Deus como uma Santa Trindade. Essa oração está assentando um fundamento para essa formulação. Dois mil anos mais tarde, a Trindade continua a servir como maneira mais sucinta e mais abrangente de nos manter orientados à medida que seguimos a Jesus e de permanecermos alertas à singularidade do que significa segui-lo num mundo dominado pelos caminhos antitrinitários poderosos e populares de Herodes, de Caifás e de Josefo.

Ao insistir que Deus são três pessoas — Pai, Filho e Espírito Santo; Deus em comunidade —, recebemos um entendimento de Deus que é enfaticamente pessoal. A única maneira de ele se revelar ou operar entre nós é pessoalmente. Deus é pessoal sob as designações pessoais de Pai, Filho e Espírito Santo, e jamais de outra maneira. Nunca impessoalmente, como Força ou Influência. Nunca impessoalmente, como Conceito ou Causa.

A coisa mais fácil do mundo para nós é usar palavras como uma espécie de verdade ou princípio abstrato, para distribuir a boa notícia em tabloides de informação. A Trindade nos impede de assim agir. Nunca podemos tomar outro rumo, impessoalizando ou o evangelho, ou Deus para tornar as coisas mais fáceis, mais simples ou mais convenientes.

E a Trindade é um lembrete perpétuo de que o único modo de seguirmos no caminho de Jesus é sendo participantes pessoais — não apenas pensando corretamente ou executando tarefas designadas, mas envolvidos em fé e em oração nas próprias vidas com as quais, nome por nome, rosto por rosto, Deus está envolvido.

Prontamente admito que não capto isso. Não tenho nenhuma evidência empírica sólida para apoiar esse salmo e confirmar essa oração dos primeiros cristãos. Nada nos noticiários, nada nas manchetes, nada nos livros de história, nada no mundo financeiro e nada nos massacres, nas inundações, nos furacões, nas fomes e nos sequestros que continuam sendo anunciados por todo o mundo estabelece a credibilidade desse salmo.

Mas a questão é a seguinte: os primeiros cristãos não tinham documentação melhor. Pelo fim do primeiro século, com Josefo encaminhando-se para uma morte confortável sob a indulgência do Império Romano e com as histórias dos zelotes patriotas em Massada instigando orgulho em cada rapaz e menina judeus as pessoas da igreja cristã ainda viviam furtivamente nas margens da sociedade. Eles não tinham nenhuma evidência empírica de que seu Deus soberano estava à altura de qualquer dos líderes da Palestina, da Grécia ou de Roma. E, se queriam fazer algo a respeito do que estava errado no mundo, o que sem dúvida fizeram, tinham à mão os modelos estacados de líderes bem-sucedidos, representados em Herodes, Caifás e Josefo, junto com modelos de oposição representados nos fariseus, nos essênios e nos zelotes.

Ninguém parece ter argumentado que, embora Jesus os tivesse iniciado no caminho novo e certo, agora que estavam imersos no chamado "mundo real" e estavam ocupados na construção desse reino de Jesus, só seria prudente examinar como Herodes, Caifás e Josefo agiram e empregar suas habilidades e estratégias, ou procurar aliados entre os fariseus, essênios e zelotes. Não foi o que fizeram.

O que se destaca quando examinamos todas essas opções descartadas é que seguir a Jesus é uma forma singular de vida. Não se compara a nada mais. A nada nem a ninguém. Seguir a Jesus nos garante pouco ou nada daquilo que comumente imaginamos necessitar, ou queremos, ou esperamos. Seguir a Jesus não cumpre nenhuma das prioridades do mundo. Seguir a Jesus retira-nos das suposições e metas deste mundo para um lugar onde se pode inserir uma alavanca que vira o mundo de ponta-cabeça e às avessas. Seguir a Jesus está em tudo relacionado com este mundo, mas não tem quase nada em comum com este mundo.

No fim do primeiro século, em 100 d.C., Josefo morreu em Roma no luxo e no conforto, um diplomata, líder militar e escritor bem-sucedido. Setenta anos tinham se passado desde a ressurreição de Jesus e até esse momento os seguidores de Jesus ainda não tinham feito um progresso observável em lugar algum: não no judaísmo, não no helenismo, não no movimento zelote, não entre os fariseus, não no governo romano.

Mas ainda assim persistiram. Nós ainda persistimos. E por quê? Porque ao seguir a Jesus aprendemos algo sobre o reino que Herodes não sabia, e sobre Deus que Caifás não sabia, e sobre a alma que Josefo não sabia. E estamos convencidos de que esse reino no qual Deus rege, e esse Deus que é revelado em Jesus, e essa alma que é santificada pelo Espírito Santo são reais, eternos e verdadeiros. Sustentam o mundo como o conhecemos. E nada mais o sustenta.

O testemunho bíblico mais poderoso disso é o último livro da Bíblia, o Apocalipse de João, um testemunho colorido, cheio de louvor, cheio de sons, que nos desperta para perceber a presente realidade do reino de Jesus de salvação em operação, usando a vida de cristãos ocultos num mundo que nem sequer sabe que eles existem. A oração desses primeiros cristãos da ressurreição em Jerusalém, relatada em Atos 4, durante os setenta anos seguintes do primeiro século, expandiu-se para se transformar na adoração grandiosa que está em exposição em Apocalipse.

No final dessa oração, Lucas nos informa: "ficaram cheios do Espírito Santo e anunciavam corajosamente a palavra de Deus" (v. 31). Tinham se tornado a oração que haviam feito.

Herodes, Caifás e Josefo, os três no tempo de vida de cada um, foram mais influentes e eficientes que Jesus. Os três mais destacados movimentos de protesto nos anos em que Jesus anunciava a presença do reino de Deus quando sua igreja da ressurreição estivesse em formação — fariseus, essênios e zelotes — atraíram muito mais seguidores que Jesus.

E aqui está a realidade nua e crua: eles ainda atraem. Vemo-nos diante dessa ironia maravilhosa, ou não tão maravilhosa: Jesus — o mais admirado, o mais adorado (de certa forma), aquele sobre quem mais se escreveu. E o menos seguido.

Mas em cada geração há uns poucos que de fato seguem a Jesus. Negam-se a si mesmos, tomam sua cruz e o seguem. Perdem sua vida e a salvam — e junto com a deles, a vida de muitos, muitos outros.

Apêndice

Autores que nos ajudam a discernir o Caminho

Ficou evidente até este momento, imagino eu, que seguir o caminho de Jesus vai muito além de distinguirmos entre o bem e o mal — aquele tipo de percepção baseada exclusivamente nos Dez Mandamentos. E vai também muito além de crer corretamente, conforme delineado no *Credo apostólico*. O discernimento precisa ser exercido continuamente entre isso e aquilo, quando e como. As condições na estrada estão em constante mutação, companheiros e amigos são feriados móveis com os quais não se podem contar, as seduções do Diabo chegam numa variedade atordoante, o tempo pode mudar sem aviso prévio de um dia calmo e ensolarado para trovões ruidosos e relâmpagos perigosos. Mesmo que eu tenha o mapa de que eu necessito e os elementos básicos de sobrevivência, surgem circunstâncias e aparecem pessoas que me estonteiam. Como se não bastasse a confusão, descubro que vivo numa cultura eivada de conselheiros. Primeiramente me agrada, depois me alarma que haja tantas pessoas por aí ávidas por me ajudar. A quem eu escuto? Em que eu confio?

Tenho receio dos peritos que são tão rápidos em oferecer conselho. Fui advertido de que o Diabo muitas vezes aparece como anjo de luz. Sei também que o caminho de Jesus está sob constante ataque, mas um ataque que raras vezes parece um ataque. Há uma grande quantidade de prestidigitação em jogo. Como Amos Wilder sabiamente comenta: "Não se deve extinguir o Espírito, mas os espíritos devem ser testados".[1]

[1] *Theopoetic*. Philadelphia: Fortress, 1976, p. 22.

O fato é que necessito de amigos cristãos sábios e atentos, vigilantes diante de perigos que eu não reconheço como perigos, a fim de discernir os caminhos de Jesus. Necessito de amigos que não sejam ingênuos a respeito das complexidades envolvidas no ato de seguir a Jesus em estradas pesadamente trafegadas por guias cegos e falsos profetas, mas que estejam ao mesmo tempo muito acordados para a beleza e para o maravilhamento, capazes de se espantar e de ser responsivos diante da riqueza de vida ao redor de mim. Preciso de amigos em quem eu possa confiar por saberem algo sobre como discernir os caminhos que eu devo tomar para seguir o Caminho.

Amigos assim nem sempre são fáceis de achar quando preciso deles. Mas com seus livros posso manter uma conversa dinâmica com eles. Eles me mantêm alerta para os discernimentos necessários no caminho. Aqui estão sete desses amigos que me foram úteis e continuam a ser muito úteis para mim.

Albert Borgmann, *Technology and the character of contemporary life* [*A tecnologia e o caráter da vida contemporânea*]

A proliferação da tecnologia é um fator importante, talvez o fator mais importante, no modo pelo qual vivemos nossa vida hoje em dia. Borgmann, um professor de filosofia da Universidade de Montana, é nosso analista mais incisivo das formas ocultas em que a tecnologia nos desconecta de compromissos pessoais e de primeira mão com coisas e pessoas, subvertendo assim as maneiras pelas quais "nos associamos com o mundo" (palavras dele). Ele não propõe a eliminação ou mesmo a redução da tecnologia. Quer que entendamos como funciona. Diagnostica a natureza do mundo tecnológico em que estamos imersos, de modo que possamos exercer discernimento, em oração e com sabedoria, nos caminhos em que vivemos. O conselho e a sabedoria dele têm implicações gigantescas para aqueles de nós que decidiram permanecer pessoais e presentes diante de Jesus e diante das pessoas nesse caminho. (Chicago: University of Chicago Press, 1984.)

John Muir, *The wilderness world of John Muir* [*O mundo desértico de John Muir*]

Caminho é antes de tudo uma palavra que designa um aspecto da paisagem: uma estrada, uma senda. O que quer que de mais esteja implicado no caminho começa pelo ato de pormos os pés no chão para podermos caminhar até algum lugar — e prestar atenção, enquanto caminhamos, ao que está abaixo e ao redor de nós. A espiritualidade começa num lugar. Todo o amor, toda a adoração, toda a fé, toda a obediência ocorre num lugar. A vida do espírito diz tanto respeito à geologia e à geografia quanto à teologia e à oração. John Muir veio da Escócia para os Estado Unidos com seu pai em 1849. Tinha onze anos de idade. Nos 65 anos seguintes, ele tratou o continente americano como um santuário para a adoração de Deus. Para mim, ele é o primeiro num ilustre grupo de homens e mulheres que me guiaram na descoberta e na exploração da espiritualidade da terra — montanhas e ribeiros, lagos e planícies, flores, florestas e geleiras. Eles mantêm os meus pés no chão, *fundamentando*-me, mesmo à medida que busco os caminhos da oração e do sacrifício, da adoração e da obediência nesta criação que Calvino designou "o teatro da Glória de Deus". (Boston: Houghton Mifflin Company, 1954. Editado e comentado por Edwin Way Teale.)

Marva Dawn, *Powers, weakness, and the tabernacling of God* [*Poderes, fraquezas e a tabernaculação de Deus*]

Cada tentativa nossa de usar os caminhos do mundo, da carne e do Diabo para pôr em andamento o programa do reino de Deus enfraquece a igreja e debilita a fé. Mas o evangelho é absolutamente singular, e seus "caminhos" são absolutamente singulares. Marva Dawn ajusta o foco sobre aquilo que é singular no que estamos fazendo, especialmente quando essa singularidade se expressa em adoração. Ela é insistente e implacável em desmascarar a fraudulência envolvida em mercadejar o evangelho, empregando as estratégias de uma cultura consumista. Li seus livros para me guardar de ser ludibriado pela "língua enganadora" da contemporaneidade apenas superficialmente plausível. Um trabalho exegético cuidadoso e honesto é aliado a anos de experiência, na linha de frente, em lidar com as mentiras e as ilusões culturais que estão corrompendo nossas igrejas e nossa cultura. Ao fazer frente à debilidade da alma promovida pelos "poderes", sua voz profética é mordaz. (Grand Rapids: Eerdmans, 2001)

Dorothy DAY, *The long loneliness* [*A grande solidão*]

Quando seguimos a Jesus, nós o ouvimos contar as parábolas da Ovelha e dos Bodes no Juízo Final e do Bom Samaritano na estrada de Jericó. Suas histórias deixam claro que, se decidimos segui-lo, necessariamente somos envolvidos em responsabilidades sociais na estrada. As pessoas têm problemas e precisam de ajuda. A pobreza, a inquietação social, os conflitos de classe, o desemprego, a falta de moradia e a guerra são questões complexas que desafiam a simplificação, a solução por *slogans*. Jesus não dá uma instrução passo a passo: como dar um copo d'água, como fazer curativos, como fazer qualquer dessas coisas. Tudo o que diz é que devemos fazê-lo. As crises sociais que convergiram na década de 1930 nos Estados Unidos provocaram uma crise significativa na vida americana. A democracia e a igreja americana foram postas em cheque. As duas sobreviveram, mas nenhuma sobreviveu incólume. Os modos pelos quais cristãos americanos viviam naquele tempo suscitou o melhor entre alguns e o pior entre outros. Suscitou o melhor de Dorothy Day. Sua autobiografia é um relato honesto do caminho de Jesus vivido no caminho americano: consagrada e abertamente cristã, apaixonada pelos pobres, trabalhando incansavelmente nas cidades entre os desabrigados e desempregados. Ela demonstra uma integração rara e maravilhosa de alma e corpo, necessidades sociais e salvação pessoal, auto-sobrevivência e abnegação. Ela é um ícone da vida cristocêntrica vivida entre os pobres, a quem Cristo abençoou de forma tão inequívoca. (San Francisco: Harper and Row, 1952)

Georges BERNANOS, *Diário de um pároco de aldeia*

Comprei esse livro numa edição em brochura há quarenta anos, numa banca de livros num aeroporto, enquanto aguardava um voo transcontinental. Nunca tinha ouvido falar do autor — comprei o livro pela força de seu título. A história me prendeu. Eu estava tentando aprender como seguir a Jesus num mundo religioso no qual eu me achava constantemente lutando com os valores e as práticas predominantes. Imaginei que estivesse lendo uma autobiografia, uma vez que o livro tinha sido escrito em forma de diário. Os discernimentos envolvidos no ato de seguir a Jesus, obtidos sob condições de pobreza e de humilhação, me tocaram com uma profundidade de autenticidade e de obediência ao evangelho que eu jamais imaginei possível. Descobri depois que o livro era um romance. Li-o outra vez. Podia ser ficção, mas não havia nenhuma nota falsa nele — cada frase soava como verdade. Depois de inúmeras releituras, penetrou minha imaginação. Para mim, é uma testemunha das importantes nuanças e sutilezas envolvidas no ato de seguir ao Jesus de verdade, ao Jesus revelado numa cultura que instalou as convenções e as fantasias religiosas em lugar da coisa real. (São Paulo: Paulus, 2000, traduzido do original francês *Journal d'un cure de campagne* por Thereza Christina Stummer.)

Stanley HAUERWAS, *Vision and virtue* [*Visões e virtude*]

Durante quarenta anos, o teólogo que escolhi como parceiro de conversa para discernir os caminhos adequados no ato de seguir o caminho de Jesus foi Stanley Hauerwas. É um escritor prolífico e corajosamente abraça as perguntas que surgem em praticamente cada área em que os americanos têm de desenvolver sua salvação numa sociedade ou numa igreja que não fornece nenhum consenso. Ele não oferece "soluções" ou "respostas" que o resto de nós pode levar consigo e aplicar quando as circunstâncias o exigirem. Antes, ele nos faz imergir num mundo de narrativas em que cada detalhe de nossa vida é incorporado em relacionamentos pessoais que são fiéis ao caminho de Jesus. (Notre Dame, Ind.: University of Notre Dame Press, 1981.)

Czeslaw MILOSZ, *A treatise on poetry* [*Um tratado sobre a poesia*]

Esse poeta polonês — que se autoidentifica simplesmente e modestamente como testemunha — fornece um rico leque de discernimentos para vivermos de forma verdadeira em circunstâncias pouco agradáveis. Seus poemas são anotações de campo escritas à medida que selecionava seu caminho, fazendo discernimentos de sobrevivência enquanto prosseguia pelos sucessivos campos minados em que viveu — o nazismo alemão, o comunismo soviético, o secularismo francês, o consumismo americano —, década após década, por quase todo o século XX. O poço sem fundo de maldade no qual ele começou e as subsequentes condições exílicas de sua maturidade galvanizaram nele a arte de discernir a verdade e a beleza de Deus nos pormenores de sua vida e de seu tempo. Quando foi condecorado com o Prêmio Nobel em 1980, disse: "Minha presença aqui nesta tribuna deve ser um argumento a favor de todos aqueles que elogiam a imprevisibilidade dada por Deus e maravilhosamente complexa da vida". Sua poesia, mergulhada que está nas condições pessoais, culturais e políticas, repetidas vezes fortalece minha resolução de manter os caminhos de Jesus não diluídos com concessões feitas aos caminhos do mundo. Sua poesia documenta sua convicção de que "Uma estrofe clara pode mais peso comportar/ Que um vagão inteiro de elegante prosa" (New York: Ecco, 2001, traduzido para o inglês por Robert Hass.)

Índice

Compartilhe suas impressões de leitura escrevendo para:
opiniao-do-leitor@mundocristao.com.br
Acesse nosso *blog*: www.mundocristao.com.br/blog

Diagramação: Sonia Peticov
Fonte: Revival
Gráfica: Imprensa da Fé
Papel: Sinartech 70/gm² (miolo)
Cartão Royal 250/gm² (capa)